方言语法论丛

第六辑

FANGYAN
YUFA
LUNCONG

学术顾问／沈家煊

主　编／刘丹青　李　蓝　郑剑平

中国社会科学出版社

图书在版编目（CIP）数据

方言语法论丛. 第6辑／刘丹青，李蓝，郑剑平主编. —北京：
中国社会科学出版社，2015.2
ISBN 978 - 7 - 5161 - 5656 - 8

Ⅰ.①方…　Ⅱ.①刘…②李…③郑…　Ⅲ.①汉语方言—语法—
国际学术会议—文集　Ⅳ.①H17 - 53

中国版本图书馆 CIP 数据核字（2015）第 041819 号

出 版 人	赵剑英
责任编辑	张　林
特约编辑	吴连生
责任校对	高建春
责任印制	戴　宽

出　　版	中国社会科学出版社
社　　址	北京鼓楼西大街甲 158 号
邮　　编	100720
网　　址	http://www.csspw.cn
发 行 部	010 - 84083685
门 市 部	010 - 84029450
经　　销	新华书店及其他书店

印　　刷	北京市大兴区新魏印刷厂
装　　订	廊坊市广阳区广增装订厂
版　　次	2015 年 2 月第 1 版
印　　次	2015 年 2 月第 1 次印刷

开　　本	710×1000　1/16
印　　张	24.25
插　　页	2
字　　数	409 千字
定　　价	76.00 元

目　　录

汉语的逻辑这个样,汉语是这样的

——为赵元任先生诞辰 120 周年而作之二 *

沈家煊

（中国社会科学院语言研究所）

提　要　赵元任先生对汉语逻辑的特点有十分精辟的论述,汉语逻辑的特点是由汉语语法的特点决定的。本文:"照着说",对赵先生的论述作全面如实的介绍;"接着说",结合笔者的"名动包含说"和"用体包含说",对赵先生的观点进一步加以综合和阐释。

关键词　赵元任　汉语逻辑　名动包含　用体包含

一　解题

题目的意思是"汉语的逻辑之所以这个样,是因为汉语是这样的"。汉语就是这样,经常用两个句段的并置来表达意义上的各种关联,又比如"你不去,我去","因为""但是""如果"之类的关联词都可以不用。尽管某些语法学家指责这样的说法含糊不清,这仍然是老百姓经常采用的口头表达方式,交流中一般不会引起误解。大导演比利·怀尔德提出过著名的"编剧十大原则",第七条叫"刘别谦定理":给出二加二,让观众自己去得到等于四的答案。刘别谦（Ernst Lubitsch）是 20 世纪初好莱坞

---

　* "之一"为《"零句"和"流水句"》一文,载《中国语文》2012 年第 5 期。本文初稿为第六届汉语方言语法国际学术研讨会大会发言。

最出名的喜剧大师,他的编剧原则就是尊重观众的智力。比如在他拍摄的《风流寡妇》里,丹尼洛上校溜进索尼娅夫人家里去向夫人求爱,翻墙出来的时候,看院子的狗爬到墙头冲他叫,他回头说了句:"没有意大利腊肠了。"一句话就让观众明白,这家伙之前是怎么绕过凶恶的大狗靠近夫人的,而不需要专门拍出用腊肠引诱狗的戏,不然就是低估观众的智力,因为大家都知道二加二等于四(张明 2009)。"善删者字去而意留"(《文心雕龙·熔裁》),汉语就是一种遵循"刘别谦定理"的语言,简单明了,从不多余,让听者自己得到答案。

赵元任先生有两篇讲"汉语的逻辑"的文章,这两篇文章是:《汉语语法与逻辑杂谈》(Notes on Chinese grammar and logic),《汉语的逻辑如何运作》(How Chinese logic operates)。都是用英文写的,分别发表于 1955 年和 1959 年,后收录在《赵元任社会语言学论文集》(Dil *ed.* 1976)和《赵元任语言学论文集》(吴宗济、赵新那主编,商务印书馆 2002 年版)里。第一篇有汉语译文,载于后论文集的中文卷。本文是研读赵先生的《中国话的文法》和这两篇文章的心得,结合笔者近来对汉语词类和流水句的研究,进一步阐释"汉语的逻辑这个样,汉语是这样的"。

二 什么是"汉语的逻辑"

"汉语的逻辑"指什么?赵先生解释说,是指汉语中与句子真值(truth value)的运作有关的那个方面,探讨汉语的逻辑就是探讨那些基本的逻辑概念——"and""or""all""if...then""not"等——在汉语里是如何表达的,特别是如何用语法形式表达的。赵先生又说,汉语的逻辑运作必定受制于汉语自身允许的运作范围,换言之,因为汉语是这样的,所以汉语的逻辑是这样的。因此"要找出汉语逻辑运作的方式,实际是找出逻辑在汉语里的运作方式"。

三 汉语是这样的

赵先生在《中国话的文法》里说:"在所有汉语方言之间最大程度的一致性是在语法方面。我们可以说,除了某些小差别,例如,在吴语方言和广州方言中把间接宾语放在直接宾语后边(官话方言里次序相反),某些南方方言中否定式可能补语的词序稍微不同,等等之外,汉语语法实际上是一致的。甚至连文言和白话之间唯一重要的差别也只是文言里有较多的单音节词,较少的复合词,以及表示所在和所从来的介词短语可以放在动词之后而不是一概放在动词之前。此外,文言的语法结构基本上和现代汉语相同。"(吕译本《汉语口语语法》第13页)在懂得很多种汉语方言的赵先生眼中,方言的语法是大同小异。当前我们大力提倡方言语法的研究,是以研究方言之间的差异为主,而且差异的程度比我们想象的要大一些,这对于推进汉语语法的研究无疑十分重要,但是我们仍然不可忽视赵先生"汉语语法大体上一致"这个基本判断,从总体上把握汉语语法有别于其他语言,特别是印欧语的特点,仍然是更加重要的。也只有更好地把握汉语的总体特点,方言语法的研究才会进行得更加有效。

在赵先生的眼中,跟其他语言,特别是印欧语比较,汉语是怎样的呢?是这样的:

(1)汉语语法依靠四个要素:虚词、词序、层次结构、超音段成分。关于词序,主语一律位于谓语之前,修饰语一律位于被修饰语之前①。超音段成分,它是汉语语法的要素之一。四个要素没有一个是单单为逻辑运作服务的,它们都还有逻辑以外的功能。

(2)整句由两个零句(没有主语或没有谓语的句子)组成,零句是根本,零句可以独立,不是只有主谓齐全的句子才是正常的句子。

(3)主语和谓语的关系是话题和说明的关系,主语就是话题,谓语就是说明,因此主谓联系可以是松弛的,联系紧密的主谓关系只是话题——说明关系的一个特例。主谓结构可以做谓语,句子可以有多重主语。

(4)整句中主语和谓语可能的结构形式多种多样、没有限制。主语可以是动词性词语和主谓短语,谓语可以是名词性词语和主谓短语。从形式着眼谓语不宜区分为名词性谓语和动词性谓语,适合的区分是分"肯定性(assertive)谓语"和"叙述性(narrative)谓语"。

以上四点都是在《中国话的文法》里论述的,第一点总述,后三点分

---

① 赵元任(1970)甚至认为,广东话"俾啲水我添"(再给我添点水)里后置于动词的"添"在句法上"最好是当作并列结构的第二项","你去先"也可分析为"你去的是先(一件事)"。

说，沈家煊（2012b）将其概括为赵先生的"零句说""主语话题说""谓语类型说"，并且论证从这"三说"可以自然地推导出"名动包含说"（沈家煊2007，2009，2010a，2012a）：汉语的名词包含动词，动词是名词的一个次类"动态名词"，这意味着汉语的动词和动词短语以及句子的谓语都不仅有陈述性而且有指称性。沈文还说明，这"三说"能解释汉语为何"特多流水句"，流水句除了有"指称性"还具有本文开头所说的"并置性"，即不用任何关联词语，并置的句段就能表达意义上的各种关联。

四　汉语的逻辑是这样的

因为汉语的整句由两个零句组成，零句是根本，所以探讨句子的真值就必须探讨零句（动词性零句如"有人"，名词性零句如"飞机！"）的真值。在这一概括说明之后，赵先生就以下一些方面来谈汉语逻辑的运作方式。

（一）Φ（a）和 R（a，b，c）

汉语主语和谓语的联系是松散的，主谓结构的含义并非像大多数印欧语言那样是动作者与动作的关系，而是话题与说明的关系。作为一个特例，动作者与动作的关系也含于其中。赵先生说，这种主谓关系跟逻辑函项式 Φ（a）十分接近，a 不一定是某个动作 Φ 的动作者。当谓语动词为"是"时也是如此，如"我是两毛钱"，这不太符合亚里士多德的逻辑，如英语必须说"The thing I bought was priced at twenty cents"。笔者还想到一个例子，英语如果说"Many people have all come"也不合乎亚里士多德的逻辑，"all"和"many"发生矛盾，所以不合英语语法，而汉语却可以说"很多人都来了"（现在很多讨论"都"的逻辑含义的文章都回避这一说法），原因也是汉语的主谓联系是松散的话题说明关系，接近现代逻辑形式 Φ（a）。

关心形式逻辑的人都注意到所谓的"实质蕴涵怪论"：任何命题都蕴涵真命题，而假命题则蕴涵任何命题。赵先生说，貌似怪论的实质蕴涵在汉语里有家喻户晓的表达形式，这个怪论在汉语的逻辑里显得并不怎么"怪"。例如汉语常说"假如 p 是真的，我就不姓王。"一个对言者来说为假的命题蕴涵了随便什么事情，甚至包括他"不姓王"这样的事情。又如"除非太阳从西边出来，这种事情才会发生。"不可能的事情要是发生了，什么事情都可能发生，包括"太阳从西边出来"这样的事情。我们分析，之所以在汉语里怪论不怪，还是因为汉语的主语就是话题，跟谓语的联系松散。按照赵先生的分析，条件小句在汉语里是话题也是主语，"假如 p 是真的"和"除非太阳从西边出来"都是主语，"我就不姓王"和"这种事情才会发生"都是谓语，主谓关系也接近 Φ（a）。

汉语里主谓结构可以做谓语，所以句子可以有多重主语，形成多个主语带一个谓语 R 的形式，其中 S-P 作为一个整体做 S'-P' 中的 P'，而这个 S'-P' 再作为一个整体用作 S"-P" 中的 P"，如"华盛顿 11 月 21 日美国人类学会开会"。赵先生说，这与现代西方逻辑中形式为 R（a，b，c）的分析法相容，按照这种逻辑，可以有任何多个"变目"（arguments）跟函项 R 发生关系。

另一方面，汉语只由谓语构成的句子也是一种常见的句型，如"有人"和"下雨了"。这种句子翻译成英语后容易使人产生误解，好像它们不过是一种易位的主谓结构，但是赵先生说这种理解不适用于汉语的实际情况，"下雨了""走了水了"是典型的动宾结构，从语法的角度看，汉语的主—谓语序是没有例外的。

总之，汉语的主语就是话题，相当于西方语言里"主语"的东西在汉语里只是话题的一个"特例"而已。这就意味着汉语里主语和话题的关系不是分立的关系，而是"话题包含主语"的包含关系。我们将汉语和印欧语的这一差别图示如下：

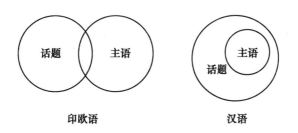

印欧语　　　　　　　　　汉语

换言之，印欧语的"主语"已经从语用范畴"话题"里分离出来成为一个独立的、与"话题"对立的句法范畴，而汉语的"主语"还没有从语用范畴"话题"里分离出来成为一个独立的句法范畴，它还只是"话题"的一个特例。正是汉语的这个特点决定了汉语的主谓关系跟现代逻辑形式 Φ（a）和 R（a，b，c）更加接近，也使得貌似怪论的实质蕴涵在汉语的逻辑里显得并不怎么"怪"。

（二）肯定和否定

赵先生说，印欧语的逻辑靠"肯定和否定"来运作，而汉语的逻辑是靠"真（True）和假（False）"来运作，用"同意不同意"的方式来表述。汉语里：如果同意"咱们没有香蕉"，就说"是的，咱们没有香蕉"；如果不同意"你一点没教养"，就说"不是，我有教养"。"是的"表示"你说的是真的，我同意"；"不是"表示"你说的是假的，我不同意"。而英语表示同意说"No，we have no bananas"，表示不同意说"Yes，I am a gentleman"，"Yes"和"No"分别表示肯定和否定。

类型学家调查语言，首先调查句类，陈述句、疑问句、祈使句等。疑问句首先调查是非问，对于是非问的应答有两种类型："答句定位型"和"问答关系型"，两者的差别表现在是非问否定式的应答上。英语是答句定位型，针对否定式问句"Didn't John go there?"，如果实际他去了，用"yes"应答，因为答句是肯定句"he did"；如果实际他没去，用"no"应答，因为答句是否定句"he didn't"。汉语是问答关系型，针对否定式问句"老张没有去吗?"，如果实际他去了，用"不（不是，不对）"应答，因为答句"他去了"跟问句命题不一致；如果实际他没去，用"是（是的，对，对的）"应答，因为答句"他没去"跟问句命题一致。这方面日语的逻辑跟汉语型一样，俄语两种类型都用，但是答句定位型是基本的、无标记的型式。（刘丹青 2008：26—27）

大家都有经验，中国人学英语和外国人学汉语在这个上面都常常搞错，引起误解，造成汉语和英语这一重要差异的深层原因是什么呢？赵先生虽然没有说明，但是可以从他描述的"汉语是这样的"中找到答案。答案是，英语是一种"句法型"语言，而汉语是一种"语用型"语言。句法型语言区分句法范畴：句子（sentence）、主谓和谓语、名词和动词，等等。语用型语言区分语用范畴：话段（utterance）、话题和说明、指称语和陈述语，等等。同样，肯定和否定是句法范畴和句法手段，同意和不同意是语用范畴和语用手段。汉语的应答词"是的"和"不是"既是对命题的真假判断，又是对言语行为"你说"所做的是非判断，实际上应答语"是的"经常说成"（你）说的是"，"不是"经常说成"（你）说的不是"：

（你）说的是，咱们没有香蕉。

（你）说的不是，我有教养。

"答句定位型"是句法型，只跟答句的肯定否定有关，"问答关系型"是语用型，不仅跟答句的肯定否定有关，还跟是否同意问句的命题有关。用"语法化"（grammaticalization）的理论来讲，表示同意不同意的手段在英语里已经语法化，成为谓语的肯定否定形式，而在汉语里这种语法化还没有实现，还仍然采用语用的手段。这跟赵先生指出的"汉语的主语就是话题"（话题还没有"语法化"而成为主语）是一致的，跟赵先生指出的"汉语的句子以零句为根本"（这意味着"汉语的句子就是话段"，话段还没有"语法化"而成为句子）是一致的，跟笔者指出的"汉语的名词就是指称语、动词就是陈述语（指称语陈述语还没有"语法化"而成为名词动词）"的现象也是一致的。总之，句法和语用的关系，汉语和印欧语是不同的，区别可以图示如下：

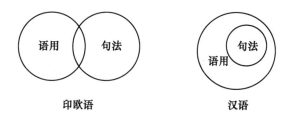

正因为汉语的句法还包含在语用之内，所以我们说，汉语离开了语用就没有办法讲句法，或者没有多少句法可讲。沈家煊（2012c）将汉语这种句法和语用的关系概括为"用体包含"，作为语言结构之"体"的句法包含在语用之内。

汉语的逻辑靠真和假来运作，这个特点还跟汉语谓语有指称性有关系。汉语里的"零句"一律具有指称性，这可以从赵先生的"零句说"推导出来：

∵　零句能做整句的主语。

∴　主语是指称性的话题。

∴ 零句具有指称性。

谓语也是零句，所以谓语（一般为动词性的）也有指称性。汉语的谓语有指称性，这也是汉语的逻辑注重"真和假"的一个原因。判断真假既对陈述的"事"（这件事情是真是假？）也对指称的"物"（这样东西是真是假？），归根结底是对指称的"物"，因为"事"也可视为抽象的"物"。我们判断"这样东西是真还是假"，但是一般不会判断"这样东西是肯定还是否定"，肯定否定一般只是对"事"不对"物"。英语和汉语的差别在于，英语表示肯定否定的"yes"和"no"是针对句子的陈述性谓语的应答，汉语表示真和假的"是的"和"不是"是针对指称性话段（包括名词性零句和动词性零句）的应答。

（三）"There is"

赵先生说，"'There is'无法直译成汉语，汉语里只有'有'。'There is a man'译成'有人'。……碰巧的是，'There is'与'has'都译作'有'，而'有'字与作'是'字解的'is'没有任何关系。所以，西方哲学中有关'存在'（being）的问题很难用汉语说清楚，除非特别切断'存在'与'是'的联系，把它与'有'挂钩。"①

为什么汉语的逻辑里没有"There is"这个概念呢？沈家煊（2010b）给"是""存有""拥有"三个概念画出一张"语义地图"，英语和汉语在地图上的划分方式是不一样的：

概念	英语	汉语
是	be	"是"
存有		"有"
拥有	have	

---

① 汉语很难说清楚西方哲学中的"存在"（being）问题，可以从宋继杰（2011）主编的论集中看出。

汉语里"有"是"有"，"是"是"是"，"有"和"是"是两个分立的概念，各有各的表达词。否定形式也不一样，否定"有"有否定"有"的否定词"没"，否定"是"有否定"是"的否定词"不"。英语表达"是"的概念用"be"，表达"存有"的概念用"there be"，仍然离不开"be"。否定"be"用"not"，否定"there be"还是用"not"，可见英语里"是"和"有"是不怎么分的，"there be"（有）也是一种"be"（是）。英语"have"表"拥有"，"（there）be"表"存有"，这两个概念倒是分开的。从上图可以看出，英语"be"是一大块，包括"是"和"存有"两个概念，汉语"有"是一大块，包括"存有"和"拥有"两个概念。由此也可以说，英语注重"是"（be）而汉语注重"有"。"是"的注意点在"做不做这件事"，"做不做这件事"跟"是不是这件事"一样是个"是非"问题，而"有"的注意点在"有没有这件事"，不是"是非"问题而是个"有无"问题。有无问题属于直陈的语气，"是非"问题是主观判断，属于非直陈语气。汉语"是"字的源头跟"指示"有关，引申义跟"是非"有关，都有主观性和非直陈性。汉语的"有"字三千年来同时表"拥有"和"存有"，在中国人的心目中，"拥有"和"存在"有紧密的联系，可以互相转化，"X拥有Y"意味着"X那儿存在着Y"，请比较：

　　你还有多少钱？
　　你手里还有多少钱？

　　中国人学英语，老师首先告诉他"there is"的用法，提醒不要把"公园里有很多游人"说成"The park has many people"，要说"There are many people in the park"。西方人学汉语，经常听到他们该说"山上有座庙"的时候犹豫不决，说成"山上是座庙"。对西方人来说，"to be"还是"not to be"，这是个首要问题；对中国人来说，"有"还是"无"，这是个首要问题。

　　汉语的名词和动词倒是都能用同一个否定词"没"来否定，对中国人来说"有没有这样东西"和"有没有这件事情"的区分并不重要：

　　　　有车　　没有车/没车　　有没有车
　　　　有去　　没有去/没去　　有没有去

"有去"在普通话里不怎么说，但是现在受南方方言的影响这样说的人越来越多，这也很自然，古代汉语就能这么说么！汉语历史上否定词在更替，但是不管哪个时期总是有一个否定词既否定名词又否定动词。汉语的名词和动词也都能用"是"来否定，对中国人来说，"是不是这样东西"和"是不是这件事情"的区分也不重要：

> 是学生　　不是学生　　是不是学生
>
> 是上学　　不是上学　　是不是上学

跟汉语相反，英语里"是"（be）和"有"（there be）不怎么区分，注重的是"有没有或是不是这样东西"（没有或不是用"no"）和"有没有或是不是这件事情"（没有或不是用"not"）的区分，所以首先区分的是"否定名词"和"否定动词"。

总之，我们得出的结论是，印欧语"名动分立"而"是有包含"，"有"（there be）也是一种"是"（be），汉语"是有分立"而"名动包含"，动词也是一种名词。这就是汉语逻辑里没有"there is"这个概念的深层原因。要着重指出的是，这个解释跟赵先生关于汉语谓语类型的观点互相吻合，即"汉语是这样的"，它的谓语在形式上无法区分名词性谓语和动词性谓语，从形式上能区分的是"肯定性谓语"（可带"是"）和"叙述性谓语"（可带"有/了"），这种区分"横贯"（cut across）名词和动词两类（沈家煊 2012b）。关于汉语的"名动包含说"请参看沈家煊（2007，2009，2010a，2012a）诸文的论证。

（四）"Not""all""some"

赵先生说，汉语否定一个陈述用否定词"不"，遵循修饰语先于被修饰语的一般原则，位于谓语前。他又说汉语没有相当于英语"no"的形容词，"No one comes"用汉语来说是"没有人来"，因此西方关于"nothing""nobody"等等的那些哲学问题或者笑话很难翻译成汉语（现在有一首很火的韩语流行歌，反复吟唱"I'm nobody"），因为形容词"no"是用"副词+动词"的形式"没有"（there is not 或 have not）来表达的。

赵先生还指出，汉语里也没有一个一般的形容词或代词与英语的

"all" 对应，"all" 的概念与 "not" 一样在汉语里是用副词来表达的，一般是在主语和谓语之间插进 "都" "全" 或文言的 "皆"。西方人初学汉语时的通病就是把 "都" 放在主语前。"凡"（或 "凡是"）貌似形容词，经常被翻译家用来与 "all" 对应，如 "凡人皆有死"，"凡是发亮的都是金子"，其实这些都是乔装打扮的 "if...then" 句式，汉语里 "if" 的成分经常省略，相当于 "then" 的成分在后头有另一个副词（如 "皆" 和 "都"）的情形下也可以省略。这样一来 "凡是发亮的都是金子" 按逻辑结构译成英语就成了：Generally being ｜ glittering ｜｜ things ｜｜｜ in all cases ｜ are ｜｜ gold。逻辑学教材经常花大量篇幅来讨论西方语言里 "All that glitters is not gold" 这种有歧义的表达方式（有 "发亮的不都是金子" 和 "发亮的都不是金子" 两种意思），而在汉语里 "all" 都是用副词来表达，而且修饰语总是先于被修饰语，所以区分 "不都" 和 "都不" 的逻辑含义是件轻而易举的事情。

在汉语里也没有与 "some" 相当的形容词，正如没有与 "all" 相当的形容词。"Some men tell truth" 的正常汉语是 "有的人说真话"。"有" 相当于 "has" 或 "there is"，"的" 是一个表从属关系的后缀词，"有的人" 意为 "men that there are"。换言之，"some men tell truth" 用汉语表达就是 "有（的）人说真话"，赵先生说这正好是现代逻辑（∃x）■ Φ（x）的直接解读，而用英语来解读这个公式通常是 "There is an x such that..." 这种较为复杂的说法。赵先生还解释说，汉语的逻辑之所以如此，是由于 "人" 兼为前面动词 "有" 的宾语和后面谓语 "说真话" 的主语，这跟汉语造句法的精神——谓语总是跟在主语后面——是完全一致的。我们想补充，这也跟汉语主语和谓语的关系就是话题和说明的关系是一致的，说明如下。

汉语多 "兼语式"，如 "我们派他作代表" "他请你帮忙" "有人说真话"。"兼语" 既是前面动词的宾语又是后面动词的主语。兼语式跟宾语小句不同，兼语不能挪到前头去，但是兼语拷贝的话就可以前挪：

> 你想我怎么办呐？→我怎么办呐，你想？（宾语小句）
> 你叫我怎么办呐？→＊我怎么办呐，你叫？（兼语式）
> 我怎么办呐，你叫我？（兼语 "我" 拷贝）

　　赵先生用这个例子证明兼语既不是单纯的主语也不是单纯的宾语，确实是"兼"主语和宾语，所以吕叔湘（1979：84）指出兼语式不适合层次分析和"二分法"。英语"saw him run"中的"him run"要是像叶斯帕森在《分析句法》里那样分析成主谓关系就比较勉强，因为 him 明明是宾格形式，而在汉语里这样分析就再自然不过，因为没有主格宾格的形式区别。前面说过，汉语的主谓关系就是话题和说明的关系，在"链式的"话题—说明结构中，前一个结构的说明或说明的一部分无须任何形态标识就可以直接成为后一个结构的话题（沈家煊 2012b），兼语式"我们派他作代表"只不过是"我们派他，他作代表"这种链式话题结构的紧缩形式而已。这是造成汉语多兼语式的一个原因，因此也是汉语"有（的）人说真话"直接解读逻辑公式（∃x）■ Φ（x）的原因。

　　我们还想指出的是，汉语里没有相当于英语"no, all, some"的形容词，这还跟汉语是"名动包含"有关系。按照"名动包含说"，汉语的实词天然的具有名词性，这就容易理解为什么汉语的名词本身不受否定（吕叔湘 1942/1982：234）。汉语的名词都是物质名词（mass noun），没有可数不可数的区分，在中国人的心目中事物的存在天然是物质存在，所以名词本身也不受全称量和部分量的限定。汉语是用否定和量化跟"物"牵连的"事"的办法来否定和量化"物"，"事"也是"物"，一种"动态的物""事物"。也正因为汉语的动词也是一种名词，所以汉语的形容词既修饰名词也修饰动词，如"快车"和"快跑"是同一个"快"，不同于英语的形容词只修饰名词不修饰动词。

（五）"And"，"or"

　　赵先生说，汉语没有与英语"and"对应的真正的合取词，表达并列关系靠的只是词语的并置（juxtaposition）。看似相当于"and"的"跟、同、和"和文言的"及、与"，以及"又……又……，并且、而且、也"和文言的"而"，它们主要是一个接续助词（resumptive word），而且都可以不出现，如"先生太太不在家""他老打人骂人"，而逻辑上合取的简化表示就是并置。Morris Swadesh 编过一个"与文化无关的二百词"词表，供调查语言之用。按字母顺序排列的前 5 个词为：all, and, animal, ashes, at。赵先生说其中的"all""and""at"就很难在汉语里找到对等词，可见它们根本就不是与文化无关的，至多是印欧语的特征。

　　关于"or",赵先生说,怀特海和罗素把"not"和"or"(记为 ∨)当作原始概念,把"if...then"(记作……⊃……)当作派生概念。即:

$$p \lor q = \sim p \supset q$$

　　汉语语法里情形刚好相反,通常不说"P 或者 q",喜欢说"不是 p,就 q",例如"你不来我就去""不是你来就是我去","if...then"是原始概念,"or"是派生概念:

$$\sim p \supset q = p \lor q$$

　　汉语的逻辑之所以这样,是因为"if...then"句式在汉语里其实属于最常见的"话题—说明"句,而"or"表示的选择关系汉语习惯用"并置式"表达。赵先生指出,英语"Will you eat rice or noodles?"之类的疑问句有歧义,可靠语调来消歧。如果用的是升调,表示"你吃这两样中的一样吗?",期望得到的是一个"yes/no"型的回答,这里的"or"是逻辑析取词,用汉语表达就是"你吃饭或是吃面吗?"或者"你不是吃饭就是吃面吗?"。如果在"rice"处用升调,在"noodles"用降调,就成了要求听者进行选择的选择问句,汉语对应的提问方式在语法上是两个并列项的合取,最简单常用的格式还是"并置":"你吃饭吃面?"赵先生说,这简直就是在朗读菜谱了。

　　总之,汉语多采用并置的方式和松散的话题说明句,"and""or""if...then"等意思都靠语境和语调来判断,而不是像西方语言那样要靠关联词。汉语中许多有表达力和生命力、大众喜闻乐见的熟语,如"一寸光阴一寸金""一日夫妻百日恩""三个女人一台戏""一个好汉三个帮""一分耕耘,一分收获""人前一笑,背后一刀"等等。都是两个指称性词语的并置,主谓关系的地位远不如印欧语里那么重要。沈家煊(2012b)论述,汉语"零句是根本"是汉语"特多流水句"的原因,而流水句具有"并置性"和"指称性"两大特性。所以汉语逻辑的这个特点还是跟零句是根本有千丝万缕的联系。

　　汉语疑问句的类别也体现汉语注重"并置"这一特点。英语选择问采用的是跟是非问同样的句法手段(主—谓换位等),差别只在于选择问列举不止一个选择项供选择,所以选择问是非问的一个小类。汉语的情形不同,是非问用句尾"吗",选择问不能用"吗",却可以跟特指问一样用"呢",如"你吃米饭还是面条呢?""你吃什么呢?",所以选择问是独立的一类。汉语还有反复问(也叫正反问),是选择问的一个小类即

"正反选择问"（刘丹青 2008：2）。选择问（包括反复问）在汉语里地位重要，单独成为一类，这还是因为选择问本质上是"并置问"，如"你吃饭吃面？"是"吃饭"和"吃面"并置，"你吃不吃？"是"吃"和"不吃"并置，而"并置"在汉语里具有极其重要的地位。

最后要提一提汉语里名词性成分和动词性成分可以并列，例如：

> 我并非为了<u>利益</u>和<u>出名</u>。
> 昨晚梦见<u>蛇</u>和<u>被抓</u>。
> 这是<u>力</u>与<u>美</u>的体现。
> 我爱你的<u>条件</u>与<u>不争</u>。
> 兄弟之间<u>感情</u>和<u>出名</u>哪个重要？

中国人并不觉得有什么特别之处，要是翻译成英文，里面的动词和形容词就都非得转化成名词不可，例如："罪与罚"必须是"sins and punishment"，不能是"sins and punish"；"傲慢与偏见"必须是"pride and prejudice"，不能是"proud and prejudice"。这显然是因为汉语是"名动包含"，动词也是名词，动词和名词都具有指称性。也正因为汉语里动词性词语跟名词性词语一样很容易并置，所以汉语多反复问，如"你去不去"，而从历时上看，汉语的是非问也是从反复问演变而来的（你去不去 > 你去不 > 你去吗）。（刘丹青 2009）

（四）为什么一定要在汉语里寻找别的语言里有的东西呢

赵先生说过（Chao 1976）："研究现代语言学的学者都同意，对于所研究的语言，不应该刻意去寻找在我们从前就碰巧会说的那种语言中十分熟悉的那些东西，而应该确定我们实际上碰到了什么，并给它们以适当的名称。"

汉语的动词本来就可以做主宾语，具有指称性，做主宾语的时候并没有发生什么"名词化"或"指称化"，为什么我们一定要在汉语里假设一个"隐性的"名词化或指称化呢？汉语本来没有跟"名词类"完全对立的"动词类"，所谓的"动词"都是"动态名词"，为什么我们一定要在汉语里把名词和动词完全对立起来呢？

汉语的主语和谓语的关系本来就可以是松弛的，是话题和说明的关系，主语不一定是谓语动词的主目，为什么我们一定要在汉语里为关系松弛的句子（如"我是两毛钱"）假设一个"空主语"呢？汉语本来没有跟"话题"完全对立的"主语"，所谓的"主语"就是话题的一个特例，为什么我们一定要在汉语里把"话题"和"主语"完全对立起来呢？

汉语本来没有一个"there is"既表"有"又表"是"，"有"是"有"，"是"是"是"，"有"和"是"是两个分立的概念，为什么我们一定要在汉语里也将"有"和"是"混为一谈呢？

汉语本来没有与英语"no，all，some"相当的形容词，相应的逻辑概念都是用副词、动词（兼语式）来表达的，为什么一定要在汉语里找出对应的形容词来呢？逻辑概念"and"和"or"本来在汉语里不一定要用有形的词来表达，靠"并置"加推理就能理解，为什么一定要采用欧化句式把"和""或"说出来呢？

．没有主语的句子在汉语里是正常的句子，如"有人""下雨了""起雾了""着火了""退烧了"等。有人说，汉语中不存在英语里"It rains"（德语"Es regnet"、法语"Il pleut"相仿）中的抽象体词性主语"it"，思维上也就缺少了客观地考察实体物质的能力，这也许是中国人没能在西方科学传入以前发展出一套自然科学体系的真正原因。对这种议论赵先生回应说：（1）现代西方科学只是近三四百年的事，在整个人类文化史中占的比重极小。（2）实体物质的概念只是西方科学思想的某一发展阶段的产物，20世纪的现代物理学理论中，恰恰出现了没有物质就可以产生的场，没有物质的振动就可以产生的波。就逻辑学而言，赵先生也已经指出汉语的逻辑恰恰在许多方面跟现代逻辑的表达形式相一致。所以赵先生最后说："作为一个以汉语为母语的人，我很想说：瞧，这就是汉语在科学上优于西方语言的例证。然而作为一个研究语言的学者必须尽量做到不偏不倚，对语言和科学的最好的概括，就是不要去做任何概括。"

为什么一定要在汉语里寻找别的语言里有的或注重的东西呢？重要的是找出汉语自身有的和注重的东西。只有重视语言的多样性，语言共性的研究才能更加有效。赵先生对汉语逻辑的特点的论述对我们今天的汉语语法和语法理论的研究仍然具有重要的指导意义。

参考文献

刘丹青：《语法调查研究手册》，上海教育出版社 2008 年版。

吕叔湘:《中国文法要略》,商务印书馆 1942/1982 年版。

吕叔湘:《汉语语法分析问题》,商务印书馆 1979 年版。

沈家煊:《汉语里的名词和动词》,《汉藏语学报》2007 年第 1 期。

沈家煊:《我看汉语的词类》,《语言科学》2009 年第 1 期。

沈家煊:《我只是接着向前跨了半步——再谈汉语的名词和动词》,《语言学论丛》2010 年第 40 辑。

沈家煊:《英汉否定词的分合和名动分合》,《中国语文》2010 年第 5 期。

沈家煊:《"名动词"的反思:问题和对策》,《世界汉语教学》2012 年第 1 期。

沈家煊:《"零句"和"流水句"——为赵元任先生诞辰 120 周年而作》,《中国语文》2012 年第 5 期。

沈家煊:《如何解决状语问题》,第十七次现代汉语语法学术讨论会(上海师范大学)论文,上海,2012 年。

宋继杰主编:《BEING 与西方哲学传统》,广东人民出版社 2011 年版。

张明:《刘别谦式触动》,《读库》2009 年第 2 期。

赵元任:《国语统一中方言对比的各方面》,载《赵元任语言学论文集》,吴宗济、赵新那主编,商务印书馆 2002 年版。

Chao Yuen Ren 1955. Notes on Chinese grammar and logic. *Philosophy East and West* V：1, 31 – 41. Also in Dil（1976）237 – 249.

Chao Yuen Ren 1959. How Chinese logic operates. *Anthropological Linguistics*1：1, 1 – 8, 1959. Also in Dil（1976）250 – 259.

Chao Yuen Ren 1976. Rhythm and structure in Chinese word conceptions. *Journal of Archeology and Anthropology* vols. XXXVII and XXXVII. Also in Dil ed.（1976）275 – 292.

Dil, Anwar S. 1976. *Aspects of Chinese Sociolinguistics_ Essays by Yuen Ren Chao*. Stanford：Stanford University Press.

方言语法调查研究的两大任务：
语法库藏与显赫范畴*

刘丹青

提　要　本文讨论了汉语方言语法调查研究的两大基本任务：（1）系统提供一种方言的基本语法库藏；（2）提示分析方言语法中的显赫范畴。本文以流语小称范畴的跨方言研究为显赫范畴的个案实例。

关键词　方言语法　语法库藏　显赫范畴　小称范畴

语法是语言得以变有限（符号）为无限（实际语句）的根本机制所在。这给语法调查带来了语音、词汇调查所不能比拟的难度。

影响语法调查研究路向的另一大因素是研究目标。以往汉语方言语法研究多以普通话为参照点，用若干普通话例句调查发现一些不同于普通话的语法现象。汉语方言语法调查研究的起步时期，这样的方法确实能便捷快速地发现方言中一些突出的语法特点。

方言语法调查研究越来越成为汉语学界的热点领域。这无疑是非常可喜的景象。方言语法调查比起其他子系统的调查来，有着更大的难度和复杂性，需要更多的学术基础、学术积累和专业设计，尤其是对于非母语调查者来说。

＊　本文获中国社科院重点课题"语言库藏类型学"资助。初稿曾在第六届汉语方言语法国际研讨会和华中师范大学桂子山学术讲坛宣讲，获多位同行讨论指正。一并致谢。

一 引言

方言语法调查的学术价值远远不限于所谓普方比较。徐烈炯(1998)就提出"非对比性的方言语法研究":指出汉语方言语法研究不能局限于跟普通话对比的单一视角,而还有它独立存在的意义。

无论是对于汉语语法的共时历时的全方位研究,还是对于普通语言学理论建设,方言语法调查研究的成果都可以做出不可取代的重要贡献,例如汉语历时语法、语法化理论、语言接触、语言类型学、句法学理论、社会语言学等。

面对更为广阔和多样化的目标,简单的普方对比调查模式就难堪重任了。其主要不足有三:

1)非系统性。每种汉语方言语法都是自成系统的,简单的普方对比无法展示方言语法本身的系统性。

2)非周延性。普通话语法库藏只包含了人类语言可能的语法范畴及其表达手段中的一小部分。

3)非通用性。由于使用的框架和术语系统只对应于普通话,一方面难以契合方言特色的现象,另一方面缺乏跨语言的通用性和可比性,难以据以构建一般性的语法理论。

在调查资源有限的前提下,不可能每一项调查都只满足单一的目标。实际上所有目标都有一个共同的基本需求,就是揭示一种方言语法大概的系统性全貌和最重要的特点。用语言库藏类型学的角度来看,可以将这个共同的需求概括为方言语法调查研究的两大任务:

(1)方言系统的基本语法库藏,即该方言有哪一些语法手段,表达了哪些语法范畴和意义,从而形成什么样的语法类型。

(2)方言语法系统中的显赫范畴,即哪一些语义范畴在该方言中是用语法化程度高、功能强大的语法手段表达的,该范畴借助这些常用手段可以扩展到哪一些语义语用范畴。

二 语法库藏

人类语言需要表达的语义范畴非常丰富,其中只有一小部分凝固为语法规则,用各种语法手段来表达。语法手段的总和就是一种语言的语法库藏。不同语言将哪些范畴凝固为语法规则、用什么手段来表达这些语法意义,既有共性,也有差异,因此语法库藏体现了语言之间的基本类型差异。

为了在有限的时间里尽可能高效地调查出一种语言方言的基本语法库藏,我们需要一个基本的调查框架,其粗细详略则可以根据调查的资源和规模来调整。可取的做法是利用建立在语言类型学调查研究成果基础上的调查框架,代表性的如拙著(2008a)《语法调查研究手册》所翻译介绍的 Comrie & Smith(1977)《语言描写性研究问卷》。

建立在类型学调查研究成果基础上的调查框架有如下优点:

1)基于已经进行的千百种语言方言调查的经验,覆盖了人类语言中可能进入语法库藏(简称入库)的各种范畴,照顾到可能存在的语法类型差异,并着力摆脱了西方传统语法中的印欧语偏见。

2)吸收了现当代不同学派语法研究的成果和理论进展中的共识,拓展了语法调查和研究可能达到的深度,同时也避开了特定学派前沿研究中尚未成熟的观点。

这两个优点,可以使汉语方言调查最大限度地兼顾调查研究的广度和深度。

语法库藏是用来表达语义范畴的各种语义或发挥语用功能的,方言语法调查仍主要是从语义及语用范畴出发,并在调查中尽可能将语义语用范畴落实为形态句法手段。

这种框架是对以往的汉语语法描写传统的发展与超越。以往的系统性描写主要基于词类和句法成分,它代表了语法学研究早期的"分类导向"阶段,而现代语法学需要进入到"规则导向"的阶段。词类等各级语法单位的分类导向的描写在一定程度上也基于语法规则,但对语法规则的反映是粗糙而不充分的,很多规则无法在传统分类中获得揭示。所以,我们需要在继承的基础上升级我们的描写框架,以达到更好地刻画规则、总结类型的目的。

本节择要介绍现代语法学调查研究框架的一些基本要素①。

---

① 本节关于语法框架的论述根据刘丹青(2008a),尤其是刘丹青(2007)的部分内容概括改写而成。

(一) 句类

即句子的交际类型,又称言语行为类型,因为不同的句类完成不同的言语行为(交际功能)。

传统的四分句类框架(陈述句、疑问句、祈使句、感叹句)仍基本有效,但还要注意次要的句类,如意愿句、招呼句、感谢句、道歉句等。这些次要句类的构成形式可以体现特定方言中哪些形式属于显赫范畴。

疑问句。汉语语法学传统的四大类疑问句(是非问、特指问、正反问、选择问)不是从同一角度分出来的(有的是形式标准,有的是交际功能标准,存在着交叉),从语言比较的角度看不是很科学的划分。语言对比是要发现同样的交际功能在不同语言中结构形式上的异同,因而作为比较的出发点不宜将交际功能和结构类型混同在一起。例如,正反问是由选择问的形式逐步凝固而来的表达是非问内容的句式,从共时角度看本质上仍属于是非问。

感叹句。感叹句是普遍存在的功能类别,但它能否成为句法上有意义的特定类别,要看特定语言中感叹句是否有特定的句法形式。

小句结构是单句句法的主要内容,也可以说是句法学的核心内容。小句结构关系中有三种主要成分:谓词语团、论元(补足语)和加接成分。这是比"六大成分"更加有效、更具有普遍性的基本框架。

谓词语团:以谓语的论元结构中的实义核心动词为主体,还包括情态、时体成分等。形态上看,有的情态成分(助动词)负载了谓语的限定成分,句法上更适合看作谓语的核心,不过,由于句子的论元结构及相应的句型选择是由实义动词决定的,而情态成分在不同语言间的形态—句法实现也不相同,因此从跨语言比较看,以实义动词为主体较具有操作性。情态、时体、示证等谓语词团内的成分即使不用形态而是独立的词表达,它们和实义动词的关系也是特殊的关系,不必强行划入动宾还是状中等关系。

论元(补足语):由谓语核心词所决定的与谓语核心强制性同现的成分,包括主语、宾语、间接宾语、表语和某些需要强制性出现的旁格成分。

加接成分:根据语义需要可加可删的状语性成分。

(二) 小句结构的三种主要成分

论元是比主语、宾语等更加重要和基本的观念:它是对一组句法成分的进一步概括,且兼顾了主动句、被动句、话题句、处置式等,便于进行超越具体句式的语言对比并用更简洁的规则描述相关现象。

例如,对于一个及物动词来说,说它"一般必须带受事类论元"比说它"一般必须带宾语"要准确得多,因为在被动句、受事话题句、处置式等句式中,该动词并不带宾语而句子完全合格。再如某类或某个词"可以充当论元",也比说它们"可以充当主语、宾语、介词宾语等"要简洁、完整和准确。

当然主语、宾语等仍是必需的概念,但它们是跟特定句式的特定位置捆绑在一起的概念,使用较受限制,而且不同语言中主语、宾语的形态—句法属性可以相差较大,例如由于汉语没有主宾语的格标记,主要靠语序来判断主宾语,使主宾语的范围很宽,在其他很多语言中难以都用主宾语来对应的。

因此在语言对比中要善于利用论元这种概念来简化描述,更快地进入实质、揭示规律。

论元和加接成分的区别是分析所谓状语、补语的重要概念。

状语是有用的句法概念,但状语内部有论元和加接成分之分,甚至同一个介词所构成的介词短语也可能有论元和加接成分之分。如"把"、"被"、"给"(表给予时)、"由"(表施事时)等所带的成分就是论元;而"在"等介词所支配的成分有时是论元,如"他在南城住"中的"南城","他住"不是完整的论元结构,有时则是加接性的状语,如"他在南城打工"中的"南城"。

补语是个缺乏句法同一性的汉语特设概念,需要具体分析其句法属性,其中有的是论元,有的基本上是状语性加接成分,还有些可以分析为从句。

以上三种基本成分中没有定语,因为定语不是句子层面的成分,而是充当论元的名词性短语内部的成分,在小句基本结构的分析中实际上没有地位,只在名词短语内部结构分析时才用得上。这也是六大成分说或主谓宾和定状补两分说的不完备之处。

小句内的句法单位有三个层级:小句层级、名词短语层级、形容词短语层次。

(三) 小句内句法单位的三个层级

小句层级。包括谓语词团、论元和加接成分。

名词短语层级。名词短语是充当论元的单位,比小句低一个层级。名词短语中可以分出三种主要的成分:名词核心、修饰成分(内涵定语,由开放性的实词词类充当的能为名词短语增加内涵性语义的定语,如由名词、区别词、形容词及形容词短语、动词及动词短语、小句等充当的定语)、限定成分(外延定语,由封闭性的指称、量化成分充当的定语,如指示词、冠词、数量词语、"所有、一切、一些"等量化词语充当的定语)。两类定语的句法属性非常不同,在很多语言中甚至语序也不同。

形容词短语的层级。主要关注做定语的形容词,其形式通常比较简单,常出现为单个形容词或带上程度副词。但形容词短语仍可以扩展成比较结构等。形容词短语也可以分出三类主要成分:形容词核心、修饰成分(程度状语等)、论元(比较句的基准也可视为论元)。

对实词性句法成分而言,上面这种框架更便于摆脱汉语的主宾语争论、状语补语之分等给语法比较可能带来的困扰,能更加直接地深入到问题的实质进行比较。

主语、宾语、状语之类概念本身属于通用概念,问题是各语言的语法学在如何界定这些成分时有较大的主观性,因而减弱了它们的通用性。

至于汉语中的"补语",本身就是缺乏通用性的概念(刘丹青2008a:71—78)。

(四) 小结

汉语的形态总体上不多。但是在众多语言中以形态手段表达的语义范畴,往往是人类交际中比较重要的范畴,即使在汉语中不用形态,也会在汉语及其方言中以其他的语法手段来表示或隐性存在于语法规则中,例如自动使动、自主非自主、作格型宾格型的对立等。系统调查描写一种方言的语法时,需要对人类语言常见的形态范畴有所了解。

（五）　谓语词团及动词的形态

情态（modality）成分。用分析性成分如助动词等表示的居多。在形态型语言里情态助动词句法上可以视为谓语的核心。如汉语正反问的操作作用于情态助动词而不是实义动词，比较："他会不会来"～"＊他会来不来"。由于实义动词对论元结构及整个句型至关重要，因此不妨将情态成分和实义动词合起来看成谓语的主体核心——谓词词团。

式：又称语气，多用形态或虚词表示，与情态如何交叉和分工，因语言而异。汉语的句末语气词主要表示语气，也有学者进一步区分表基本语气（如陈述、疑问、祈使）等和表语气下面的具体"口气"的。在语序方面，一般存在"时体—语气—口气"的序列，越在外侧的越表达主观化内容。

示证（evidentiality）范畴：又称传信范畴，表示说话对小句所述命题的消息来源和主观肯定的程度，在有些语言中用形态表示，如"亲眼所见""听来的可靠信息""听来的不一定可靠的信息"等的区别。藏语支羌语支语言多有示证形态，可以调查与这些语言有接触关系的汉语方言或混合语是否有类似现象。

一致关系：这里指加在谓语词团上的一致关系，主要有人称、数的一致，有些语言还有性/类的一致。一致关系的对象按优先度依次是主语/施事、直接宾语/受事、间接宾语/与事。一般可预测汉语方言不存在主谓一致关系，这意味着更不可能有动宾一致关系。

时、体、态。这几个范畴在汉语研究中也经常被提及，虽然它们在汉语中未必都用形态来表达。值得注意的是，在态范畴中，除了最基本的主动态、被动态外，常见的还有反身态和相互态（此二者阿尔泰语言中常见）。反身态和相互态常有平行的特征，但汉语反身态和相互态的平行性没有得到足够重视。比如古代汉语中表反身态的"自"和表相互态的"相"。

（六）　名词的形态及虚化标记

性/类别范畴。性范畴和类别范畴本质上是相同的，都是以语法手段对名词进行基于语义的分类。区别在于性的分类基础是自然性别，而类别范畴以更多维度来进行分类。有学者将两者合称为"性/类范畴"（Grinevald 2000)。

性/类别范畴的句法重要性在于某些句法结构有相应的一致关系形态，如俄语的性范畴。假如性/类别范畴只涉及名词词义和构词法的局部，无关乎句法，其语法重要性就不强。汉语某些方言的部分动物名词似乎有性的标记，如"鸡公～鸡婆""牛牯～牛婆"之类。但这些并不带来一致关系等句法要求，因此也仅是一种局部的构词现象。

假如类别范畴是靠汉语量词那样的分析性的单位体现的，由于已经涉及句法层面的量—名选择组合关系，则这种范畴还是有一定的句法重要性。假如量词如粤语、吴语那样还有分类以外多种句法语义作用，如个体化、实指、定指（类冠词）、兼用定语标记等，则这种分类范畴就变得更加重要，可以视为显赫范畴了（刘丹青 2012）。

数范畴。也是在有数一致关系的情况下才更加重要。这里要注意的是，一致关系不仅存在于形容词、领属语与核心名词的关系中，而且存在于指示词、量化词等与名词的数的关系中，例如英语 this book 和 these books 就用不同数的代词与核心名词的数保持一致，两个指示词在此不能互换。汉语总体上没有一致关系，但是有些方言指示词与名词间似乎存在一定的数一致关系，例如山西晋城方言指示词"指单个儿事物"用 [ti33]（这）、[ni33]（那），"指两个以上事物、表处所"用 [tiəʔ22]、[niəʔ22]（乔全生 2000：18）。

格范畴。它直接体现句子中最重要的结构关系——名词与其他成分尤其是与核心谓词的关系。通常人称代词比名词更容易有相应的格。最容易存在的格是领属格，汉语方言中有代词领格的现象，是从定语标记融入代词而来，比较典型的是客家方言的三身代词领格。而代词的主宾格对立虽然在汉语方言中稀见，但类似主宾格对立的现象也不是完全没有，如祁门（平田昌司主编 1998：269）、海盐（胡明扬 1957、1983）、吴江（刘丹青 1999）、铅山（陈昌仪 1996）等。

指称范畴。表示名词性单位的有定无定类指无指等，这是一个传统语法不够关注的领域，需要特别加强。有些指称义常常入库，有显性手段表达，如用指示词、定冠词或类似定冠词的词表示有定，来自数字"一"的冠词或类冠词表无定等。另有一些常常不入库，而以比较隐性或间接（借用其他指称成分）的方式存在，如类指、无指，也需要加以揭示。

信息地位。就是特定成分在信息结构中的地位，体现说话人如何赋予某成分的信息重要性。在东亚语言中，具有显著信息属性、对句法有较大影响的成分是话题和焦点，其他如激活的信息、共享的背景信息、偶现的信息等信息种类也可能在句法实现上各具特点。

总之，名词的形态最重要的不是其语义如何，而是是否以某种方式影响句法及句子的合格度。即使不存在影响句法的形态，也要关注其他语言中的相关形态在无此类形态的语言中是如何实现相应功能的。

（七）形容词和副词的形态

形容词相对常见的形态范畴是级，即比较级、最高级等。但有些语言中这种形容词的级也完全凭借句法来表现而不像英语那样有级的形态。

较具有东方语言特点的是形容词的性质与状态之别。东亚语言大多具有专门的描写状态的生动式词形，其形式往往带有重叠一类有音乐感的要素，它们在句法上也通常有别于表性质的形容词，在很多语言中这些词被看作一个独立的词类，称为状态词、声貌词、拟声/拟态词等，但它们在不同的东方语言里形态—句法表现并不相同，同一语言里这类词也可能有多个形态—句法上有差异的小类，其中有些有程度的差别，但这种程度是非关系性的，并不引入基准相比较。

副词的形态通常少于形容词，而且其拥有的形态也多半与形容词相同相近，如级范畴。

形态和虚词通常都是语法化的产物，只是语法化的途径或程度不同。其差别表现如下：独立性和粘附性程度；加在什么级别和范围的成分上（形态加在词上，虚词可加在更大的单位上）；读音强弱；有无词内和词间音变；使用的强制性如何；等等。

虚词最重要的分类角度是关系性虚词和非关系性（表义性）虚词。关系性虚词承担将句法成分组合起来的功能，因而在句法结构中的作用更为直接，如被称为介词、连词、结构助词之类的成分。非关系性虚词只用来表示一定的范畴意义，对句法结构的组合没有直接关系，如时体助词、不影响一致关系的表数虚词等。

附缀（clitic），是句法上有词（包括虚词）的身份、语音上已经失去独立性、需要依附在相邻的宿主上的成分。在历时平面，附缀可能是独立词向作为形态成分的词缀语法化的中间阶段；在共时平面，附缀常常造成句法结构的层次错配、依附方向错配、语序错配等特殊的现象，值得在调

查中关注（刘丹青2008、白鸽等2012）

传统语法主要关注成分和结构，当代语法理论还非常重视句法操作，如话题化、焦点化、关系化、名词化、被动化、及物化及其他增加论元的操作（如通过加致使标记）、去及物化及其他减少论元的操作（如通过带反身或相互标记），等等。

因为句法操作揭示了表面上不同的结构之间的密切关系，可以认为甲结构是乙结构加上某个句法操作之后产生的。也可以说，句法操作是直接反映语法的规则性的重要方面。

三　显赫范畴

（一）同样作为入库范畴，相关的语法现象在不同语言中的重要性或者说类型地位可以很不相同，因为语法手段的语法化程度不同、功能强弱不同，会造成该范畴在特定语种中的使用频度、在语义分布中的扩张度和母语人语言心理中的激活度或可及性的差异。具有充分的语法手段表征其存在或扩展其语义语用用途的范畴就被称为显赫范畴（刘丹青2011,2012）。塑造（shaping）一种语言整体类型面貌的不仅是入库范畴，还有显赫范畴。显赫范畴因为其在特定语种中的强大作用而对该语言的类型特征产生重要影响。

关于汉语里的显赫范畴，刘丹青（2012）已结合汉语方言做了一些举例分析。这里再举一个在汉语各方言中普遍显赫的范畴来说明：小称范畴。

小称，是一个常见于众多语言的形态范畴。我们熟悉的外语都有一些小称形态，包括构词的和构形的。

英语的小称只有名词的若干种不能产的构词后缀，如：-ling（用于小动物等）：duckling（小鸭子）、codling（小鳕鱼）、seedling（幼苗）、sapling（小树）；-ie/-y（用于部分名词、动词和形容词，表示小、可爱、亲昵的人或事物）：doggie（小狗）、piggy（小猪）、daddy（爹哋，父亲的爱称）等；-let（用于部分物品）：booklet（小册子）、flatlet（小公寓）、ringlet（小环）。这些小称构词形态在整个英语形态中是微不足道的一部分。

现代汉语是以形态少而著称的，但是，现代汉语及其各个方言却几乎无一例外地具有能产的小称形态,而其形态手段并不相同。这些形态不但能派生出众多的小称名词,而且其表义功能相当强大,扩展到了许多的语义域。下面我们就从语法手段和语法意义两大方面来分析一下小称范畴在汉语方言中的显赫性。

(二)从形式上看,小称是汉语中最接近狭义形态的语法手段。汉语方言中表达小称的形式手段大致有如下种类:

1. 儿化:实质是韵母交替形态,历时上来自儿缀(又称儿尾)的并入。见于北京话和大部分官话方言及部分非官话方言。

2. 儿缀:即"儿"字作为后缀,历时上来自表示"儿子、后代"义的实语素,同时又是儿化及某些变韵变调的源头。

  (1)自成音节的:[ɚ](保定老派。吴继章等主编 2005:56)、
      [əl](杭州。徐越 2007:155-161)、
      [zʌʔ](平遥。侯精一 1999:360 – 363)等。
  (2)自成音节的:[n](金华吴语、绩溪徽语)、
      [ŋ](温州吴语)、
      [□i](衢州吴语)等(分别见钱乃荣 1992:
        719,平田昌司主编 1998:37)。
  (3)作为韵尾的:[r]、[ɚ]、[ɯ]等,是成音节"儿"尾到儿化的中间过渡阶段。
  (4)作为韵尾的:[n](屯溪、祁门徽语)、[ŋ](温州、宁波吴语)等。

3. 变韵。即通过韵母变化构成小称,性质上接近于儿化,甚至可能来自儿化,但在共时平面已不一定看得出与儿化的语音关系。如山东西鲁片方言中的定陶、平邑及西齐片的淄博各区县、章丘等都有通过变韵构成小称的手段(钱曾怡主编 2001:74)。如平邑话 [ã]、[iã]、[uã]、[yã],变为 [ɛ]、[iɛ]、[uɛ]、[yɛ] 便构成小称。变韵常与"变调"同时发生。

4. 变调。变调可能来自某种儿化形式的伴随现象,也可能伴随变韵等现象发生,但也已经存在独立的小称变调。有些方言的某些音节在儿化时会伴随变调现象,假如同样的变调也发生在不儿化的音节上并且表达与

儿化同样的语义，那变调就成为小称变调。如南京话上声字儿化念阳平，但是［u］、［oŋ］等音节不允许儿化，其上声字有小称义的 24 调，就是小称变调，如"摇鼓［iɔ²⁴ gu²¹²⁻²⁴］（拨浪鼓）等（刘丹青 1995）。有些变调与儿化之类手段的关系暂未明了，总体情况都是以高调表示小称（朱晓农 2004）。

5. "子、仔、唧（口姐）、崽、嘚"等"子"系后缀及其他来源的后缀。子缀在很多方言中与儿缀、儿化或重叠名词小称手段等并存并形成语义对立，小称作用不明显。但在某些方言中子尾确有小称作用，例如福建连城客家话的"子"（项梦冰 1997：33）、粤语的"仔"、湘语的"唧"［tɕi］／口姐［jie］／崽唧（罗昕如，2006：189—199。徐慧，2001：53—60）、赣语的"嘚"。此外，闽语以"囝"为小称后缀，与以上"子"系的后缀没有同源关系。

6. 重叠。主要分布在西北、西南和吴语区北部，有时与儿化或子尾等手段结合出现。如山西太原"刀刀（小刀）、虾虾（小虾）"，运城"桌桌（小桌）、眼眼（小孔）"（乔全生 2000：32）；陕西西安"罐~罐罐（小罐子）、柜柜（小柜子）"（孙立新 2004：209）；成都"眼眼（小孔）、路路（条状痕迹）"（张一舟等 2001：38），苏州吴语"包包（小包）、洞洞（小洞，孔）"（刘丹青 1986）。

以上列举了汉语方言中表达名词小称的 6 大类语法手段，有些大类内部还包括一些小类。有时同一个小称名词采用多种语法手段，如变韵＋变调，儿化＋变调，重叠＋儿化等。一个方言同时存在可以分别使用的几种小称手段也不罕见。如西北、西南官话通常同时存在重叠和儿化。

值得重视的是，以上所述的小称表达手段，都是语法化程度很高的形态现象，无论来源如何，都是地道的形态手段，绝不是句法组合。而且，这些手段在我们所列举的方言中都是相当能产的。如北京话的儿化、粤语的"仔"尾词、浙江吴语的鼻音儿缀词，都是难以穷尽列举的构词形态。

假如某种小称手段是不能产的，通常该手段不是所在方言的唯一小称手段，而是存在另外的能产手段。例如，现代苏州方言还有不到十个带鼻音儿缀或儿韵尾的小称词，如"筷儿，小娘儿"等，同时，苏州话存在比鼻音儿缀更能产的重叠小称词，如上文所举，再如"袋袋、路路（小缝）、梗梗、脚脚（沉淀的渣滓）、屑屑"等（刘丹青 1986）。

小称无疑是这些形态现象的核心原型语义。从构成手段的语法化程度和常用度来讲,小称完全称得上是汉语跨方言显赫的重要形态范畴。

作为显赫范畴的更重要的属性是其范畴扩张力,即相关手段常在表达其核心意义的范畴之外还用来表达相邻的甚至遥远的语法意义。我们以被研究得较为深入的小称个案研究为例,检测汉语方言的小称是否符合成为显赫范畴的这一属性。

龙果夫《现代汉语语法研究》(中译本 1958)提到的北京话儿化(该书叫“语尾儿”)语义功能有:

1)表示“另一物体的一部分”,如“房门儿、桌子面儿、墙缝儿”等。

2)跟“部分”义有关的时空关系词,如“旁边儿、外头儿、后沿儿、前儿”等,以及“地方儿、道儿、时候儿、空儿、明儿、今儿、会儿”。

3)同样跟“部分”义有关,构成表示(数量方面的)份额和部分的词,如“份儿、段儿、半儿”等。

4)出现于“表示跟人或物不可分的联系着的抽象概念的抽象名词”,如“魂儿、气儿”、“性儿、劲儿”等。

5)“表示人类活动的种种现象”,如“事儿、话儿、活儿、理儿……”

6)用于名词的引申义,如“起身儿、吊个纸儿(吊丧)”等。

7)名词用作量词,如“一身儿、一手儿”等,他认为也与“部分”义有关。

8)人体部位有关的引申义,如“心儿(心灵)、头儿(领袖)”等。

9)与“部分”义和引申作用都相关的词,如“画皮儿、窗户眼儿、话把儿”。

10)由不及物动词等构成的抽象义名词,如“(道个)喜儿、(看了个)过儿、(吓了个多半)死儿、(问)好儿、三十儿(三十岁)”等。

11)“语气性的系词后”,如“(替他认个)不是儿”。

12)用在专名和外号中,如“金凉水儿、江三坏儿、喜儿、四儿”。

13）由抽象义进一步派生出的副词，如"就里儿、可巧儿……故意儿的"。

例一：北京话的"儿"

龙果夫对"儿"的分析似还有不够全面之处。

例如，对于儿化显然具有的喜爱、亲密、轻视等与小称有关的语义色彩没有专门提及。

另外，他提到了有些儿化加在动词形容词词根上，但是没有概括为儿化的名词化功能。

龙果夫也没提到少数口语动词的儿化，如"颠儿、玩儿、火儿"，这可以视为小称用途的进一步扩展。

此外他可能也有一些分割过细之处，如有关"部分"义和抽象名词的小类过于烦琐。

龙果夫的分析，总体上解释了"儿化"的强大表义功能，至今仍富有解释力。他虽然从"部分"义出发来分析，但仍然肯定了"儿"的小称作用。我们认为，部分义归根到底来自小称义：因为部分永远小于整体，是最恒定的表小功能；也只有小称义能给所有语义功能提供最终的源头，例如喜爱、亲密等就无法溯源到"部分"义。

北京话儿化的多功能模型，典型地展示了显赫范畴的强大扩展能力，能够跨越多个语义域（数量、空间、时间、抽象属性、具体动作、感情色彩等），能够延伸到离形态的原型语义（小称）相当遥远的语义，但仍然带着原型义的印记。这一模型，大体上反映了儿化发达的官话区儿化、儿缀形态的状况，只是在细节上可能稍有差别。

例二：杭州方言的儿缀（［əl］）

徐越（2007：155—176）对杭州方言的儿缀（［əl］）小称的表义功能也做了相当细的分析。她把儿缀的很多表义用放在"修辞功能"里面来说，认为"'儿'的本义是'儿子'，转为词缀后，其基本意义或初始意义是指小，在指小过程中又衍生出喜爱义、戏谑义、轻蔑义以及轻松活泼、形象生动等意义。因此儿缀既是一种构词方式，又是一种修辞方式"。

在表小义方面，作者还具体分析到可以表细小、微小，包括"形体上的小、数量上的少和程度上的轻"，其中程度轻还扩展到了动词形容词用法，如"争争儿、荡荡儿（闲逛）、趺跤儿、乖乖儿"。很多小称词与同类的名物比有大小之别、广狭之别，如"袋～袋儿，小车～小车儿（玩具）"。其他各义也都有大量举例分析。

在"修辞功能"之前，徐书也分析了儿缀的语法作用特别是变换词性的作用，最常用的是动词变名词，此外，还有：形容词变名词，如"亮儿（灯）、尖儿（尖子）、老儿（老天）、荤腥儿（荤菜）"；形容词变动词，如"香香儿（大人亲吻小孩）、省省儿（省着点儿）、假假儿（假装）"。

以上北京话儿化、杭州话儿缀表义功能多样化的情况，都不是偶然的情况，都没有超出小称多功能模式的跨语言比较所发现的引申模式的范围，王芳（2012 第 4 章）对此有详细的介绍和分析，并对不同方言不同手段所表小称的语义多功能模式进行了全面的整理概括和图表化展示，可以参看。从中可以看出，包括名词化、用于形容词表程度减轻等在内的句法语义功能，都是小称语义引申模式中的常规结果。

刘丹青（1986）对苏州话重叠形式的小称名词也做过语义分析，其中提到的几项语义功能（如表细小、表量少、表空间部位或位置、表亲昵、词性转变等等），也都在北京话儿化、杭州话儿缀及跨语言的小称多功能语义模式的范围之内。

重要的是，王芳（2012）所介绍和分析的小称语义多功能模式，是在许多语言方言的比较中汇总而来的，而北京话、杭州话等"儿"类小称形式能在一种方言中同时实现这么多表义功能，跨越这么多语义域，这是只有显赫范畴才具有的扩张力，并因此对一种语言方言的类型产生重要影响。这是我们在语法调查中要重点发掘的事实。

最后，结合语法形式和语法意义两方面来看小称作为汉语里一种显赫范畴的类型特点：

1. 小称在所调查的所有方言中都有语法化程度高而且非常能产的形态手段表达，这对于一个形态稀少的语言来说，是相当突出的类型现象。

2. 小称是个在许多语言中都入库（进入语法的构词法库藏）的范畴，但是很少成为有强大扩展功能的显赫范畴。小称范畴的显赫成为汉语的显著特点，而且是一种跨方言显赫范畴。这一共同特点是在汉语史上逐渐形成的，因为古代汉语并没有显著的小称形态。

3. 小称在不同方言中所用的形态手段不尽相同，可以说是一种"跨形态"的显赫范畴。在共时平面,汉语中小称范畴跨方言的显赫度是建立在语义范畴而不是语法手段的共性基础上的。可见,显赫范畴不等于显赫手段,它以语义范畴为视点。虽然显赫范畴常常借助于显赫手段来表达,但是同一个显赫范畴可以借助不同的手段来表达。

4. 小称范畴的显赫,尤其是其功能的扩展,对句法有部分的影响,主要表现在小称形态的词类转换功能以及表示空间关系等功能上。但小称范畴对句法的作用力总是不如性、数、格这类直接作用于句法的形态范畴。这一以形态为表达手段的显赫范畴,不足以在根本上改变汉语作为一种形态不丰富的分析性语言的类型属性。

5. 显赫范畴的确定,既要依靠扎实细致的调查和对材料的分析,也要以类型学为背景进行比较。假如不进行跨语言比较,我们就无法知道小称范畴在其他语言中通常虽然入库,但不一定像汉语小称那么显赫。

参考文献

白鸽、刘丹青、王芳、严艳群:《北京话代词"人"的前附缀化——兼及"人"的附缀化在其他方言中的平行表现》,《语言科学》2012 年第 3 期。

昌梅香:《江西吉安赣语"得"后缀研究》,《陕西师范大学继续教育学报》2006 年第 3 期。

陈昌仪:《江西铅山方言人称代词单数的"格"》,《中国语文》1995 年第 1 期。

戴庆厦、傅爱兰:《藏缅语的是非疑问句》,《中国语文》2000 年第 5 期。

何茂活:《山丹方言志》,甘肃人民出版社 2007 年版。

侯精一:《现代晋语的研究》,商务印书馆 1999 年版。

胡明扬:《海盐通园方言的人称代词》,《中国语文》1957 年第 6 期。

胡明扬:《海盐方言的人称代词》,《语言研究》1987 年第 1 期。

刘丹青:《苏州方言重叠式研究》,《语言研究》1986 年第 1 期。

刘丹青:《南京方言词典》,李荣主编《现代汉语方言大词典》分卷本,江苏教育出版社 1995 年版。

刘丹青:《南京方言音档》,侯精一主编《现代汉语方言音库》分册,上海教育出版社 1998 年版。

刘丹青:《吴江方言的代词系统及内部差异》,李如龙、张双庆主编《代

词》（中国东南部方言比较研究第四辑），济南大学出版社 1999
　　年版。

刘丹青：2007《漫谈语法比较的研究框架》，韩国《中国语教育研究》第
　　6 号。另收入崔健、孟柱亿主编《汉韩语言对比研究（2）》，北京语
　　言大学出版社 2010 年版。

刘丹青编著：《语法调查研究手册》，上海教育出版社 2008a 年版。

刘丹青：《汉语名词性短语的句法类型特征》，《中国语文》2008b 年第
　　1 期。

刘丹青：《重温几个黎氏语法学术语》，《北京师范大学学报》（社会科学
　　版），2010 年第 5 期。

龙果夫（А А Драгунов），郑祖庆译：《现代汉语语法研究》，科学出版社
　　Γ958 年版。

罗昕如：《湘方言词汇研究》，湖南大学出版社 2006 年版。

平田昌司主编：《徽州方言研究》，日本好文出版 1998 年版。

钱乃荣：《当代吴语的研究》，上海教育出版社 1992 年版。

钱曾怡主编：《山东方言研究》，齐鲁书社 2001 年版。

乔全生：《晋方言语法研究》，商务印书馆 2000 年版。

孙立新：《陕西方言漫话》，中国社会出版社 2004 年版。

王芳：《重叠式多功能模式的类型学研究》，南开大学文学院博士论文，
　　2012 年。

伍巍、王媛媛：《南方方言性别标记的虚化现象研究》，《中国语文》2006
　　年第 4 期。

项梦冰：《连城客家话语法研究》，语文出版社 1997 年版。

邢向东：《神木方言研究》，中华书局 2002 年。

徐越：《浙江杭嘉湖方言语音研究》，中国社会科学出版社 2007 年版。

徐慧：《益阳方言语法研究》，湖南教育出版社 2001 年版。

袁家骅等：《汉语方言概要》，文字改革出版社 1983 年版。

詹伯慧主编：《广东粤方言概要》，暨南大学出版社 2002 年版。

张一舟、张清源、邓英树：《成都方言语法研究》，巴蜀书社 2001 年版。

朱德熙：《语法讲义》，商务印书馆 1982 年版。

Comrie，Bernard & Norval Smith 1977 Lingua Descriptive Studies：Question-
　　naire，Lingua42（1977）1 – 72，North-Holland Publishing Company.

Grinevald，Colette 2000. A morphosyntactic typology of classifiers. In Gunter
　　Senft （ed.） Systems of Nominal Classification. Cambridge University
　　Press.

汉语方言中的处置式和"把"字句[*]

李蓝[1]　曹茜蕾[2]（Hilary M. Chappell）

（1. 中国社科院语言所；2. 法国东亚语言研究所）

提　要　处置式是汉语的一种重要句式，在标准语、汉语史、汉语方言以及汉语教学领域有很多研究成果。在标准语的语法研究中，处置式更多的时候被称为"把"字句。在汉语史研究领域，"把"只是处置标记从"以""将"等发展到晚期的一种标记形式，所以，汉语史领域是用"处置式"来指称这种句式。本文先简要介绍近年来处置式在标准语、汉语史及汉语方言领域的一些进展，然后介绍现代汉语方言中的"处置式"和"把"字句。根据本文的初步研究，汉语方言中的处置标记有113个，比时间跨度长达两千年的文献资料中的处置标记要多得多，拿持义、给予义、得到义、趋向义、使令义、连接义、助益义、言说义动词都可虚化成处置标记。处置标记：一般是前置的，但也有后置的；多数方言在一个处置句中只使用一个处置标记，但也有一些方言在一个处置句中使用两个处置标记；一些方言可以省略处置标记，还有的方言可以省略处置宾语。汉语方言

---

　　* 2007 年以来，李蓝与法国东亚语言研究所的曹茜蕾教授合作研究汉语处置式，并于 2007 年、2012 年两次赴法与曹茜蕾教授及她的研究团队讨论汉语处置式的相关问题，本文为合作研究成果。本文部分内容曾在：语言研究所高研演讲（2008 年 10 月，2012 年 10 月）；北京大学中文系王力学术讲座（2012 年 10 月）；第四届（2008 年福建泉州）、第六届（2012 年四川绵阳）汉语方言语法国际学术研讨会上宣读讨论。本文第四节"'把'字句的功能扩展"应汪化云之要求补写，他认为这个问题应该单列讨论。在上述各次讨论中，承蒙众多师友提出许多有价值的意见，这里一并致谢。

中的"把"字句功能复杂，句式繁多，用法及意义跟标准语、文献资料大不相同。在一些西北方言里，"把"字是一个提宾标记，没有处置义；在一些中部汉语方言里，"把"字既是处置标记又是被动标记，此外，汉语方言中的"把"字还有处所、趋向、工具等用法，这些都和标准语及白话文献中的"把"字句不一样。最后，本文讨论了"把"字句的功能扩展和区域消隐问题。

关键词 汉语方言 处置式 处置标记 把字句 功能扩展 区域消隐

一 "处置式"的名和义

（一）在汉语语法学史上，处置式是黎锦熙（1924）最先描写，王力（1944）最先定名的一种句式。在《新著国语文法》里，黎锦熙认为"把"字介词的语法功能是"用来提前宾语"。这个观点至今仍广为接受。同时他还指出，有一种"把"字句的用法非常"奇怪"，具有类似"使"的意义。也就是发现了致使义的处置式。原文用的例句是：

众人同斟一杯送与周先生预贺，把周先生羞的脸上红一块，白一块，只得承谢众人，将酒接在手里。

在《新著国语文法》里，黎锦熙还发现了"北方语"中的"管"字句。他把这种"管"字归在"介所向"类介词中，认为其意义和"对，对于，於（于）"相同。所用的例句是：

我刚才"管"他说过，他应该"管"你叫老哥。

上面的例句中：第一个"管"相当于"对"或"向"，或"和""跟""给"；第二个"管"相当于"把"，"管你"的意思也可以理解为"对你"。

事实上，黎锦熙已发现了三种处置句：普通型处置句、致使型处置句和命名型处置句。其中，命名型处置句至今仍未得到充分研究。实际上这是一种特殊的处置句，处置标记和句式结构均和其他处置句有所不同。

（二）自王力把"把"字句命名为"处置句"之后，数十年来，处置式的研究和讨论一直是汉语语法学上的热点问题，研究成果非常丰硕，甚至延伸至临床医学领域，详见尤志珺、毛善平、王国瑾（2008）。

（三）在关于处置式的各种观点中，处置式的存废始终是一个焦点问题。一直有学者坚决要求取消处置式。主要理由是认为普通话中的一些"把"字句实际上没有处置语义。因此，我们可以看到，研究标准语语法的学者中，更多的人愿意使用"把字句"的说法，这样有一个显而易见的好处：可以避免"处置句无处置义"的诘难。

二　处置式与"把"字句研究简史

下面按标准语、白话文献和汉语方言三个方面来介绍近年来处置式研究的一些重要成果和新进展。

（一）标准语领域

处置式一直是标准语语法研究的热点问题之一，研究成果层出不穷。以知网的查询结果为例，1990—2002 年这十三年间，以处置式（或把字句）为题直接讨论篇处置式的论文有 27 篇。其中，张伯江（2000）以构式语法（construction grammar）为理论视角，讨论"把"字句中整体句式意义与各组成成分之间的关系，讨论了"把"字句里"把"字宾语的"自立性""位移性"和"句子主语使因性"等句法特点。沈家煊（2002）以认知功能语法"主观化"为理论分析工具，认为不论是处置型的"把门打开"，致使型的"把他灌醉了"还是处所型的"把火盆里添点炭"，都是处置式，这些处置句的差别主要是"主观处置"程度有强弱之别。

《现代汉语八百词》（吕叔湘等 1999）里对"把"字句的作用、功能及语义特点有深入细致的描写分析，对研究汉语方言处置式有重要参考价值。下面摘录《八百词》中关于"把"字作用和用法特点的部分内容。

1. "把"字的作用。跟名词组合，用在动词前。"把"后的名词多半是后边动词的宾语，由"把"字提到动词前。

2. "把"的功能。

（1）表示处置。名词是后面及物动词的受动者：把信交了｜把技术学到手。

（2）表示致使。在句式结构上有两个特点。A 后面的动词多为动结式：把嗓子喊哑了｜把鞋走破了。B 常用"得"引进情态补语：把礼堂挤得水泄不通丨把个小王听得入迷了。

（3）表示动作的处所或范围。把东城西城都跑遍了。丨把个北京城走了一多半。

（4）表示发生不如意的事情，后面的名词指当事者。偏偏把老李病了。丨真没想到，把个大嫂死了。

（5）拿、对。他能把你怎么样？丨我把他没办法。

3. "把"字句的用法特点。

（1）"把"后的名词所指事物是有定的、已知的，或见于上文，或可以意会，前面常加"这""那"或其他限制性的修饰语。

代表不确定的事物的名词不能跟"把"组合：买了很多书（＊把很多书买了）。丨他拿走了两支铅笔（＊他把两支铅笔拿走了）。

（2）在口语和散文里，"把"后面的动词要带其他成分，一般不用单个动词，尤其不用单个单音节动词，除非有别的条件。

（3）把＋名1＋动＋名2。有四种情况：A 名2是名1的一部分或属于名1：把杂志翻了几页丨把他免了职。B 名1是动作的对象或受动者，名2是动作的结果：把我当作自己人丨把纸揉成一团儿。C 名1和名2是双宾语：把钢笔还你丨把这件事告诉他。D 名1表示动作的处所，名2是动作的工具或结果：把门上了锁丨把炉子生上火丨把伤口涂点红药水。

（4）"把"后没有动词，表示责怪或无可奈何。只用于口语：我把你这个小淘气鬼！丨我把你这个糊涂虫啊！

（5）否定词"不、没"一般用在"把"字前：没把衣服弄脏丨不把他叫回来不行。

在一些熟语里则可前可后：不把我当人＝把我不当人丨不把它当回事儿＝把它不当回事儿。

（二）汉语史领域

在汉语史领域，处置式的研究更是一个持久不衰的学术热点，下面我们从与方言语法研究密切相关的角度给大家介绍两个方面的研究成果。

1. 处置标记的历史变化。

在不同的文献中，在不同的历史时期，处置标记一直在发展变化。"以""将""把""捉""持""拿""给""取""叫"等都见于文献。其中，"以""将""把"三字是最重要的处置标记。这些处置标记中，有的从文献上可以发现其语法化的完整过程，有的则有不同的方言背景。

2. 处置式来源的四种意见。

（1）处置式导源于连动式结构"将/把 + NP1 + V2"中动词"将/把"的语法化。祝敏彻（1957）最早提出这种看法，贝罗贝（1989）有更深入的论证。持这种看法的学者还有王力（1958）等。

（2）处置式承源于上古汉语中具有提宾功能的"以"字结构。持这种看法的有 Bennett（1981）、陈初生（1983）等人。

（3）处置式有不同的次类，不同次类的处置式来源不同。叶友文（1988）首次注意到隋唐的"将/把"处置式具有不同的语义类别，他根据语义关系将这个时期的"将/把"处置式分为"纯处置""处置到""处置给"3 类。叶文认为，"纯处置"是在唐代伴随介词"将/把"用于诗句而产生，"处置到""处置给"则来源于先秦至隋唐以前的"以"字句和"於/于"句。梅祖麟（1990）在叶文的基础上对唐宋时期的处置式作了更为全面、细致的分类。

这种观点现已成为近代汉语学界的主流看法，蒋绍愚（1994、1997、1999），吴福祥（1996、1997），Sun（1996），魏培泉（1997），曹广顺、遇笑容（2000），刘子瑜（2002）等人从不同角度探讨了不同类型处置式的来源问题。

（4）冯春田（1999）对（3）意见有不同看法。他认为，处置式语义上的不同类别是同一句式发展演变的结果，处置式先出现了处置给、处置作、处置到等不同语义，后来又发展出致使义的处置式。杨平（2002）也有类似看法。

3. 处置式句型三分。

这是处置式来源讨论的重要成果。在处置式处置标记和句式来源的讨论中，逐渐形成了把处置式三分的意见，即分为广义处置句、狭义处置句和致使义处置句。广义处置式又细分"处置（给）""处置（作）""处置（到）"三种。

广义处置式的处置标记除了"将"和"把"以外，还用"以、持、取、捉"等字，狭义处置式的处置标记除了"将""把"外，也用"取""捉"等字，致使义处置式的处置标记只见"把"和"将"两字。

（三）汉语方言领域

单从已发表文章的篇目数量说，汉语方言处置式的研究成果是最多的。从 1979 年起算，专题研究方言处置式的单篇论文将近 100 篇。其中，大多数是 1990 年以后发表的。把各种综合性的调查报告算在内，汉语方言处置式的调查研究成果就更多了，有近 1 000 个县市一级的行政单位的处置句得到详略不等的描写。这些研究成果极大地丰富和深化了我们对汉语处置式的认识。单就语言事实来说，不管从哪一个方面看，方言中处置式的句式变化，处置标记的复杂多样，"把"字句的复杂程度都非标准语和文献资料可比。下面我们简要介绍两篇比较重要的文章。

一篇是张敏（2011）的《"语义地图模型"：原理、操作及在汉语多功能语法形式分析中的作用》。文章在扼要介绍语义地图的理论背景、基本原理及操作方法之后，以 Haspelmath（2003）的"工具语及相关角色的语义地图"为底图，构建了一幅"汉语方言主要间接题元"的语义地图，并利用这幅语义地图大致确定了汉语处置式的类型学地位，认为汉语方言中的处置标记只与工具语标记和受益者直接相关，排除了处置标记与给予动词、伴随者标记、被动标记等直接相关的可能性。张敏构建的语义地图如图 1：

张敏自己对这幅图是很有信心的，认为虽然还只是一张草图，但已得到"各地汉语方言、汉藏系语言及世界其他语言语料"的支持，没发现多少反例，基本布局已难以改动①。

另一篇是曹茜蕾（Hilary Chappell，2007）的《汉语方言的处置标记的类型》。曹文首先把处置式定义为"一种直接宾语位于主要动词之前而带有明显的标记的句法结构"，也称为"宾语带标记结构（object-marking constructions）"，并把处置标记称为"宾语标记"，然后以大量的语言实例证明汉语方言里的处置标记主要有三个来源：一是"拿、握"义动词，二是"给予义"和"帮助义"动词，三是伴随格。此外，文章还讨论了三个词语的语法化途径，并引用近代汉语处置式三分的观点对汉语方言处置式进行句式分类处理。

---

① 张敏的文章涉及语义地图理论研究汉语语法功能标记的适用度，以及对相关语料的平行性处理等问题，这些问题需要专文讨论，本文暂不评论这篇文章的得失。

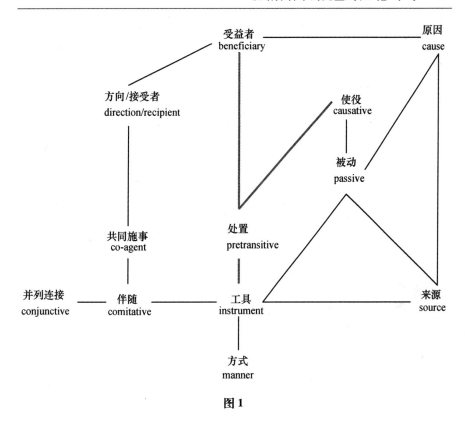

图1

三　汉语方言中的处置标记和处置式

（一）汉语方言中的处置标记

1. 处置标记的用字情况及地域分布。

根据我们目前查询过的语料，把单音节标记和双音节标记分别计算，现代汉语方言中现在使用的处置标记是 113 个。其中的 95 个用汉字记音（有一些肯定不是本字），18 个用音标记音（其中有一些与已有字形可能是同音字或来源相同）。相关情况见表 1。

表1   **现代汉语方言处置标记总表**

序号	处置标记	方言例句	分布地域
1	阿	阿教室打扫一下	湖南:临武
2	挨(阴平)	挨我的衣裳拿来	云南:昆明、大关、富民、禄丰(等17处)、沾益 湖南:临武、宁远
3	按倒	今天他按倒大家日诀了一顿	四川:宜宾
4	巴	巴门关上	湖南:衡山
5	八	八搭个东西拿八我	浙江:桐庐
6	把得	他把得我的书撕烂哒	湖南:益阳
7	把将	佢把将这件事话佢知	广东:梅县
8	把者	把者扇门关合	湖南:涟源
9	拔		山西:大同、离石
10	班	这下子班他气坏了	山东:利津
11	办	你办这些粪推到地溜去	山东:德州
12	伴	你伴要把条事情报他	广西:阳朔
13	帮	帮门关上	云南:永胜、鹤庆、弥渡、宁洱(等13处)、沾益、临沧、凤庆、云县、双江、永德、镇康、耿马、沧源 浙江:金华、高敬、汤溪、江山开化、龙游、遂昌、云和、庆元 湖南:新化、吉首、泸溪、辰溪、娄底 江西:婺源、石城 福建:宁德、寿宁、周宁、福安、长汀、浦城 安徽:徽州、歙县 江苏:赣榆 四川:北川

序号	处置标记	方言例句	分布地域
14	拨	倪拨俚吓仔一跳	江苏：苏州 浙江：舟山、泽国、丽水 山西：祁县、孝义等9处
15	笔	你笔门关起	浙江：泰顺
16	畀	畀门关好	江西：南城 福建：建宁 安徽：黟县
17	不	不门关上	浙江：杭州、绍兴、黄岩 山西：万荣
18	搀	搀门关起	云南：易门
19	搭	风搭帽吹跌了	江西：婺源 浙江：天台
20	打	打手伸了水瓮里拔拔疼吧	山东：新泰
21	逮	逮门关倒	湖南：宁远 浙江：温州
22	逮倒	你逮倒单车搞坏呱了	湖南：宁远
23	逮住	动不动就逮住我打一顿	河南：获嘉
24	代	代衣服洗干净它	安徽：巢县 浙江：温州
25	搭	搭拳头浪捏牢	江苏：苏州 江西：秀簟 湖南：桂阳
26	担	渠担衣衫洗格哩	湖南：邵东、东安、绥宁、隆回 浙江：玉山 安徽：歙县
27	到	到东娃高兴得满炕上翻猫跟头	山西：临晋、临猗

续表

序号	处置标记	方言例句	分布地域
28	得	快得门关上	山西：临汾 湖南：常宁、衡山、攸县、衡阳 浙江：诸暨 福建：泰宁
29	等	你等滴东西放倒地上	湖南：邵东
30	兜	兜门关起	江西：武平
31	对	伊对只牛生踢	广东：汕头、潮州
32	佮	佮门关得	福建：福鼎
33	痱	痱门关好	浙江：常山
34	分	分门关起来	湖南：江永 云南：元江、石屏 浙江：金华、泰顺
35	嘎	牛嘎它牵出去	广东：陆丰（军语）
36	赶	他赶我叫大叔	山东：沂水
37	个	尾鱼个伊掠去刣	广东：汕头
38	隔（阴平）	你隔（阴平）这个苹果吃了	河北：大名
39	给	给那东西给我	河南：郑州、洛阳、南阳、开封 江苏：宿迁、徐州、泗洪 山西：交城、运城、万荣 河北：昌黎 云南：呈贡、沾益等4处 四川：酉阳 湖南：宁远、湘乡 湖北：石门、襄樊、丹江
40	隔	你隔这个苹果吃了	河北：魏县

续表

序号	处置标记	方言例句	分布地域
41	跟	我跟他送走了再回去	湖北：随县 江苏：淮阴 湖南：宁远、沅陵 河北：昌黎 北京 江西：广丰、上饶
42	共	你共人拍一下	福建：泉州、厦门、福州、长乐、福清、永泰、晋江、南安、平和
43	够	够白薯叫山药	河北：昌黎
44	箍	有处儿箍太阳叫日头	河南：洛阳
45	管	有些地方管太阳叫日头	山西：朔县 山东：博山
46	逛	逛白薯叫山药	河北：昌黎
47	搭	祖搭我打哦一餐	湖南：蓝山、新田（南乡土话）
48	哈	你火哈加者旺旺的	甘肃：临夏
49	喊	有朏处所喊太阳做热头	广东：阳江 湖南：长沙、涟源、衡阳
50	甲	撮饭甲伊食了	广东：潮州
51	碗	检碗安好现才跑	湖南：蓝山
52	将	将伊刣掉	广东：汕头、广州、阳江、潮州、台山、新会 海南：东方市 香港（粤语） 福建：厦门、泉州、漳平、福清、清溪、揭西、仙游、平和 云南：安宁 广西：兴业、北流、容县、富水

续表

序号	处置标记	方言例句	分布地域
53	叫	小三叫屋当门扫扫	山东：枣庄、郯城 河南：浚县、叶县 山西：太原、大同 湖北：襄樊、丹江口
54	教	教门打开	湖北：光化、襄阳
55	捞	个家伙捞它收起来	广东：陆丰、惠东
56	捞着	捞着我一顿穷训	山东：沂水
57	老	别个老简菇当木耳卖给你	湖南：衡阳
58	来	我来衣裳洗干净了	山东：东平、菏泽
59	连	他连衣裳弄湿俩	山东：德州、东平、微山 河北：永年、魏县
60	掠	伊人掠我做亲生囝饲	广东：汕头
61	妈	妈门打开	湖北：黄梅
62	码	码其冒一点法子	湖南：攸县 河北：盐山 安徽：宿松
63	码到	码到其冒一点法子	湖南：攸县
64	漫	你漫这些粪推到地溜去	山东：德州 江苏：赣榆

序号	处置标记	方言例句	分布地域
65	拿	王申拿群众的意见没搁到心上	山西：闻喜 江苏：苏州、泰兴、宜兴、溧阳等17处 上海：市区、嘉定 浙江：湖州 江西：石城 湖南：长沙、汝南、炎陵、汝城、新化、常宁、益阳、溆浦、宜章、江永、永兴、乾城、宁远、益阳、娄底、湘乡、衡阳、蓝山 湖北：埔圻 山东：博山 福建：福清、武平、长汀、邵武、三明、沙县、建阳、崇安 广西：柳州、富水 新疆：乌鲁木齐 河北：永年、魏县 陕西：西安 四川：宜宾 贵州：贵阳、毕节、大方等地
66	拿赐	拿赐扇门关合	湖南：涟源
67	拿搭	拿搭他一不当人	湖南：湘乡、宁乡
68	拿倒	其唔听话，你就拿倒他打一餐	湖南：新化
69	拿得	拿得沙发上的衣服叠好	湖南：宁乡
70	拿者	拿者扇门关合	湖南：涟源
71	纳	纳那个本本纳我	广西：灌阳
72	弄	弄窗户关住吧	河南：浚县 湖南：永明
73	搦	搦门关到	江西：安义、宜丰、余干 广西：临桂
74	撵着	我撵着我老弟踢嘎一足	湖南：汝城

序号	处置标记	方言例句	分布地域
75	拧	拧那个嘢来我啫	广东：阳江、电白 广西：钟山
76	乞	我乞被单拆去洗	福建：福州、福清
77	揪	伊揪许侪鸡卵拍烂去	海南：屯昌
78	牵	伊牵许条缆割做两节	海南：屯昌
79	掏	我掏汝无办法	福建：福州
80	同	他同我拧牢不放	浙江：金华、苍南
81	提	提这台抹一抹	广西：富水
82	替	替门关好	云南：晋宁
83	听	听稻杆当柴烧	浙江：金华
84	万	你万这些粪推到地溜去	山东：德州
85	械	佢械条毛巾来做抹布	广东：广州
86	揞	伊揞曷多鸡卵拍烂去	海南：屯昌
87	与	你莫与脚搭倒台子高头	湖南：宁远
88	约	约我吵得眠熟无去	浙江：湖溪
89	招	招门关上	山西：新绛
90	捉	我捉其批都一次	广东：阳江 江西：安义、三都
91	捉到	捉到渠没有整	江西：安义
92	捉得	他捉得门打烂达	湖南：宁乡
93	捉达	他捉达门打烂达	湖南：宁乡
94	在	你在作业写完再出去玩	河南：浚县
95	则	渠则我个东西弄破代	浙江：萧山

续表

序号	处置标记	方言例句	分布地域
96	ka^7	伊 ka^7 阿英惊着	台湾（闽南话）
97	pauλ	pauλ 他叫过来	山西：万荣
98	buoλ	你不要 buoλ 条事情报他	广西：阳朔
99	cm^5	cm^5 门关起	湖南：嘉禾
101	₌ləu	₌ləu 门关起	湖南：蓝山
102	₌kʻa	₌kʻa 门关起	湖南：耒阳
103	khai˥	khai˥ 门关住	广东：开平、恩平
104	huã˥	huã˥ 菜卖了。	广西：钟山
105	Cₜˈiu	Cₜˈiu 门关起	湖南：桂东
106	man^{35}紧	man^{35}紧门关起	湖南：新田（南乡土话）
107	₌ʨˈyœ	₌ʨˈyœ 门关好	湖南：宜章
108	₌do	₌do 门关起	湖南：东安
109	maoɣ	maoɣ 门关好	山西：新绛
110	ȵia˥	ȵia˥ 门关好	广东：连县
111	ma^3	ma^3 门关起	江西：茶陵、都昌、宿松
112	o^3	o^3 门关起	江西：大余
113	naɣ	快点 naɣ 你爸叫来。	江西：武宁

注：表中，凡多地同用一个处置标记时，"例句"只相对第一个地点而言。

　　表1只初步反映了现代汉语方言的处置标记用字情况，不能反映同一个方言中处置标记的单用、多用等情况，下面我们用表2～表4来反映同

一方言中处置标记单用和多用的情况。

2. 只使用一个处置标记的方言见表2。

表2　　　　　　　　　**只使用一个处置标记的方言**

序号	字	分布地点
1	阿	湖南：临武（官话）
2	挨	云南：昆明、富民、禄丰等17个点 湖南：临武土话
3	把	见于下列省市：湖南、湖北、青海、内蒙古、山西、陕西、新疆、山东、广东、宁夏、甘肃、江西、海南、云南、四川、重庆、贵州、浙江、广西、安徽、福建
4	帮	湖南：新化、吉首 江西：婺源 安徽：屯溪、徽州 福建：长汀 云南：弥渡、宁洱等13处 四川：北川 浙江：开化、龙游、遂昌、云和、庆元、浦城、南浦
5	绑	湖南：泸溪
6	畀	福建：南城、建宁
7	不	浙江：杭州、绍兴、黄岩
8	搀	湖北：易门
9	搭	浙江：天台 江西：秀簒、德光
10	逮	浙江：温州
11	担	湖南：东安 浙江：玉山
12	得	湖南：衡山、攸县 山东：泰宁 浙江：诸暨 山西：临汾
13	对	广东：潮州、汕头

续表

序号	字	分布地点
14	㨣	浙江：常山
15	分	台湾：桃园（客家话） 云南：元江、石屏 浙江：金华、桐庐
16	给	河南：南阳、洛阳 山西：交城 云南：呈贡、沾益等4处 四川：酉阳 江苏：宿迁
17	跟	江苏：淮阴、沭阳 湖南：宁远（平话）、沅陵（乡话） 湖北：随县
18	共	福建：福州、厦门、南安、晋江 台湾（闽南话）
19	管	山西：朔县
20	将	云南：安宁 广东：广州、揭西等29处 香港（粤语） 福建：漳平、清溪、清远、佛冈、仙游
21	教	湖北：光化、襄阳
22	叫	山东：枣庄
23	搭	浙江：将乐
24	来	山东：菏泽
25	连	山东：东平
26	妈	湖北：黄梅
27	拿	山西：闻喜 江苏：嘉定、苏州、宜兴、溧阳等17处 上海 湖南：汝南、炎陵、汝城、宜章土话、永兴、乾城 江苏：泰兴 福建：长汀、邵武、沙县、建阳、崇安

续表

序号	字	分布地点
28	弄	湖南：永明
29	搦	江西：宜丰、安义、余干
30	替	福建：晋宁
31	同	浙江：苍南、金华
32	则	浙江：萧山
33	捉	浙江：三都
34	[ka²]	台湾（闽南话）
35	[ma]	湖南：茶陵 江西：都昌、宿松
36	[maoy]	山西：新绛
37	[n̠ia¬]	广西：连州
38	[o]	江西：大余
39	[om³]	湖南：嘉禾
40	[pəʔ]	山西：祁县、孝义等9处
41	[puλ]	山西：万荣
42	[tɕ·ia]	湖南：新田（土话）
43	[꜀e]	湖南：宁远（土话）
44	[꜀k·a]	湖南：耒阳（土话）
45	[꜀t·iu]	湖南：桂东（土话）
46	[꜀do]	湖南：东安（土话）
47	[꜀ləu]	湖南：蓝山（土话）
48	[꜀no]	湖南：汝城（土话）
49	[ꜛtyœ]	湖南：宜章（土话）

3. 使用两个处置标记的方言见表三。

表3　　　　　　　　　　　　**使用两个处置标记的方言**

序号	词源1	词源2	分布地点
1	把	挨	云南：昆明、大关、大理、临沧、澄江、玉溪、蒙自、昭通
2	把	帮	湖南：吉首
3	把	拨	浙江：舟山
4	把	打	山东：新泰
5	把	代	安徽：巢县
6	把	逮住	河南：获嘉
7	把	给	山西：运城 河南：郑州 江苏：徐州 广西：柳州 新疆：乌鲁木齐
8	把	跟	湖南：沅陵（乡话）
9	把	哈	宁夏：西宁
10	把	喊	湖南：衡山
11	把	将	广东：韶关、曲江
12	把	叫	山东：郯城 山西：太原、大同
13	把	连	宁夏：银川
14	把	拿	湖南：溆浦 陕西：西安
15	把	招	山西：新绛
16	帮	半	山东：利津
17	帮	提	安徽：休宁
18	帮	替	浙江：金华
19	界	到	安徽：黟县
20	将	共	福建：泉州、厦门
21	将	械	广东：广州
22	将	提	广东：阳江

序号	词源1	词源2	分布地点
23	搭紧	紧	湖南：新田（南乡土话）
24	连	来	山东：德州
24a	拿	拨	江苏：苏州1
25b	拿	搭	江苏：苏州2
26	拿	得	湖南：常宁
27	拿	兜	福建：武平
28	拿	分	湖南：江永（土话）
29	拿	过	湖南：益阳
30	拿	将	福建：三明
31	与	逮倒	湖南：宁远（平话）

注：24a 见于石汝杰（2000：60），24b 见于叶祥苓（1988：441）。如果把二人的意见合起来，则苏州话是使用多个处置标记的方言。

4. 使用多个处置标记的方言见表4。

表4　　　　　　　　使用多个处置标记的方言

序号	方言点	词源1	词源2	词源3	词源4	词源5
1	安徽：歙县	把	帮	担		
2	江苏：赣榆	把	帮	漫		
3	北京市区	把	给	跟	管	
4	河南：洛阳	把	给	箍		
5	河南：浚县	把	在	弄	叫	
6	河北：昌黎	把	跟	管	逛	够
7	山东：沂水	把	捞着	赶		
8	山东：德州	把	连	办	漫	万
9	山东：博山	把	拿	管		
10	湖南：常德	把	拿	喊		
11	海南：屯昌	把	㪗	牵		
12	湖南：涟源	把者	拿者	拿	喊	
13	福建：闽东	帮	共	佮		

序号	方言点	词源1	词源2	词源3	词源4	词源5
14	广东：汕头	将	对	个伊		
15	福建：福州	将	共	掏		
16	广东：潮州	将	甲	对		
17	广东：阳江	将	拧	喊		
18	福建：福清	拿	将	乞		

注1：河北昌黎的用法多是因为把一些乡下的情况也算在内，没有分城乡。

注2：河南浚县的四个处置标记分别使用在四种处置句中。

注3：山东德州的五个处置标记中，有的是文白竞争关系。

注4：一些南方汉语方言也用"把"，但未列入表中。

注5：这些多用处置标记的地方实际上都是见于对语法现象有深入描写分析的方言语法专著或专论。

5. 在研究处置标记时，还有一个问题也是非常重要的，即处置标记是独用还是与其他语法功能标记兼用。这方面的情况我们用《普通话基础方言基本词汇集》（陈章太、李行健1996）中93个官话方言的功能标记兼用情况来表示。详见表5。

表5　　　　　　　　93个官话方言的功能标记兼用情况

地名	被动	处置	方向/对象	连接	受益
	被他打	把门打开	对他好	这个和那个	替我写信
北京	被、叫、让	把、给	对，跟	和，跟	替、给
天津	教、让、给	把	跟	跟	给
承德	被、让、叫	把	对，跟、和	跟	替、给
唐山	叫、让	把	跟	和，跟	替、给
保定	让、叫、给	把	对，跟、和	和，跟	替、给、帮
沧州	被、教、让、给、叫	把	对，跟、和	和，跟、同、予	替、给、帮
石家庄	叫	把	跟，和	跟	给
邯郸	被、教、让、给、叫	把	对	和，跟、同、予	替、给、帮
平山	让、叫	把	和	和	替

续表

地名	被动	处置	方向/对象	连接	受益
张家口	被，让	把	对，跟，和	和，跟	替
阳原	被，教，让，叫	把	对，跟，和	和，跟、同、予	替、给、帮
大同	叫	把（入声）	对	和，跟	替、给
忻州	教，叫	把	对，和	和	替、给
离石	被，教，叫	把（入声）	对，跟，和	和，跟、同	替、给、帮
太原	叫，给	把	对，和	和，跟	替、给
临汾	得	把，得	对，跟	跟	予
长治	被，教，给	把	对，跟，和	和，跟、同、予	替、给
临河	让，叫	把	对，跟，和	和，跟	给
集宁	被，让，叫	把	对	和，跟	替、给
呼和浩特	让，叫	把	对	和，跟	替、给
赤峰	被，让，叫	把	对，跟，和	和，跟	替、帮
二连浩特	被，叫	把	对	和，跟	替、给
海拉尔	叫	把	对，跟，和	和，跟	替
黑河	被，让，给，叫	把	对，跟，和	和，跟	替、给、帮
齐齐哈尔	被，让，给，叫	把	对，跟，和	和，跟	替、给、帮
哈尔滨	被，教，让，给，叫	把	对，跟，和	和，跟	替、帮
佳木斯	被，让，叫	把	对，跟，和	和，跟、同	替、给、帮
白城	叫，让	把	对，跟，和	和，跟	替、给
长春	被，让，叫	把	对，跟，和	和，跟	替、给、帮
通化	让，叫	把	对	跟	替
沈阳	被，让，给，叫	把	对，跟，和	和，跟、同、予	替、给、帮
丹东	被，教，让，给，叫	把	对，跟，和	和，跟、同	替、给、帮
锦州	被，教，让，给，叫	把	对，跟，和	和，跟、同、予	替、给、帮
大连	叫	把	跟	和	替
烟台	叫	把	和	和	替
青岛	叫，让	把	对，跟，和	和，跟	替、代、帮
利津	着	把	对，跟，和	和，跟	替、给、帮

续表

地名	被动	处置	方向/对象	连接	受益
诸城	教，叫	把	对	和，向、杭	替、给
济南	让，叫，给	把	对，给	和	替、给
济宁	叫	把	对，给	给，跟	替
商丘	被，教，让，给，叫	把	对，跟，和	和，跟、同、予	替、给、帮
林县	教	把	跟	和，跟	替、帮
原阳	被，让，给，叫	把	对，跟，和	和，跟、同、予	替、给、帮
郑州	叫	把，给	对，跟	跟	替、给
灵宝	叫	把	跟	和，跟	给
信阳	叫	把	对	和，跟	替、给
白河	被，教，让，叫	把，将	对，跟，和	和，跟、同	替、给、帮
汉中	被，教，让，叫	把	对，跟，和	和，跟、同、予	替、给、帮
西安	被，让，叫	把	对，跟，和	和，跟、同、予	替、给、帮
宝鸡	被，让，叫	把	对，跟	和，跟	替、给、帮
绥德	被，让，叫	把	对，跟，和	和，跟	给
银川	被，让，教，给	把	对，和	和，跟、同、予	替、给、帮
天水	叫	把	对，拿	和	给
兰州	被，教，让，给，叫	把	对，跟，和	和，跟、同、予	替、给、帮
敦煌	被，让，叫	把	对，跟，和	和，连	替、给、代
西宁	叫	把	对	带，连	帮、代
哈密	被，让	把	对，和	和，跟、同	替、给、帮
乌鲁木齐	叫	把	和	和，跟	给
成都	遭	把	跟	跟	帮
南充	被，着	把	对	和，跟	帮
达县	叫	把	跟	跟	帮
汉源	拿跟	把	对	跟	帮
西昌	遭	把	对	和，同	帮
自贡	跟，遭，拿跟	把	对	跟	帮
重庆	遭	把	对，跟，和	和，跟、同	给、帮
昭通	着	把，帮，挨1	对	挨1	帮

续表

地名	被动	处置	方向/对象	连接	受益
大理	着	把	对	搭	帮
昆明	被，挨2，着，给	挨1，把	对，挨1	和，跟、挨1	挨1、帮
蒙自	挨2，着	挨1	挨1	挨1，掺	挨1
遵义	着	把	对	和	给、帮
毕节	着	把	对	和	帮
贵阳	被，着	把	对	同，跟	帮
黎平	遭	把	对	和	帮
柳州	被，挨	把	对，跟、和	和，跟、同	帮
桂林	给	把	对	和	替、帮
吉首	着	帮	对	和，跟	帮
常德	兜	把	跟	跟	帮
宜昌	被，叫，让	把	对，跟、和	和，跟、同	替、帮
襄樊	被，教，让	把	对，跟、和	同，跟	替、帮
天门	把	把	对	和，跟	替
武汉	被，叫，让，给	把	对，跟、和	和，跟、同	替、跟、帮
红安	被，给	把	对，跟、和	和，跟、同	替、跟、帮
安庆	被，给	把	对，跟	和，跟	给、帮
阜阳	被，给，让，教	把	对，跟	和，跟、同	替、给
芜湖	被，给	把	对，跟	和，跟	给、帮
合肥	被，给	把	对	跟	帮
歙县	给	帮	对	和，搭、跟	帮
徐州	被	把，连	对，给	和，给、跟	替、给、帮
连云港	被，叫，让，给	把	对，跟、和	和，跟、同	替、代、给、帮
涟水	°，要	把	对，°	°	替、代
扬州	给	把	对，跟	跟	替、给
南京	让，给	把	对，跟、和	跟	替、给、帮、代
南通	°	把	对	和，跟	替、教、帮

注1：昆明和蒙自表被动的"挨"读阳平，标为"挨2"，其他四个都读阴平，标为"挨1"。

注2：据荣晶和丁崇明告知，昆明城区也有人用"帮"作处置标记。

　　下面，我们从标记关联的角度对表 5 反映的语言类型学特点作一些简单分析。

　　(1) 标记分用型。下列 22 个方言的 5 个功能标记分别使用不同的字，属于标记分用型：大同、集宁、呼和浩特、二连浩特、通化、大连、诸城、信阳、天水、西宁、南充、汉源、西昌、大理、遵义、毕节、贵阳、黎平、桂林、吉首、合肥、南通。

（2）除上列 22 个分用型的方言后，其他 71 个方言中都有 2 个或 2 个以上的语法标记使用相同的标记，属于合用型，但合用的情况不完全相同，以下三种是比较突出的类型。

1）"对象"与"连接"是强关联关系。天津、承德、唐山、石家庄、平山、张家口、阳原、忻州、离石、临河、赤峰、海拉尔、哈尔滨、佳木斯、白城、长春、烟台、青岛、利津、济宁、林县、灵宝、白河、汉中、宝鸡、绥德、敦煌、哈密、乌鲁木齐、成都、达县、重庆、柳州、常德、宜昌、襄樊、涟水等 37 处的五个标记中，只有"对象"和"关联"使用相同的标记形式。

2）如果不考虑声调差别及其他标记，云南的昆明和蒙自都可以只用一个"挨"字来表示五种用法。这是典型的标记功能扩展现象。

3）就本文所关注的处置标记来说，北京和郑州的"给"、安徽歙县的"帮"兼表受益，山西临汾的"得"和湖北天门的"把"兼表被动。其他方言一般都是单独用作处置标记的"把"。

（二）汉语方言中的处置句式

这里讨论三个问题：一是方言处置式在句式结构上与标准语的差别；二是汉语方言处置式的分类；三是关于命名式处置句。

汉语方言处置式的句式结构特点。

在句式结构上，标准语的"把"字句有这样一些要求。

（1）从处置标记本身看有以下限制：

1）一个单句中只使用一个处置标记"把"；

2）处置标记不叠用，不能叠用成"把不把"这种格式；

3）处置标记不能带"着、了、过"等动态助词；

4）处置标记是"把"，被动标记是"被"，处置标记与被动标记没有共同来源。

（2）从处置宾语看有以下限制：

1）处置宾语必须有定；

2）处置宾语不带数量词；

3）"把"字必须带宾语（或可说"处置宾语不能空置"）；

4）处置标记"把"必须位于处置宾语前；

（3）从句中动词谓语看：

1）处置句中的动词谓语不能是光杆动词，必须有结果补语或动态助词才能成句；

2）句中否定词不能加在动词谓语前，只能加在处置标记前；

3）标准语处置式对谓语动词有选择性，一些感知义、领属义动词不能进入处置式，如：只能说"我知道他"，不能说"我把他知道"；可以说"我有十元钱"，不能说"我把十元钱有了"；等等。

4）无处置结果的句子一般不使用处置句，可以说"把饭吃完了"，但一般不说"把饭没吃完"。

在现代汉语方言中，除"处置宾语必须有定"这一条外，标准语处置式中的其他限制或多或少都是可以违背的，在句式结构上呈现出与标准语不同的特点。

1. 方言中有"双处置标记"的处置式。这种情况出现在广东汕头（黄伯荣等 1996）等地。汕头方言的处置标记"对"和"个伊"可以同时出现在一个句子中。例如：

处置标记一"对"：伊对我生骂 = 他把我狠骂

处置标记二"个伊"：尾鱼个伊掠去刣 = 那条鱼把它拿去杀了

"对"和"个伊"同时用在一个句子中强调处置对象：伊对只猪个伊卖卖掉 = 他把那头猪把它卖了。

2. 湖南常德（郑庆君 1999：321）的反复问句是把处置标记"把"叠用成"把不把"的方式构成。例如：把不把钱送他？

3. 方言中多有带动态助词的双音节处置标记。

湖南宁远平话（张晓勤 1999）用"逮倒"：

你逮倒单车搞坏呱了。

河南获嘉（贺巍 1989：116）用"逮住"：

动不动就逮住我打一顿。

4. 方言中处置句与被动句标记同形同源的情况比较常见。由于有人认为被动标记和处置标记没有共同来源，张敏的语义地图里也不考虑处置标记和被动标记的相关性，所以下面多举一些方言实例。

山西临晋的"到"兼表处置与被动（杜克俭 2000）：

处置：一路西北风，差些到人给冻日塌冻坏！
被动：蹦蹦车到金胜给开走啦。

两"到"连用，前"到"表被动，后"到"表处置：

苗苗到引弟到她抗挤倒啦。

湖北鄂东的"把"兼表处置与被动（汪化云 2004）：

处置：牛把谷吃了。
被动：谷把牛吃了。

山东郯城的"叫"兼表处置与被动（邵燕梅 2005）：

处置：他叫衣裳全穿上了。｜猎人上前一看，叫他吓一跳。
被动：他的手叫刀割破了。｜他的手叫刀给割破了。

湖南常宁的"得"兼表处置和被动（吴启主 1998）：

处置：爷得老弟驾哒一餐。
被动：老李得狗咬了一口。

浙江舟山的"拨"兼表处置与被动（方松熹 1993）：

处置：拨门关上。

被动：茶杯拨其敲破了。｜其拨疯狗咬勒一口。

　　5. 一些方言中的处置宾语可以带数量词。
　　陕西渭南的"把"字句可带数量词（黄伯荣等1996），这时的"把"字很像存续句，例如：

　　　　把一个鸡死了。

　　[本文注：这个句子的意思和"有一只鸡死了"差不多。]
　　6. 在一些方言中，复指性的代词处置宾语可省略。
　　江苏宿迁（黄伯荣等1996）正常情况下不省略处置宾语：

　　　　你给本子递给我。（你把本子递给我）｜你给饭吃了。（你把饭吃了）

前文已提及时且用代词复指时可省：

　　　　就剩半碗饭了，你给吃了吧！

安徽庐江（陈寿义2006）：

　　　　衣服他把洗干净了。＝他把衣服洗干净了。

　　7. 一些西北汉语方言中处置标记置于处置标记之后，这种情况普遍见于甘肃、青海、宁夏等地。
　　甘肃临夏的处置句用后置的"哈"（王森1993：191—194）：

　　　　你火哈加者旺旺的。（你把火生得旺旺的）
　　　　我他哈叫来了。（我把他叫来了）

　　新派也用前置的"把"作处置标记并可与后置的"哈"合用在一个句子里。例如上面两个例子都可说成前加"把"后加"哈"的格式：

你把火哈加者旺旺的。（你把火生得旺旺的）

我把他哈叫来了。（我把他叫来了）

8. VP是光杆动词。这种处置句出现在陕西渭南（黄伯荣等1996）和海南的海口市（陈洪迈1996）。如下例。

陕西渭南：

蛮把牛打。｜蛮把他说。

海南海口是用在祈使句中：

把双袜洗。

［本文注：标准话中也可见到这种句子，但只出现在韵文中，不是口语说法。］

9. 否定词直接否定谓语动词。

湖北鄂东地区（汪化云2004）：

你把鱼不吃干净。（你没有把鱼吃干净）

山西闻喜（黄伯荣等1996）：

王申拿群众的意见没搁到心上。（王申没有把群众的意见放在心上）

陕西户县（孙立新）：

我把你不打一顿我心里不受活。（我没把你打一顿心里不高兴）

甘肃敦煌（刘伶1988：223—225）：

把话不说完我心不安。（没把话说完我心不安）

10. 感知义、领属义动词可用在"把"字句中。
湖北鄂东（汪化云 2004）：

我把他不知道。

湖北鄂东（黄伯荣等 1996）：

我把一支笔有了。

11. 无处置结果时也可以使用处置式。
湖南隆回（丁加勇 2009）：

渠担窗子关勿起。（直译为"他把窗户关不上"）

（三）命名型处置句

命名型处置句的句式结构相对简单。
第一种是动词形式。
湖北丹江（苏俊波 2007）：我们都叫他师傅。
对比：你叫东西放哪儿了？身上叫蚊子咬了几个包。
"叫"在丹江话既是处置标记又是实义动词，这种句子可能是原式，
也可能是"叫他叫师傅"省略的结果。
福建福清（冯爱珍 1993）：也有地方太阳叫着日头。
福清这种可能是原式。
第二种是连动式。
广东阳江（黄伯荣等 1996）：有脈处所喊太阳做热头。（有的地方把
太阳称为"热头"）
山东沂水（张廷兴 1999）：他赶我叫大叔。
湖南邵阳（储泽祥 1998）：喊他喊老李。｜喊你喊小老弟。把：把他
喊老李。

湖南长沙（鲍厚星 1999）：喊太阳做日头。

湖南衡山（彭泽润 1999）：有些当方喊太阳是喊日头。

湖南涟源（陈晖 1999）：有滴地方喊白薯叫红薯。

山西太原和大同（候精一等 1993）：有些地方叫太阳叫日头。

第三种是工具式。这种处置句的特点是处置标记与工具标记同形。

湖南宜章土话（沈若云 1999）：这些地方拿太阳叫日头。

上海嘉定（汤珍珠、陈忠敏 1993）：有个地方拿太阳叫日头。（有的地方把太阳叫日头）

广西灌阳观音阁土话：有底地处搦太阳喊成是热头火。

第四种的句式结构与标准语中的"把……叫……"相同，差别主要是处置标记和后面的动词有所不同。

河南洛阳（黄伯荣等 1996）：洛阳话给太阳叫日头。（洛阳话儿把太阳叫日头）

河北昌黎（丁声树等 1960）：跟白薯叫山药。（把白薯称为山药）

北京话（许宝华等 1999：6557）：大伙都跟他叫大刘儿。（大家都把他叫大刘儿）

李注：上列第五种用法不见于《北京土语辞典》（徐世荣 1990）和《现代北京口语词典》陈刚等（1997）

浙江金华（曹志耘 1996）：帮白薯讴蕃芋。（把"白薯"称为"蕃芋"）｜帮玉米讴包萝。（把"玉米"称为"包萝"）

浙江桐庐（洪成玉等 1992）：有些地方八太阳喊日头。（有的地方把太阳称为日头）

山西运城（吕枕甲 1991）：有些地方给太阳叫日头。

山西朔县（江荫禩 1991）：有些地方管太阳叫日头。/把太阳叫日头。

湖南浏阳（夏剑钦 1998）：有些地常把太阳喊做日头。

湖南溆浦（贺凯林 1999）：有尼地方把太阳喊做日头。

湖南常德（郑庆君 1999，易亚新 2007）：有些地方把太阳喊成日头。

湖南沅陵乡话（杨蔚 1999）：吾跟他唤叔叔。

福建漳平（张振兴 1992）：将太阳吼着日头。｜有个所在将太阳吼做日头。

河南郑州（卢甲文、郭小武 1998）：有哩地张儿给太阳叫日头。也说：有哩地张儿把太阳叫日头。

河南获嘉（贺巍 1989）：有的地张儿把太阳说成日头。

河南洛阳（贺巍 1993）：有处儿箍太阳叫日头。（有些地方把太阳叫日头）

山东博山（钱曾怡 1993）：有些埝儿把太阳叫日头。管：有些埝儿管太阳叫日头。

江西黎川（颜森 1993）：有接坛上把太阳叫做热头。（有些地方把太阳叫做热头）

福建福清（冯爱珍 1993）：也有地方将白薯叫着山药。（有的地方把白薯叫山药）｜"将"也可不用：也有地方太阳叫着日头。（有些地方把太阳叫日头）

河北昌黎（丁声树等 1960：把/跟/够/逛/白薯叫山药。

对比：拿、拿着、把：拿/拿着/把麦秆子当柴烧。

陕西西安（王军虎 1996）：俺西安把玉米叫苞谷。

海南海口（陈鸿迈 1996）：有仔地方把菠萝叫篓子，把芭蕉叫牛蕉。

山西和顺、临县等 5 处（侯精一等 1993）：有些地方把太阳叫日头。

山西临汾（侯侯精一等 1993）：有些地方把太阳说成日头。

山西运城（侯精一等 1993）：有些地方给太阳说成日头。

安徽绩溪（平田昌司等 1998）：把太阳叫出日头。

安徽歙县（平田昌司等 1998）：把/帮太阳叫日头。

安徽屯溪（平田昌司等 1998）：帮太阳叫日头着。

安徽休宁（平田昌司等 1998）：帮太阳叫日头。

安徽黟县（平田昌司等 1998）：畀太阳叫日头。

安徽祁门（平田昌司等 1998）：分太阳叫日头。

安徽婺源（平田昌司等 1998）：帮太阳叫出头。

海南屯昌（钱奠香 2000）：伊牵我叫做舅爹。（他把我叫做舅舅）

揢和牵的差别：揢用贬义，牵用于褒义。

河北廊坊（吴继章等 2005）：有的地方管太阳叫日头。

河北唐山（吴继章等 2005）、河北沧州、河北保定、河北石家庄（吴继章等 2005）同。

河北大名（吴继章等 2005）：有的地方把太阳叫日头。

河北张家口（吴继章等 2005）、河北邯郸（吴继章等 2005）同。

（四）处置式的句式类型

由于标准语领域对处置式的分类没有迫切要求，而方言学界对处置式句式结构类型的研究又比较滞后，因此，现在一些方言语法的研究者主要是采用汉语史领域的研究成果，来给汉语方言的处置式分类，也分成广义处置句、狭义处置句和致使义处置句三种。

如何给现代汉语方言里复杂的处置式分类，是一个重大的学术问题，需要进行专题讨论，在这里我们根据汉语方言里的实际情况作一个初步的分类尝试。

先观察河南浚县（辛永芬 2006）的四种处置句：

1. 处置义强的处置式用"弄"：弄窗户关住吧。

2. 一般的处置式用"在"：你在作业写完再出去玩。

3. 表示"对待"义的处置式用"把"：你能把我咋着？（你能把我怎么样）

4. 致使义的处置句用"叫"：叫个小王听入迷了。（把个小王听入迷了）

由于处置标记不同，句式意义也有所不同，因此，这个处置式的句式分类应该说是有比较坚强的理据的。再加上命名型的处置句，这个汉语处置式的五分格局作为第一层次的句式分类显然是比较自然合理的。

四　汉语方言中的"把"字句

（一）本节讨论问题的角度和方法

笔者（李蓝 1998）曾有一个意见：汉语的虚词（字）有两个聚合关系：一个是字范畴的，同一语法范畴在不同的方言间甚至是同一方言中用不同的字来表示；另一个是"词"范畴的，同一个字有多种语法功能。

事实上，只要是做汉语方言语法的调查和研究，都会很自然地认为一个汉字，尤其是一具有语法功能的汉字，就是一个调查研究的基本单位。不管是就一个方言来说，还是就某一字在所有现代汉语方言中来说，汉语的每一个字都有自己的历史。基于这样的认识，本节对"把"字句采用"字本位"的研究方法，即不管"把"字出现在什么方言，出现在句子中的什么位置，充当的是什么功能，都将其列入观察分析的范围，在现有资料中尽可能穷尽其用法和功能。

(二)"把"单用为动词。"把"单用作动词时有以下几种用法

1. 拿握义动词。

海南海口（陈鸿迈 1996）：把个球着。（拿着这个球）

2. 携带义动词。

海南海口（陈鸿迈 1996）：身上把些钱去路上得用。（身上带些钱路上得用）

3. 派遣义动词。

安徽芜湖清水话（胡德明 2006）：把人把前门。（派人把守前门）

4. 把守义动词。

安徽芜湖清水话（胡德明 2006）：把人把前门。（派人把守前门）

5. 给予义动词。

湖北黄冈（黄伯荣等 1996）：你把钱也可以。（你给钱也可以）

湖南长沙（李永明 1991）：只怕玉生他不肯把钱。

安徽庐江（陈寿义 2006）：钥匙把小张了。

新疆乌鲁木齐（王景荣 2002）：我把你一下子。（相当于普通话的"我给你一下子"）

给予义的"把"还可以用在其他复杂结构中。

（1）用在"V+O+把+O+V"结构中：

湖南长沙（黄伯荣等 1996）：做双鞋把你穿。

广东电白旧时正话（陈云龙 2006）：她去送饭把人吃。

（2）用在"V把+O"结构中：

湖南常德（郑庆君 1999）：礼物送把老师。

江西黎川（颜森 1993）：汝话把渠听。

广东电白旧时正话（陈云龙 2006）不借把他。｜又拎去卖把人诶。

湖南益阳（伍云姬等 1998）：李老师交把他一只本子。

湖南绥宁（伍云姬等 1998）：几送把我一支笔。（他送给我一支笔）

（3）用在"把＋O＋V"结构中：

    湖北黄冈（汪化云20004）：他来了，我就把饭吃。

    湖南沅陵乡话（杨蔚1999）：把它的家里送一点。

    安徽庐江（陈寿义2006）：菜把猪吃。

    湖南常宁（伍云姬等1998）：我唱歌把你听。

（4）用在"给＋N＋把＋O"结构中：

    湖南常德（郑庆君1999）：给我把个面子。

（5）用在"把＋O＋V"结构中：

    安徽绩溪（赵日新2000）：你把我滚出去！｜你把我当心点！

（6）用在"把＋把＋O"中，相当于"拿给"。

    安徽芜湖清水话（胡德明2006）：你不吃，败甩得之，你把把我。（相当于"你拿给我"）

（7）"把"字式双宾句。

    安徽庐江（陈寿义2006）：他把了我两块钱。（他给了我两块钱）

（8）双"把"双及物结构。

1）"把……把……"：

    湖南常德（郑庆君1999）把东西把他。

    江西黎川（颜森1993）：把本书把我。

    安徽庐江（陈寿义2006）：他把两块钱把了我。（他给了我两块

钱）

广东电白旧时正话（陈云龙 2006）：把阿牛把兄弟了。（把牛给弟弟了）

2）"把……把得……"：

湖南长沙（黄伯荣等 1996）：干脆把书把得他！（干脆把书给他）

3）"把……拿把……"：

江西黎川方言（颜森 1993）：把那个东西拿把我。

（三）"把"和其他字组成的双音节功能标记

1. "把者"。

"把者"和单用的"把"一样，也是用作处置标记。这种用法见于湖南涟源（陈晖 1999）：把者扇门关合。

2. "把得"。

湖南益阳（徐慧 2001）"把得"的用法与单用的"把"大致相同。

1）动词，给：书把得小王哒。（书给小王了）

2）介词，给予：咯只家伙莫把得他看见。（这个东西别让他看见）

3）介词，相当于"被"：他把得别个打咖一轮死的。（他被人狠狠揍了一顿）

4）作连词时相当于"如果是，要是"：他咯不通皮，把我搭他离咖婚好久哒。

湖北孝感（左林霞·2001）的"把得"只用作被动标记：蛮老实的个伢，把得你教坏了。

湖北黄冈（汪化云 2004）的"把得"也只用作被动标记：猪把得二伯关起来了。｜饭把得我吃了。

3. "把乞"。

（1）这种用法见于湖南郴州（伍云姬等 1998）。在郴州方言中，

"把"和"乞"都有"给予"义，都可单独用作处置标记或被动标记，也可以组合使用，还连用成"把乞"。"把乞"有以下四种用法。

1）动词"给"：钱把乞他了。（钱给他了）

2）和"把"套合保用成"把 + O + 把乞 + V"句式：我把钱把乞他了。（我把钱给他了）

3）被动标记：他把乞我打了。

4）处置标记：我把乞他打了。

（2）湖南黔阳（伍云姬等 1998）的"把乞"也有四种用法。

1）给：婆婆的糖都把乞小洪咧。|

2）构成"把乞 + O + V"句式，相当于"给"或"让"：剩饭都把乞猪吃。

3）假设连词：这种事情把乞我是，早就打他一餐咧。

4）被动标记：书把乞他撕烂咧。

4. "让把"。

"让把"只用被动标记，见于湖南邵阳（李国华：278）：张三让把别个骂。

5. "将把"。

"将把"见于广东梅县（黄伯荣等 1996）客家话，这应该是来自标准语的"把"与本地方言原有"把"结合后产生的复合式双音节处置标记：佢将把这件事话佢知。（他把这件事情告诉了他）

（四）"把"作被动标记

湖北鄂东（黄伯荣等 1996）：谷把牛吃了。（谷被牛吃了）

广东电白旧时正话（陈云龙 2006）：碗把他打烂诶。

湖南绥宁（伍云姬等 1998）：你莫把电打咧。

湖南邵阳（伍云姬等 1998）：我把你打了。

安徽绩溪（赵日新 2000）：个家子把你搞得来个猪窠尔的。（家里被你弄得像个猪窝似的）

（五）"把"作提宾标记

青海西宁市区（黄伯荣等 1996）：我把你没认得。（我不认识你）

湖北黄冈（汪化云 2004）：你把这个事莫说了。（你别说这件事了）

湖南常德（郑庆君 1999，易亚新 2007）：（我）把他恨倒达。（我一直恨着他）

湖北黄冈（黄伯荣等 1996）：我把一支笔有了。（我有一支笔了）｜老李把名人成了。（老李成名人了）

宁夏同心（张安生 2006）：你把娃咋不带着来。｜他把钱给我没给（他没把钱给我）。｜你把大话不咧说。（你别说大话了）

新疆乌鲁木齐回民话（刘俐李 1989：167）：你把我没认得吗？（你不认识我吗）

甘肃兰州（赵浚、张文轩 2002）：你把老师问了没有？（你问老师了没有）｜我把这件事情知道。（我知道这件事）

中亚地区"东干语"（林涛 2008）：黑雕气大的很，把狼都不害怕。｜他把回答给给哩。（他已经回答了）

甘肃兰州（赵浚、张文轩 2002）：把酒喝上！（快喝酒）｜快把车上。（快上车）

（六）"把"用在主语前强调主语

内蒙古呼和浩特（黄伯荣等 1996）：把你当个是咋啦？（你把自己当什么啦）｜把你倒想那么个了？（你把自己想成什么了）

陕西渭南（黄伯荣等 1996）：把门不要老闭着。（门不要老关着）｜把壶不要搁到桌子上。（壶不要放在桌子上）

新疆乌鲁木齐（黄伯荣等 1996）：把她就伤心的哭的呢。（她伤心地哭着呢）

宁夏同心（张安生 2006）：把他有啥了不起的！｜把你是个啥嘛！

甘肃敦煌（刘伶 1988）：把话不说完我心不安。｜把本事不学下不回来。

甘肃兰州（赵浚、张文轩 2002）：把我们算啥哩？功劳是大家的。

（七）"把"用作其他功能标记

1. 表示做事的工具或方式，相当于"用"或"拿"：

湖北黄冈（汪化云 2004）：我把钱买。（我用钱买）

湖南常德（郑庆君 1999，易亚新 2007）：把大锅煮饭，小锅炖菜。｜只有把钱买。

湖南沅陵乡话（杨蔚1999）：皇帝把野物皮做毛衣。

安徽庐江（陈寿义2006）：我把什么交学费？｜大大把黄豆做豆腐。（爸爸用黄豆做豆腐。）

湖南辰溪（谢伯端1996）：你把么和我换啊？（你用什么和我换）

2. 表示助益，相当于"为"或"给"：

湖南溆浦（贺凯林1999）：把齐家做事。（为大家做事）

湖南常德（郑庆君1999，易亚新2007）：把头发抹点麈丝。｜你出去咯时候把我担门关好。｜快把我担衣服脱嘎。

3. 表示代替相当于"替，帮"：

湖南溆浦（贺凯林1999）：你把我写封信。

湖南绥宁（曾常红等2006）：你出去咯时候把我担门关好。｜快把我担衣服脱嘎。

安徽绩溪（赵日新2000）：你把渠写封信。｜我人要把渠报仇。（我们要替他报仇）

4. 表示对象，相当于"向"：

湖南溆浦（贺凯林1999）：把你敬个礼，说声对不起。

5. 表示动作对象，相当于"对"或"对于"。

宁夏同心（张安生2006）：我把他还啥不知道着。（我对他还什么都不知道）

甘肃兰州（赵浚、张文轩2002）：校长就是把理科班的学生好。｜那把小儿子好，把大儿子不好。（他对小儿子好，对大儿子不好）

6. 表示动作的目的，相当于"在"或"到"：

广西柳州（刘村汉1995）：把哪块落脚？（在哪里落脚）

广西临桂义宁方言（2006）：飞机飞把东边过呃。

7. 表示动作的方向，相当于"沿着"：

广西柳州（刘村汉1995）：把这条路去。

8. 表示动作开始的处所，相当于"从"：

山东新泰（高慎贵1996）：把您姥娘家拿了一绺子麻。

广西柳州（刘村汉1995）：把哪块起身？（从哪里出发？）｜把这块开始写。（从这里开始写）

广西临桂义宁话（2006）：架车把那头开走呃。

9. 表示动作发生的处所，相当于"在"：

山东新泰（高慎贵 1996）：他把大门上安了个棒槌精。

湖南常德（郑庆君 1999，易亚新 2007）：把墙上喷点漆。｜把菜内还着点盐。（在菜里再放点盐）

10. 表示使役，相当于"使、让"：

山西临汾（潘家懿 1987）：今天把谁开会去？（今天让谁开会去）｜把谁说话谁也不情愿说。（叫谁说话谁也不愿意说）

湖南益阳（徐慧 2001）：你只把他看，免得在咯里吵。（你就让他看，免得他在这里吵）

湖南溆浦（贺凯林 1999）：把你吃亏了。｜把老师费心了。

宁夏同心（张安生 2006）：一老碗饭把我没吃饱么个。

甘肃兰州（赵浚、张文轩 2002）：娃娃不争气，把老师费心了。

青海西宁（张成材 1994）：把你麻烦了。

陕西西安（王军虎 1996）：把你麻烦咧。

安徽庐江（陈寿义 2006）：小画书把然然看过了。（小画书让然然看了）

湖南绥宁（伍云姬等 1998）：咯个事莫把几晓得哪。

11. 在动补结构中表示"到某种程度，相当于"连"：

湖南益阳（徐慧 2001）：穷得把屋都卖哒。（他穷得连房屋都卖了）

12. 用在假设复句中表示假设条件，相当于"要是、如果是"：

湖南益阳（徐慧 2001）：他咯不通皮，把我，搭他离咖婚好久哒。（他那么不通情理，要是我就早和他离婚了）

13. 类似反身代词用法：

青海西宁市区（黄伯荣等 1996）：你把你坐着。（你坐你的）｜你把你吃着。（你自己吃吧）｜你把你忙着。（你忙你的）

14. 构成"把"字式比较句。有两种句式：

（1）构成"A＋把＋B＋比"式比较句。

甘肃兰州（赵浚、张文轩 2002）：窑街炭把靖远炭比不上。（窑街炭比不上靖远的炭）｜老二的苦心把老大比不上。（老二没有老大努力）

（2）构成"A＋把＋B 不到"式比较句。

青海西宁（张成材 1994）：致一个把奈一个不到。（这一个比不上那一个）

（八）"把"字式处置句的句法特点

1. 带复指宾语：

安徽巢县（黄伯荣等 1996）：把门关严它。｜把脏水倒断它。

湖北英山（黄伯荣等 1996）：把这盆水泼了它。

湖北鄂南（黄伯荣等 1996）：把事情办好了它。｜恨不得把她吞了她。

2. "把"字句否定词后置：

湖北鄂东（黄伯荣等 1996）：你把鱼不吃干净。

3. "把"作处置标记时，谓语是光杆动词：

海南海口（陈鸿迈 1996）：把双袜洗。

4. 感知义动词可在"把"字句做动词谓语：

安徽庐江（陈寿义 2006）：他把你的情况知道了。

5. 把作处置标记时可带光杆动词：

陕西渭南（黄伯荣等 1996）：蛮把牛打。（一个劲打牛）

6. "把"作处置标记时，处置宾语可带数量词：

陕西渭南（黄伯荣等 1996）：把一个鸡死了。（一只鸡死了）

7. 宾语空置的"把"字式处置句：

安徽庐江（陈寿义 2006）：衣服他把洗干净了。

安徽芜湖清水话（胡德明 2006）：格碗汤你把喝得。

8. "把"作处置标记时，"把"字式处置句是四种处置句式之一：

河南浚县（辛永芬 2006）：

（1）一般的处置式用"在"：你在作业写完再出去玩。

（2）处置义强的处置式用"弄"：弄窗户关住吧。

（3）表示"对待"义的处置式用"把"：你能把我咋着？（你能把我怎么样）

（4）致使义的处置句用"叫"：叫个小王听入迷了。（把个小王听入迷了）

9. "把"字处置句能愿词后置：

湖南常德（郑庆君 1999，易亚新 2007）：把他会气死。｜把他会担心死。

10. "把"字处置句否定词后置：

湖南常德（郑庆君 1999，易亚新 2007）：把他没气死。｜把他没喜死。

宁夏同心方言（张安生 2006）：你把娃咋不带着来。｜他把钱给我没给。

青海西宁（张成材 1994）：把你们没招待好。

安徽庐江（陈寿义 2006）：他把衣服没洗干净。

四川西充（王春玲 2011）：把酒不消喝多了。

陕西西安（兰宾汉 2011）：张龙把话没说完就走咧。

11. 反复问句中重叠把字：

湖南常德（郑庆君 1999，易亚新 2007）：把不把钱送他？

12. "把"字后可带"者"，构成"把者"，用法相当于"把"：

湖南涟源（陈晖 1999）：把者扇门关合。

13. 和"给"构成"给＋O＋把＋O＋给给"这样的倒置式把字句：

甘肃兰州（赵浚、张文轩 2002）：给儿子把学费给给了。＝把学费给了儿子了。｜给妈把钥匙给给了。＝把钥匙给妈了。）｜给王师傅把工钱给给了。＝把工钱给王师傅了。

14. 构成"把 O 一 V"式：

陕西西安（兰宾汉 2011）：请你把衣服一洗。

（九）"把"字句的功能扩展与区域消隐

"把"字句的功能扩展主要体现在两个方面：一个方面是随着普通话的普及和书面语的影响，北京话用法类型的"把"字句加速向全国各地的汉语方言扩展，这种扩展出现了两个直接结果：1）一些不用处置句的地方出现了"把"字式处置句；2）一些原来使用其他处置标记的方言中出现了"把"字处置标记。本文暂不讨论这方面的问题。第二个方面是在一些地区，"把"字句出现了区域性的功能扩展，这主要体现在中南地区和西北地区。同时，在个别地方又出现了相反的情况："把"字句突然消失得无影无踪，这种情况主要出现在甘肃临夏等地。下面分别讨论。

1. "把"字句的功能扩展。

（1）"把"字句湖北、湖南、江西、安徽等地的功能扩展。在湖北和湖南两省以及邻近的江西、安徽等地，"把"字句是一种活力很强的句式，既见于官话方言，也见于非官话方言，具有明显的区域特征。下面以湖北孝感话（左林霞 2001）"把"字句的用法为例。

"把"字单用作动词时有以下用法。

1）给予义：

> 把了一个电视机。（给了一台电视机）
> 可带双宾语：把钱你。（给你钱）｜把本书我。（给我一本书）
> 把个笔记本他。（给他一个笔记本）把两块钱他。（给他两块钱）

2）把控义：他快把不住了。（他快把控不住了）

3）让与义，这种用法主要用在兼语句中：

> 他要打，你就把他打。（你就让他打）
> 他要偷你的，你就把他偷？（你就让他偷）

"把"字同时还是一个多功能的语法标记。

1）工具标记，引入工具或材料，相当于"用"或"拿"。

> 我把么事写字？（我用什么写字）
> 把笔写。（用笔写）

2）处置标记，引入处置对象，和普通话的"把"相当：

> 把门锁上。｜把屉子打开。｜把椅子拿进去。

孝感话的"把"字式处置句和普通话中的处置句有以下不同。

①可在句末加"它"强调处置义：

> 把这碗饭趁热吃了它。｜把地扫了它。｜我把你气死它。｜你把
> 我打死它。

②否定词一般是放在动词前直接否定动词：

> 你把这事莫说出去。
>
> 你把我不当人。

③情态词也是放在动词前直接修饰动词:

> 你把这事敢说出去。(你敢把这事说出去)

3) 被动标记,相当于普通话的"被":

> 把别个骂划不来。(被别人骂不划算)
>
> 小张把车子撞了。(小张被车子撞了)

表示被动时,更见的用法是说成"把得":

> 你的心把得狗子吃了。(你的心被狗吃了)
>
> 好好的衣服,把得你搞肮脏了。(很好的一件衣服,被你搞脏了)

显然,孝感话中工具、处置、被动三个语法功能标记的"把"都是来源于本方言中的实义动词"把",是"把"字句在特定区域内自身功能扩展的结果。同时,这三种用法的语法化路径也是各不相同的。如下图2所示:

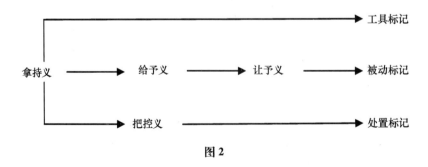

图 2

这里顺便讨论一下湖广型"双把双及物"的句法分析问题。

　　所谓湖广型双把双及物结构指的是主要分布在湖北和湖南两省（江西、安徽两省的一些地方也有这种结构）的"把钱把他了"这种有两个"把"字的句式。这种句式一般是类比普通话以及许多北方官话方言中的"把钱给他了"，将其分析成处置标记在前的常规"把"字句。但由于湖北湖南等地还有"把本书他"这种"把"字式双宾结构，而这种句式应该就是由"把本书（把）他"删减第二个"把"字而来，可见在当地方言中，第二个"把"字才是可省略的，其句法地位明显不如第一个"把"。如果把"把钱把他了"分析为"把钱给他了"，这就与当地方言中的"把"字双及物结构相冲突。因此，这种"双把双及物"的把字句还是应视为重动句。

　　同理，命名型处置句"喊他喊大叔"的句法分析也应与此相同。

　　（2）"把"字句在西北地区的功能扩展。

　　从地理分布看，从陕西开始，"把"字句在整个西北地区出现了一些和书面语不同的用法，句式结构和"把"字句的意思都不同程度得到扩展，但到甘肃的临夏（原河州）一带，"把"字句突然消失得无影无踪，这种情况很值得研究。

　　下面是西安"把"字句的用法（兰宾汉 2011）：

　　1）普通处置：我把电动车骑走咧。

　　2）致使处置：听他唱歌，把我难受得实在受不了。

　　3）无补处置：新皮鞋把我穿的。

　　4）相当于"有"或"的"：王老汉家把一个猪娃子没咧。

　　5）放在主语前的"把"：把我的草帽子咋不见咧？

　　6）提宾的"把"：你把脸不洗，把头不梳，什么样子？

　　7）否定词在"把"之后：张龙把话没说完就走咧。

　　8）"把O—V"的无定指"把"字句：请你把衣服一洗。

　　9）无谓处置：把他家的！

　　上列九种"把"字句中，4）至9）等六种均不用于标准语。

　　再看看兰州"把"字句的用法（赵浚、张文轩 2002）：

　　1）用作使让义动词：娃娃不争气，把老师费心了。

　　2）用于致使义处置句：爹的一出差，把两个娃娃乐死了。

　　3）用于无宾的致使义处置句：你快些说，把急着。

　　4）用于普通处置句：刘老师连着讲了三节课，把嗓子讲哑了。

5）后置的"把"字式处置句：给儿子把学费给给了。（把学费给了儿子了）

6）用在句首强调主语：把我们算啥哩？功劳是大家的。

7）用于提宾：你把老师问了没有？｜我把这件事情知道。

8）用在宾语前强调宾语：我把啥没有煞?！（我什么没有呢）

9）表示动作方向，相当于"对"：校长就是把理科班的学生好。

10）在比较句中引入比较对象：窑街炭把靖远炭比不上。（窑街炭远比不上靖远的炭）

和西安比起来，兰州的"把"字句又增加了致使义、对待义、引入比较对象、处置结构后置等多种用法。

2. "把"字句的区域消隐。

但在西北各地汉语方言中风风火火的"把"字句到了甘肃临夏却突然消失了。专题研究临夏方言句法问题的几篇论文（马企平1984、王森1993、张建军2007）都指出，临夏是用后置的"哈"、"啊"或"啦"作处置标记，不用"把"字句。例如（下列三例均据王森1993）：

（1）你火哈加者旺旺的。（你把火生得旺旺的）

（2）我他哈叫来了。（我把他叫来了）

值得注意的是：但新派中出现前加"把"后加"哈"的用法，如：

（3）我把我的亲人哈想者。（我思念我的亲人）

这个例子是临夏话本来不用"把"字句的有力证据。

根据张建军（2008）的研究，临夏地区一直存在着汉语与其他各种非汉语语言的接触，相互之间的影响非常深刻，临夏地区汉语方言中的一些特殊现象只要和相应的阿尔泰语系语言、藏缅语族语言等结合起来分析，往往就能得到比较好的解释。从临夏方言可以看出，阿尔泰语和藏缅语等"S＋O＋V"型语言对汉语"把"字句的使用实际上是起抑制作用。这一点很值得我们深思。

以往我们一般认为，西北汉语方言中"把"字句的功能扩展，尤其是"把"的纯提宾作用，很可能是受了西北其他少数民族语言的影响。但临夏提供的情况却需要提出这样的解释：在汉语与非汉语接触的最前沿，由于受"S＋V＋O"语序语言（如蒙古语、土族语及藏语等）的直接影响，具有提宾功能的"哈""啊""啦"等"S＋O＋啊/哈/啦＋V"这种语序类型成为显著的语法范畴（刘丹青2012），并用来替代了"把"

字句，从而导致在其他西北汉语方言中处于强势地位的"把"字句被挤出了临夏等地的汉语方言。

　　而从上例（3）的出现我们可以做出这样的预测：在临夏这种地方，由于受标准语、书面语及甘肃境内其他"把"字句是显著句法范畴的兰州等强势方言的多重影响，临夏方言中这种"S＋把＋O＋哈啊啦＋V"很可能会稳定下来并成为常用句式，成为处置式表达的显著语法范畴，并导致前加的"把"和后附的"哈、啊、啦"发生功能分化和功能调整"把"成为前加的、专用的处置标记，"啊、哈、啦"等后附的、专用的提宾标记。

参考文献

贝罗贝：《早期"把"字句的一些问题》，《语文研究》1989 年第 1 期。

别敏鸽：《关中方言特殊"把"字句探源》，《淮南师范学院学报》2005
　　年第 1 期。

蔡勇：《安山方言带双受事格的"把"字句》，《语言研究》2002 年特刊。

陈丽萍：《临沧地区汉语方言志》，云南人民出版社 2001 年版。

曹延杰：《德州方言志》，语文出版社 1991 年版。

曹志耘：《金华方言词典》，江苏教育出版社 1996 年版。

曹志耘、秋谷裕幸、太田斋、赵日新：《吴语处衢方言研究》，（日本）好
　　文出版 2000 年版。

陈刚、宋孝才、张秀珍：《北京口语词典》，语文出版社 1997 年版。

陈鸿迈：《海口方言词典》，江苏教育出版社 1996 年版。

陈立中、朱涛：《论湖南汝城话的"拿"》，《湘潭师范学院学报》（社会
　　科学版）2007 年第 5 期。

陈寿义：《庐江方言的"把"字句与"给"字句》，《和田师范专科学校
　　学报》（汉文综合版）2006 年第 3 期。

陈云龙：《旧时正话研究》，中国社会科学出版社 2006 年版。

陈晓锦：《广西玉林市客家方言调查研究》，中国社会科学出版社 2004
　　年版。

陈泽平：《福州方言研究》，福建人民出版社 1998 年版。

陈泽平：《福州方言处置介词"共"的语法化路径》，《中国语文》2006

年第 3 期。

大西博子：《萧山方言研究》，（日本）好文出版 1999 年版。

戴昭铭：《天台方言研究》，中国社会科学出版社 2003 年版。

邓永红：《湖南桂阳土话语法研究》，湖南师范大学，2007 年。

邓玉荣：《富川秀水九都话研究》，广西民族出版社 2005 年版。

邓玉荣《钟山方言研究》，广西民族出版社 2005 年版。

丁加勇：《隆回湘语的 N＋担＋VP 处置式》，《汉语学报》2009 年第 4 期。

丁全、田小枫：《南阳方言》，中州古籍出版社 2001 年版。

丁声树等：《昌黎方言志》，科学出版社 1960 年版。

杜克俭：临晋方言的"到"字句，《语文研究》2000 年第 2 期。

方松熹：《舟山方言研究》，社会科学文献出版社 1993 年版。

山娅兰：《沾益方言语法研究》，云南师范大学，2005 年。

冯爱珍：《福清方言研究》，社会科学文献出版社 1993 年版。

甘于恩：《广东四邑方言语法研究》，暨南大学出版社 2010 年版。

高永奇：《布兴语研究》，民族出版社 2004 年版。

何金松：《虚词历时词典》，湖北人民出版社 1994 年版。

贺巍：《获嘉方言研究》，商务印书馆 1989 年版。

贺巍：《洛阳方言研究》，社会科学文献出版社 1993 年版。

洪成玉、冯蒸、戴雪梅：《桐庐方言志》，语文出版社 1992 年版。

侯精一、温端政：《山西方言调查研究报告》，山西高校联合出版社 1993
    年版。

胡德明：《安徽芜湖清水话中的"无宾把字句"》，《中国语文》2006 年第
    4 期。

胡松柏、葛新：《赣东北赣、吴、徽语接缘地带方言的处置介词与被动介
    词》，戴昭铭、周磊主编《汉语方言语法研究和探索——首届国际汉
    语方言语法学术研讨会论文集》，黑龙江大学出版社 2003 年版。

胡云晚：《洞口方言的给予动词"把""乞""把乞"及其句式》，《云梦
    学刊》2007a 年第 4 期。

胡云晚：《洞口方言的介词"帮 1""等 1""跟 1""替 1"和"捉 1"》，
    《韶关学院学报》2007b 年第 5 期。

黄伯荣：《汉语方言语法类编》，青岛出版社 1996 年版。

黄碧云：《双峰方言"把"字句研究》，硕士论文，导师：广东暨南大学甘于恩教授，2004 年。

黄红蕾：《高敬话的处置式研究》，《杭州师范学院学报》2006 年第 6 期。

黄磊：《邵东方言的"把"字句》，《邵阳学院学报》（社会科学版）2004 年第 6 期。

黄晓雪、李崇兴：《方言中"把"的给予义的来源》，《语言研究》2004 年第 4 期。

黄晓雪：《方言中"把"表处置和表被动的历史层次》，《孝感学院学报》2006 年第 4 期。

黄晓雪：《安徽宿松方言中的"把"字句》，《宜宾学院学报》2009 年第 9 期。

黄雪贞：《江永方言研究》，社会科学文献出版社 1993 年版。

蒋绍愚、曹广顺：《近代汉语语法史研究综述》，商务印书馆 2005 年版。

靳玉兰：《浅析青海"把"字句的几处特殊用法》，《青海民族学院学报》1995 年第 3 期。

兰宾汉：《西安方言语法调查研究》，中华书局 2011 年版。

李锦芳：《布央语研究》，中央民族大学出版社 1999 年版。

李启群：《吉首方言研究》，民族出版社 2002 年版。

李如龙、张双庆：《客赣方言调查报告》，厦门大学出版社 1992 年版。

李申：《徐州方言志》，语文出版社 1985 年版。

李如龙、张双庆：《介词》，暨南大学出版社 2000 年版。

李如龙：《福建县市方言志 12 种》，福建教育出版社 2001 年版。

李树俨、张安生：《银川方言词典》，江苏教育出版社 1996 年版。

李旭练：《倈语研究》，中央民族大学出版社 1999 年版。

李云兵：《拉基语研究》，中央民族大学出版社 2000 年版。

李永明：《衡阳方言》，湖南人民出版社 1986 年版。

李永明：《长沙方言》，湖南出版社 1991 年版。

李永明：《临武方言——土话与官话的比较研究》，湖南人民出版社 1998 年版。

林连通：《泉州市方言志》，中国科学文献出版社 1993 年版。

梁福根：《阳朔葡萄平声话研究》，广西民族出版社 2005 年版。

梁敏:《侗语简志》,民族出版社 1980 年版。

梁敏:《毛难语简志》,民族出版社 1980 年版。

梁敏、张均如:《毛难语简志》,上海远东出版社 1997 年版。

林涛:《中亚回族陕西话研究》,宁夏人民出版社 2008 年版。

刘传贤:《赣榆方言志》,中华书局 2001 年版。

刘村汉:《柳州方言词典》,江苏教育出版社 1995 年版。

刘俐李:《回民乌鲁木齐语言志》,新疆大学出版社 1989 年版。

刘伶:《敦煌方言志》,兰州大学出版社 1988 年版。

卢甲文:《郑州方言志》,语文出版社 1992 年版。

吕叔湘:《现代汉语八百词》(增订本),商务印书馆 1999 年版。

马凤如:《金乡方言志》,齐鲁书社 2000 年版。

孟玉珍: 《湖南黔阳方言被动句式研究》,湖南师范大学硕士论文,
    2006 年。

莫超: 《白龙江流域汉语方言语法研究》,中国社会科学出版社 2004
    年版。

欧阳觉亚、郑贻青:《黎语简志》,民族出版社 1980 年版。

欧阳觉亚:《村语研究》,上海远东出版社 1998 年版。

潘家懿:《临汾方言的语法特点》,《山西师大学报》(社会科学版) 1987
    年第 4 期。

平田昌司、赵日新等:《徽州方言研究》,(日本) 好文出版 1998 年版。

钱奠香:《海南屯昌闽语语法研究》,云南大学出版社 2002 年版。

钱乃荣:《当代吴语研究》,上海教育出版社 1992 年版。

钱曾怡:《博山方言研究》,社会科学文献出版社 1993 年版。

秋谷裕幸:《吴语江山广丰方言研究》,(日本) 爱媛大学法文学部综合政
    策学科,2001 年。

丘学强:《军话研究》,中国社会科学出版社 2005 年版。

任碧生:《西宁方言的前置宾语句》,《方言》2004 年第 4 期。

任碧生:《西宁话"把"字句的多样性》,《青海民族学院学报》2005 年
    第 2 期。

任林深:《山西闻喜话常用介词例析》,《山西师大学报》(社会科学版)
    1987 年第 4 期。

任淑宁：《论临汾尧都区方言中的"得"字式》，《山西师大学报》（社科版）2012 年第 2 期。

阮绪和：《江西武宁话的"拿"字句》，《江西教育学院学报》2006 年第 1 期。

邵燕梅：《郯城方言志》，齐鲁书社 2005 年版。

申向阳：《九寨沟方言"把"字句及"给"字句研究》，《阿坝师范专科学校学报》2008 年第 1 期。

宋淑琴：《湘阴方言的"把"字句浅析》，《怀化学院学报》2006 年第 10 期。

宋卫华：《西宁方言的宾动式及其语法特征》，《青海师范大学学报》（哲社版）1995 年第 3 期。

苏俊波：《丹江方言语法研究》，华中师范大学博士论文，2007 年。

孙立新：《户县方言的"把"字句》，《语言科学》2003 年第 6 期。

汤珍珠、陈忠敏：《嘉定方言研究》，社会科学文献出版社 1993 年版。

唐玉环：《石门方言中的"把"、"给"、"让"》，《娄底师专学报》2000 年第 1 期。

陶伏平：《湖南宁乡方言的处置句》，《云梦学刊》2007 年第 5 期。

汪化云、郭水泉：《鄂东方言的把字句》，《黄冈师专学报》1988 年第 1 期。

汪化云：《鄂东方言研究》，巴蜀书社 2004 年版。

王春玲：《西充方言语法研究》，中华书局 2011 年版。

王东、罗月明：《河南罗山方言"把 + O + V + 它"式处置式》，《信阳师范学院学报》2007 年第 6 期。

王景荣：《新疆汉语方言的"把"字句》，《新疆大学学报》（哲学社会科学版）2002 年第 2 期。

王均、郑国乔：《仫佬语简志》，民族出版社 1980 年版。

王军虎：《西安方言词典》，江苏教育出版社 1996 年版。

王力：《汉语史稿》（中册），中华书局 2004 年版。

王森：《甘肃临夏方言的两种语序》，《方言》1993 年第 3 期。

魏兆惠：《襄樊方言特殊的处置式》，《湖北教育学院学报》2004 年第

4 期。

韦庆稳、覃国生:《壮语简志》,民族出版社 1980 年版。

吴福祥:《敦煌变文语法研究》,岳麓书社 1996 年版。

吴福祥:《〈朱子语类辑略〉语法研究》,河南大学出版社 2004 年版。

吴宝安、邓葵:《涟源方言的"拿"字及其相关句式》,《湘潭师范学院学报》(社会科学版) 2006 年第 6 期。

伍巍、蒋尊国:《湘南蓝山土市话的处置式》,《方言》2005 年第 3 期。

吴云霞:《万荣方言语法研究》,语文出版社 2009 年版。

武云姬等:《湖南方言的介词》,湖南师范大学出版社 1998 年版。

伍云姬等:《汉语方言历时与共时语法研讨论文集》,暨南大学出版社 1999 年版。

谢奇勇:《新田南乡土话研究》,湖南教育出版社 2005 年版。

辛永芬:《浚县方言语法研究》,中华书局 2006 年版。

许宝华、陶寰:《吴语的处置句》,伍云姬编《汉语方言共时与历时语研讨论文集》,暨南大学出版社 1999 年版。

邢向东:《陕北晋语语法比较研究》,商务印书馆 2006 年版。

徐国莉:《安义方言的"搦"字句》,《晋中学院学报》2006 年第 4 期。

徐慧:《益阳方言语法研究》,湖南教育出版社 2001 年版。

徐世荣:《北京土语辞典》,北京出版社 1990 年版。

许宝华、宫田一郎:《汉语方言大词典》,中华书局 1999 年版。

颜森:《黎川方言研究》,社会科学文献出版社 1993 年版。

杨秋泽:《利津方言志》,语文出版社 1990 年版。

杨时逢:《台湾桃园客家方言》,中研院史语所集刊单刊甲种之二十二,1957 年。

杨通银:《莫语研究》,中央民族大学出版社 2000 年版。

杨秀芳:《台湾闽南语语法稿》,大安出版社 1991 年版。

杨秀芳:《闽南语字汇》(二),(台湾)"教育部"编印,1999 年。

叶祥苓:《苏州方言志》,江苏教育出版社 1988 年版。

易亚新:《常德方言语法研究》,学苑出版社 2007 年版。

殷相印:《微山方言语法研究》,黑龙江人民出版社 2008 年版。

喻翠容：《布依语简志》，民族出版社 1980 年版。

喻翠容、罗美珍：《傣语简志》，民族出版社 1980 年版。

詹伯慧、张日升：《珠江三角洲方言词汇对照》，新世纪出版社 1988 年版。

詹伯慧、张日升：《粤北十县市粤方言调查报告》，暨南大学出版社 1994 年版。

詹伯慧、张日升：《粤西十县市粤方言调查报告》，暨南大学出版社 1998 年版。

张安生：《同心方言研究》，中华书局 2006 年版。

张成材：《西宁方言词典》，江苏教育出版社 1994 年版。

张恒：《开封话的"给"与"给"字句》，河南大学硕士学位论文，导师：张宝胜教授，2007 年。

张华文：《昆明方言词典》，云南教育出版社 1997 年版。

张均如：《水语简志》，民族出版社 1980 年版。

张利莹：《郴州方言的"把"字句》，《大学时代》2006 年第 11 期。

张廷兴：《沂水方言志》，语文出版社 1999 年版。

张晓勤：《宁远平话研究》，湖南教育出版社 1999 年版。

张雪平：《河南叶县话的"叫"字句》，《方言》2005 年第 4 期。

张映庚：《大关方言志》，语文出版社 1990 年版。

张振兴：《漳平方言研究》，中国社会科学出版社 1992 年版。

赵浚、张文轩：《兰州方言志》，兰州大学出版社 2002 年版。

赵元任、丁声树、杨时逢、吴宗济、董同龢：《湖北方言调查报告》，（上海）商务印书馆 1948 年版。

郑贻青：《回辉话研究》，上海远东出版社 1997 年版。

周本良：《临桂义宁话研究》，广西民族出版社 2005 年版。

周长楫：《厦门方言词典》，江苏教育出版社 1993 年版。

周长楫、欧阳忆耘：《厦门方言研究》，福建人民出版社 1998 年版。

周磊：《乌鲁木齐方言词典》，江苏教育出版社 1995 年版。

周琴：《泗洪话处置式句法格式研究》，《南京晓庄学院学报》2008 年第 4 期。

朱冠明：《湖北公安方言的几个语法现象》，《方言》2005 年第 3 期。

左福光：《四川宜宾方言的被动句和处置句》，《方言》2005 年第 4 期。

左林霞：《孝感话的"把"字句》，《孝感学院学报》2001 年第 5 期。

语义地图:破解方言虚词比较中偏侧关系的利器

李小凡

（北京大学中文系/中国语言学研究中心）

提 要 汉语方言语法研究起步于虚词比较，此后经历了停滞、零散研究、单点研究的发展阶段，21世纪以来进入了比较研究的新阶段。由于普遍兼具多种功能，因而广泛存在偏侧关系，虚词比较长期以来既无法根据词形，也无法根据语法意义对齐，迄今尚未找到有效的比较手段。语义地图模型作为一种新兴的比较工具，集语义分析和类型比较的精髓于一身，适用于不受词形和语法范畴所限的跨方言、跨时代的类型学比较，是破解偏侧关系的利器，在汉语方言语法研究中大有用武之地。本文揭示以往的虚词比较如何受制于偏侧关系，介绍语义地图模型如何破解偏侧关系和探求语言共性。

关键词 语义地图 方言语法 虚词比较 偏侧关系 语言共性

一 汉语方言语法研究的发展趋势

汉语方言语法研究发端于赵元任1926年的《北京、苏州、常州语助词研究》，略早于以《现代吴语的研究》为起点的现代方音研究，但此后30年却止步不前。直到1956年全国汉语方言普查，才有少量零散地描写方言语法现象的文章出现,"文化大革命"后得以继续。新时期的方言语法研究渐趋活跃,并开始了新的探索。20世纪90年出现了以单点方言系统研究为标志的新局面。21世纪以来进入了以比较研究为导向的新阶段。

(一) 起步和停滞

《北京、苏州、常州语助词的研究》是汉语方言语法研究的开山之作。这是一个多方言比较的高起点。赵元任研究语助词是因为"语助词的研究要真正做好它,简直就牵动语法的全部了"。他尝试"拿许多方言来比较比较,虽然这么一来,起初的结果一定会更生出繁杂的枝叶出来,但也会看得出本来看不出的概括的原则出来"。他"希望各处人看了这篇东西过后,也试作一个自己方言中语助词的调查"。可惜的是,方言语法研究到此便戛然而止,此后30年中方言语法论文几近于零。

(二) 零散描写

1956年的全国方言普查虽然重在语音,但也有少量语法调查项目,这是对方言语法研究的一次推动。1956—1966年,《中国语文》《语文知识》等刊物陆续发表了一些零散描写方言语法现象的论文,年均6—7篇。这些论文大多是"从共同语的语法基础出发,有意识地去收集方言语法材料,从中观察方言语法特点"(詹伯慧、黄家教1965),用来"帮助解释民族共同语的有关语法现象"(袁家骅1960)。1960年出版的《汉语方言概要》和《昌黎方言志》都安排了描写分析方言语法特点的专门章节。1961年丁声树发表《关于进一步开展汉语方言调查研究的一些意见》,提出:"汉语方言的词汇、语法也必须做系统的调查研究",今后要"以词汇、语法为重点进一步开展汉语方言的调查研究"。但"文化大革命"的爆发中断了这一进程。

(三) 单点方言的系统研究

1980年,朱德熙《北京话、广州话、文水话和福州话里的"的"字》、吕叔湘《丹阳方言的指代词》率先进行新的探索,打开了方言语法研究的新局面。一时间,方言语法研究蔚然成风,指代词、语气词、构词法、体貌范畴、疑问句式,以及音义关联的语法现象等一系列问题都引起了百家争鸣,新的事实和观点层出不穷。20世纪90年代,一批单点方言语法研究专著应运而生，系统地描写了若干方言点的语法面貌。更重要的是从学术观念上突破了以往用普通话语法框架去认同方言的局限性，尝试根据方言语法事实自主建构语法体系（李小凡 1998），"用汉语方言来研究语法理论"（徐烈炯、邵敬敏 1998）。21 世纪以来，单点方言语法系统研究的专著更如雨后春笋，争相破土而出，并已成为博士论文的热门选题。

（四）比较研究

方言语法零散描写和单点研究积累的大量熟语料为比较研究提供了客观条件，这就使赵元任早年尝试的方言虚词比较和朱德熙晚年进行的方言句法比较具备了现实条件。20 世纪末，余蔼芹（1993）《汉语方言语法比较：调查手册》、黄伯荣（1993）《汉语方言语法类编》拉开了方言语法比较研究的序幕。21 世纪以来，学术潮流日益趋向于比较研究。2002 年在黑龙江大学召开了首届国际汉语方言语法学术研讨会，迄今已连续举办了五届。当代方言学者也纷纷提出了方言语法研究重在比较的共同愿景：

张振兴（2002）在首届国际汉语方言语法学术研讨会的闭幕词提出："方言语法研究要注意比较。这里比较有两个意思，一是方言与方言之间的比较；二是与共同语的比较。比较的时候既要注意横向的比较，又要注意纵向的比较。"

詹伯慧（2004）《汉语方言语法研究的回顾与前瞻》2.2 节的标题就是"比较、比较、再比较"，他指出："汉语方言语法研究的核心是比较。倘若没有比较，只停留在罗列现象、描写现象上，或者仅仅是反映一点方言语法调查的结果，说明方言中存在哪些语法范畴，有哪些表达的方式，这显然是很不够的。我们调查研究汉语方言语法，要能够步步深入，就必须通过在调查中掌握到的大量方言事实来进一步深入分析，从中挖掘出方言事实中所反映出来的语法特征，并竭力寻找出其中带有规律性的东西来。特征也好，规律也好，都只有通过比较研究才能够得出合乎实际的、科学的结论来。"

游汝杰（2005）《汉语方言学的现状和愿景》一文也提倡："引进类型学的理论和方法，开展方言语法的综合研究和比较研究"。

二　方言语法比较研究重在虚词难在虚词

（一）汉语方言的语法差异主要在于虚词

汉语方言的差异主要呈现在语音层面，语法的差异没有语音那么明显，但同样值得全面调查、深入研究，20世纪80年代以前学界对这一点认识不足，目前则已成为共识。方言语法研究可以分为句法、构词法、虚词等领域，其中方言差异最大的是虚词。虚词的方言差异体现在词形、词源、功能等不同方面，其差异性并不亚于语音。学界对此早有公论：

赵元任（1926）："中国方言的文法，在句子的结构上差不多是全国一样，像官话跟吴语的'你到哪里去'跟闽粤语的'你去哪里'这种小小的区别已经是例外的了，所以讲中国方言的文法差不多就是讲语助词。"（1970）："国语跟其他方言文法上最大的不同是在助词的用法——如果助词不算词汇一部分的话。例如，广东话：食紧饭；国语：吃着饭。"

吕叔湘（1979）："方言的差别最引人注意的是语音，分方言也是主要依据语音。这不等于不管语汇上和语法上的差别。事实上凡是语音差别比较大的，语汇的差别也比较大。至于语法，在所有汉语方言之间差别都不大，如果把虚词也算在语汇一边的话。"

王力（1980）："各地方言的语法差别不大。只有一些地方值得注意。……（1）关于词序的问题……（2）关于人称代词的问题……（3）关于虚词的问题。这个问题很复杂，不能详细地讲。"

（二）汉语方言虚词比较难在偏侧关系

汉语虚词的综合程度很高，一个虚词往往表示多种语法意义。不同方言的对当虚词往往词形各异，词源不同，功能参差。无论从哪个角度都难以对齐，即便少数几个方言的对比也难以全面深入，更遑论众多方言的大规模比较。赵元任曾多次提到过这种情况：

《北京、苏州、常州语助词的研究》（1926）："语助词'了'（一切别的词也然）总不止有一种用处，它的abcd几种用处当中，许是abc跟某方言中某语助词'哉'的ABC三种用处相同，而它的d的用法在这第二种方言中不用'哉'而用'仔'表示的；同时，这'仔'除掉这用处以外，还有别的用处是'了'字所没有的。所以这么一来都参差起来了。"

　　《国语的语法和词汇问题》（1959）："助词当然是各处不同，不过也可以说什么助词等于什么助词。比方国语的'了'等于苏州话的'哉'；其实在国语里头也有两种'了'"。

　　《国语统一中方言对比的各方面》（1970）："现在我要提出一条在文法上、词汇上，跟音韵上的重要的对比的方式，我管它叫偏侧关系，英文就说 skewed relations。要光是一比多或是多比一还不是偏侧关系。比方国语'了'可以配广东话的动词词尾'咗'，例如'食咗饭就嚟'。但是在'食咗饭咯'的助词'咯'字，国语也用'了'字（吃了饭了）。所以在这个例上头粤语国语对比的关系是一个简单的'二对一'。可是广东话的'有：冇'跟国语的'有：没～没有'的关系就复杂了。当肯定句子里的及物动词时，国语中的'没'和'没有'如果后加有宾词时，二者可以随便用。但是如果用在语句最后地位就必须用'没有'。……用作助动词时，广东话的'有'或'冇'能用在动词前头，不过国语的'有'就不能这么用。例如广东话'你有冇去过？'国语就得说'你去过没有？'……还有一种国语和广东话文法上偏侧的例子是在助量词的用法。'我要买（一）只鸡'，用广东话或国语说法，'一'字都可以省去。但是广东话又可以说'只鸡唔好食'。国语就非要加用'那只（～那个～那）'，或是只说'鸡不好吃'，就让名词居主词的地位包含了定指的功用。"

　　从上面的例子可以看出，方言语法比较中的偏侧关系指的是同一个语言形式具有多种功能，而这多种功能在不同的方言里并不都负载于一个语言形式。偏侧关系既非不同方言的形式与形式之间的一对多，也非功能与功能之间的一对多，而是各方言的对当形式跟功能的匹配或编码关系。这种匹配是参差而不对称的。英文 skewed 义为"歪、斜、偏"，译成"偏侧"是相当忠实的。现代汉语本无"偏侧"一词，"偏"和"侧"都是"不正"，"偏侧"意味着从哪个角度看都不对称。受偏侧关系的制约，若从形式着眼，则相同形式在不同方言里的表意功能既有相同之处也有相异之处；若从功能着眼，则相同功能在不同方言里的负载形式既不全异也不全同。无论从哪个角度看都呈现同中有异、异中有同，亦此亦彼、非此非彼的"搭接和重复的关系，很少是完全相配的"。

　　赵元任提出的偏侧关系涵盖词汇、音韵层面。词汇的例子举的是："国语有'破'：'烂'：'碎'，广东话多半用'烂'，不用'破'。吴语例如上海话就用'碎'，亦不用'破'。但是在抽象用法上或是用文言写作时，这三字的用法广东话跟吴语都近于国语了。"据《现代汉语词典》，"破"有 9 个义项，第一义项是"完整的东西受到损伤变得不完整"；"烂"有 5 个义项，其中第三义项是"破碎"；"碎"有 4 个义项，第一义项是"完整的东西破成零片零块"。"破、烂、碎"三个词只在上述义项上相似，其他义项并无关联。这种偏侧可以用将每一个词的每一个义项都载入词典的办法来解决。音韵的例子举了汉语方言尖团分混、入声存废、中元音 oɣɛ 分合等。前两例偏侧可以通过按音类的历史来源建立古今音韵对应条例的办法来解决，后一例可以用音位归纳原则来决定分合。

方言语法，尤其是虚词的偏侧关系比词汇、音韵更普遍也更难解，长期以来一直没有找到好的解决办法，致使方言虚词比较虽然起步最早，却长期踟蹰不前，罕有学者问津。

(三) 方言虚词比较过往案例

以往的汉语方言虚词研究大多局限于某方言某个虚词的零散描写与分析，近年来，出现了少数系统地研究某方言的某类虚词的著作，例如《广州房源句末语气词研究》(方小燕 2003)、《广州话助词研究》(彭小川 2010)，这些研究中多有与普通话对比的内容。但是，跨方言的比较研究迄今仍罕见。

1. 赵元任的早期尝试。

《北京、苏州、常州语助词的研究》(1926) 从北京话的 9 个语助词出发，逐一列举它们的各项功能，再分别表列每项功能所对应的苏州、常州的语助词，并给出对应例句。例如，北京话 de (得/的/底) 的第一项功能是领格词尾，苏州话常州话的对应形式都是 ge (格)，例句：我得书｜我格书、纸得颜色｜纸格颜色。这是一种立足于北京话的以形统义的对齐策略，它能尽显北京话的各项功能，以及苏州话、常州话与之相似的功能，但北京话没有而苏州话、常州话有的功能就只好忽略不顾了。因此，这是一种削足适履的对齐，以此为框架的比较并不具备充分性和均衡性，实质上是用北京话的虚词功能来认同苏州话和常州话。

《现代吴语的研究》(1928) 进一步将语助词的比较扩大到整个吴语，并采用类似音韵比较的表列方式，下表 1 是该书附录的第六表：22 处 56 用的语助词。(该表引用原文，繁体字不变)

表1　　　　　　　　　　　**第六表：22 处 56 用的语助词**

用法	領格	前置形後置形	過去	事類	副	連
文言	之	之	曾…；○	也；○	而；然；○	○；與
國語	de 的音得	de 的音得	le 了音勒	de 的音得	de 的音得	de 的音得
學報	1A，1B，	1C	2C	1D	1F	1I
宜	geq 葛	lao 佬	geq 葛	geq 葛	tzeq 則	geq 葛
溧	geq 葛	lao 佬	geq 葛	lao 佬，葛	tzeq 則	geq 葛
壇西	geq 葛	lao 佬	geq 葛		tzeq 則	geq 葛
丹	geq 葛	gow 個	geq 葛	geq 葛	tzeq 則	geq 葛
陰	geq 葛	geq 葛	geq 葛	geq 葛	li 哩	geq 葛
常	geq 葛	lao 佬	geq 葛	geq 葛	tzeq 則	geq 葛
錫	geq 葛	geq 葛	geq 葛	geq 葛	li 哩	geq 葛
蘇*	geq 葛	geq 葛	geq 葛	geq, giq 葛	jiaw 叫	geq 葛
熟	gow 個	gow 個	gow 個	gow 個	ceng 能	jiaw 個
崑	ghé 溝濁	ghé 溝濁	ghé 溝濁	ghé 溝濁	jiaw 叫	ghé 溝濁
上	gheq 斛	gheq 斛	gheq 斛	gheq 斛	jiaw 叫，neng 能	gheq 斛
松	gow 個	gow 個	gow 個	gow 個	jiaw 叫	——
吳黎	gheq 斛	gheq 斛	gheq 斛	gheq 斛		
吳盛	geq 葛	geq 葛	ie 煙	e 厄	jiaw 叫	
嘉興	géq 夠入	géq 夠入	géq 夠入	géq 夠入		
杭	diq 的	diq 的	diq 的	diq 的	jiaw 叫	diq 的
紹	géq 革文 gheq 斛	géq 革文 gheq 斛	géq 革文 gheq 斛	géq 革文 gheq 斛	li 哩	——
諸	ge 該	ge 該	ge 該	ge 該	tzyy 仔	gé 該
姚	göq 谷	göq 谷	göq 谷	göq 谷	jiaw 叫	——
波	ghoq 谷濁	ghoq 谷濁	ghoq 谷濁	ghoq 谷濁	jiaw 叫	
黃	gé 該	gé 該	gé 該	gé 該	zy 時	
溫	gé 該	gé 該	bha 罷	gé 該	neng 能	gé 該

　　以上模式实际上预设了以北京话的虚词为标准，再从词形出发去认同众多方言里具有若干类似功能的对当虚词。其优点是突破了词形的局限，只要功能对当，即使词形不同也予以认同。这种以形领义再据义求同的方

式可以反映方言对当虚词的一部分共性，但容易掩盖另一部分功能的差异性。而这种差异性很可能具有类型学意义，忽略这些差异就无法求得真正的语言共性。

赵元任晚期对此已有认识，他（1967）指出："吴语的结果补语'脱'和官话的'掉'之间也存在同样的不对称关系。吴语的'滑脱哉'相当于官话的'滑掉了'。可是吴语中还有另外一个同音而且同形的补语'脱'，仅仅表示简单的完成，因此跟官话的后缀'了'（不是语助词'了'）相似。例如'死脱哉'相当于官话的'死了'，'勿见脱哉'相当于官话的'丢了'。说吴语的人还比照这个'脱'扩大官话里的'掉'的用法，取代正确的'了'，常常说出'死掉了'，甚至'掉掉了'这样的话来。"

2. 黄伯荣的《汉语方言语法类编》（1996）。

该书"为了便于归纳语法范畴而按语法意义排列，同一语法意义的许多条目，再按语法形式分类排列"。就虚词而言，体貌助词按动词的体貌意义编排，介词按对象、处所、方式、时间、原因、比较、排除等语法意义编排，连词按并列、选择、顺承、递进、转折、条件、假设、因果等语法意义编排，语气词则只能按方言逐一列举。

这种模式不预设标准，对齐的是表意功能，以义领形再据形求异。其优点是方言虚词的各种功能可以分别列入不同的条目而不至于被忽略不顾，还可以凸显方言的词形差异，以便进一步探求词源。但是，将一个虚词的多种表意功能拆散处置会掩盖这些功能用同一形式负载的事实，而这些功能之间可能有某种内在联系，这种内在联系则可能具有跨语言的共性。这种模式类似于词典，虽包罗万象，却难以揭示不同方言都用一个形式负载多种功能的语言共性。以下是该书 525 页介词的编排样式：

3. 赵元任的晚期探索。

赵元任 1926 年对北京、苏州、常州三地语助词所做的比较研究是用北京话的框架去认同方言里对当形式的相同功能，是只比其同而忽略其异，这样的方言比较实际上回避了偏侧关系，无论就形式还是就功能而言，都只能算是一对多的比较。他并不否认这一点，曾在《国语的语法和词汇问题》（1959）中说："助词当然是各处不同，不过也可以说什么助词等于什么助词。比方国语的'了'等于苏州话的'哉'；其实在国语里头也有两种'了'。"后来又在《吴语对比的若干方面》（1967）中进一步说："官话 laile jiow chy（来了就吃）里面表示完成的后缀-le，相当

柒　介词和连词

一　介　词

(一)表对象的介词

§7·1·1·1 安徽巢县话的对象介词(410)

"搞"可以用如介词,相当于普通话"和"。

①婆婆搞媳妇不和。

②搞他一块去的人都回来吱了。

③他再恶习不改,我就搞他打离婚。

§7·1·1·2 安徽歙县话的对象介词(437)

1."帮"[pɔ³²]可以当作普通话的"管、把、用"。如:

①阿人徽州帮玉米叫苞芦。(我们徽州管玉米叫苞芦。)

②你去帮□[tiˀ]叫来。(你去把他叫来。)

2."搭"[taˀ²]可用作介词。如:

老张要搭小李结婚哩。(老张要跟小李结婚了。)

3."担"[tɛ³²]字可以当作普通话的"把、拿、使"等词用。如:

①担槛阖开下来。(把窗子打开。)

②有些落地担麦管当柴烧。(有些地方拿麦秸当柴烧。)

§7·1·1·3 甘肃兰州话的对象介词(405)

兰州话和普通话都有介词"把",但用法不完全相同。

1.兰州话惯用"把"字把宾语提前。某些意思普通话里一般不用"把字句"表示,兰州话却往往要用"把字句"表示。兰州话除了简短的句子有时可以把宾语放在动词后面之外,长句子或要强调宾语的句子都用"把"字把宾语提前。如:

①你把你的子子子管么么不管?(你管不管你的孩子?)

②他把娃娃死了。(他死了孩子。)

2.兰州话"把"字还相当于普通话的"对、使、叫"等介词的意思。如:

①共产党就是把我们穷人好。(共产党就是对我们穷人好。)

②这个活太重,把我费事着。(这活儿太繁重,使我太累了。)

③一年没看见你,把我想坏了。(一年没见你,叫我想坏了。)

此外,兰州话"把"还有两个特殊用法:一个相当于普通话"看(瞧)你厉害的"这类句子里的"看"的意思。如:

①把你威[vɛ]的!(看你厉害的!)

②把他谋不得的!(看他那得意忘形的样子!)

③把人们高兴的!(看人们高兴的!)

这类句子也可以在前面再加上"看"。如:

④看把你威的!

⑤你们今个不领钱,看把你们忘掉了着!(你们今天不领,看忘了你们!)

一个有点像发语词(没有什么意义)。如:

①把你有什么了不起哩?(你有什么了不起?)

②把我们有啥哩!这些成绩都是党的,(我们有什么呢!这些成绩都是党的。)

§7·1·1·4 贵州贵阳话的对象介词(321)

贵阳话的介词"着"相当于普通话的介词"被",其后引进动作行为的施事者:

①耗子着猫猫吃了。

②碗着他打烂完。

③着雨淋了。

§7·1·1·5 河北魏县话的对象介词(310)

魏县话的介词□[kɛ³]相当于普通话的"跟、替"。

①你[kɛ³]谁一块儿来[lɛ³]?(跟)

②桌子[kɛ³]谁买[lɛ³]?(替)

于上海话的［-z̩］(苏州话的［-tsz̩］)。但是官话还有一个同音而且同形的语助词'了',例如'吃了饭了'的第二个'了',它相当于上海话的［ze］(苏州话的［tse］)。上面这个句子在上海话是［tś·ɘh ɦe-z v eze'］(请比较粤语 zekcox vann loak),这里也没有简单的一对一的对应关系。更详尽的情况可参看 1926 年和 1928 年拙著,但助词的详细的对比研究尚待开展。"他所说的"详细的对比"应该不止于"一对多",而是不回避偏侧关系的充分而均衡的跨方言比较。

　　赵元任晚年不仅明确提出了"偏侧关系"的概念,还为破解偏侧关系作了富有启发性的探索。《中国语法图解两例·介宾关系》(1964)指出:"介词跟宾词的关系在意义上其实是表示主词对于某事物的空间位置或动向的关系跟这些关系的引申的意义。以下拟的图解法是用一个点标主词,圈标宾词,主宾的关系就用点圈的距离或用箭向来标它。"他将介宾关系图解如下:

	图	时空	其他
1.	·○	在(北平又有:待,挨,捱)	在…上(头),例如:在政治上
2.	·○	跟,和,同方,与文,及文	
3.	↦○	到,上,例如:到三点再走上罢,上上海去	
4.	·○	临,趁,赶	
5.	→○	望①,冲(着),朝(着),对(着),向	对,于,对于,关于,至于,为(着~了)
6.	○→	从,打,解,起,自从,由	因为,由于
7.	○←	离(开)	比,比较,较比,像
8.	○	沿(着),顺(着)	照(着),按(着),按照(着)依照,据,根据,凭(着),靠(着),论
9.	○		用,拿,以文
10.	◎		把,给,将文,方,管,叫
11.	○		被,给,叫,让
12.	○		替,给
13.	○		除了,除去,除……以~之外
14.	←○		由,归,连,连……带

　　此图揭示了介宾结构中的方所介词可以兼具多种功能,例如图中的"'叫'字两个用法,在第10图如'叫她叫妈'等于北方'管她叫妈',在第11图如'钱别叫贼偷了'。'给'字三用,在第10图如'猫给鱼吃了',在第11图如'鱼给猫吃了'。第12图如'我给猫吃了'(我也不吃猫,猫也不吃我,我就拿猫食给猫吃了)。"

　　这一探索的关键在于超越语法上的介宾关系,而从概念语义的时空关系着眼,并采用直观的图解方式。这样就可以摆脱语法形式和语法意义必须一一对应的研究套路,为从语义层面破解偏侧关系清除了障碍。从概念语义来看,各种不同的时空关系构成一个共同的语义范畴,其中每一项语义都需要一个形式来表征。这些语义同属时空范畴,关系十分密切,一个形式就可以兼表多种语义,如同一个实词往往包含若干相关的义项。不同方言的对当形式兼表哪些语义则可以不尽相同。这就突破了以往的虚词比较只注重词形、词源的同一性,以及语法形式和语法意义必须一一对应等观念,使虚词比较不仅能揭示方言的表层差异,还能显示隐藏在这种差异后面的深层共性。

　　4. 巢宗祺的"给"义词比较。

　　《吴语里与普通话的"给"相对应的词》(1999)和《粤闽湘赣客家等方言及书面材料中和普通话"给""和"相对应的词》(2000)是既有的方言虚词比较研究的两篇力作,此项比较兼顾了多种词形和多种功能,已经涉及偏侧关系。文章指出:"吴粤闽湘赣客方言里和普通话'给'相对应的词,用法上不尽相同,语音形式更有明显的差异。"而且,"'给'的方言对应词往往跟表示并列、共同的连词、介词'和'的对应词有联系"。

　　根据《现代汉语八百词》,"给"有11种功能:动词用法3种、介词用法6种、助词用法2种。巢宗祺调查搜集了各方言与"给"对应的几十种不同形式,进而比较它们与11种功能中的给予义动词(给他一本书)、被动施事标记(给他抢去一本书)、使令者标记(给我坐下)等3种功能以及方言中同形的"和"义连词的对应关系,但其他8种不完全对应的功能仍未能纳入比较。

　　巢宗祺发现,有的方言"给"类词只有以上3种功能中的1种,有的有2种,有的3种俱全,有的还有"和"义连词的功能。他根据"许多地点的方言以及古代一些用例中"给予义动词和被动施事标记同形的现象推测:"前者的用法延伸下去造成后者,如同古语中诸多'反训'之例,这在说汉语的人的心理上也是很自然的事。"值得注意的是,他的研究不仅揭示了不同方言里词形各异的虚词有哪些共同的语义功能,而且进一步探讨了这些功能内在的语义关联,同时,他也尝试采用了图示法。

　　左:吴语区给予义动词分布图。右:被动标记、使令标记、连词、动词关系图。

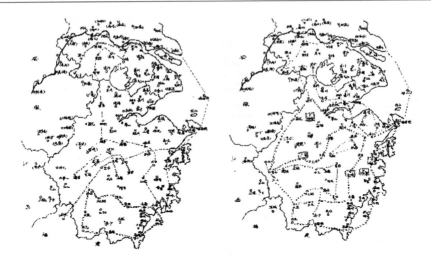

图1 吴语区"给"类词示意图

图例：虚线区域：左图为"拨"，右图使令标记＝连词≠动词。双虚线区域：左图声母为
h/x/k·，右图使令标记＝动词≠连词。左图"·—·—"连接的方言点：声母＝t·。"丨·丨·"
连接的方言点：声母＝n。"—‖—‖"连接的方言点：分。"丨＋丨＋"连接的方言点：把。右
图双虚线连接的方言点：动词＝被动标记＝使令标记＝连词。"＋＋＋"连接的方言点：使令标
记≠连词≠动词。

5. 罗自群《现代汉语方言持续体标记的比较研究》(2006)。

该书调查搜集了31个省市区600多个方言点持续体的标记形式，按
读音归纳为7种类型：着、倒、礼、儿、等、住、起。它们各有主要的分
布区域，不同读音之间大多有某种对应关系。(见图2)

罗自群相信"语言的空间差异（共时）反映了语言在时间上的发
展序列（历时）"，进而设想"尽管这些持续体标记的语音形式有这样
那样的差别，但是为什么它们会形成这么明显的对应关系？作为共同的
源头——古代汉语发展而来的现代汉语方言它的特殊标记会不会有着共
同的来源呢？"为此，她试图论证现代方言五花八门的持续标记大都源
于中古"附着"义动词"著"，这些"来源相同的持续标记，由于受不
同因素的影响（共时的和历时的、语言的和非语言的），不断出现新的
语音形式，这些语音形式在不同的地区通行、彼此之间又形成了平行发
展关系"。

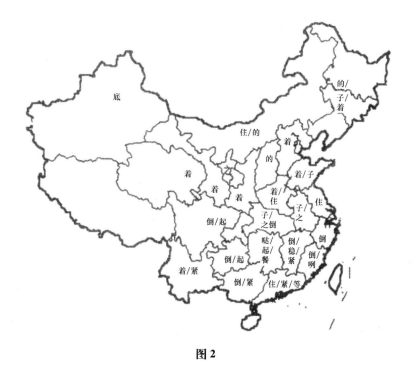

图 2

　　这项研究所考察的方言点达到了空前的数量，但却限定在一种语法意义匹配一个语法形式的框架内，完全回避了偏侧关系，只是通过方言比较揭示词形差异，进而论证它们是同源异流，并不属于类型学角度的比较研究。

三　语义地图是破解偏侧关系的理想工具

（一）语义地图原理

　　语义地图模型是近年来兴起于欧洲的一种语言类型学研究范式，汉语语言学从 2008 年以来开始这方面的研究，逐渐引起标准语法、历史语法和方言语法等研究方向的中国学者的重视。

　　王瑞晶（2010）对语义地图的发展过程作过简明扼要的描述。语义地图的雏形出自 Anderson（1982），他发现语法范畴在不同的语言中难以对齐，因而并不适用于跨语言比较，利用"地图"则有助于解决这种参差。他设想，在不同语言中，如果两个意义经常由一个形式负载，就可以假定这两个意义在人类的意识中是"相似"的。那么，这类形式共用源于认知的象似性，而非偶然巧合。2001 年 Croft 在《激进构式语法》中大量应用语义地图作为分析工具，他认为语言共性并不存在于句法结构中，而是存在于从语义到语言符号的映射关系中，并称之为"概念空间"，还提出了"语义地图连续性假说"："在任何具体语言和（或）具体结构中，其相关的类别都应以连续区域的形式分布在概念空间上。"2003 年，Croft 再版《语言类型学与普通语法特征》，设专章论述语义地图，并展现了语义地图在表现复杂的蕴涵等级以及解释语法化过程方面的优势。同年，Haspelmath《几何学的语法意义：语义地图和跨语言比较》对"经典语义地图"作了简明扼要的总结，成为后来讨论语义地图模型的出发点。2007 年在德国召开了语义地图专题研讨会，并出版了论文集。这次会议使语义地图成为全世界语言类型学家关注的中心课题，与会中国学者张敏于 2008 年年初将语义地图模型引入汉语语言学。

　　语义地图的研究对象是多功能语法形式，其中的"功能"指的是表意功能而非语法分布。张敏（2010）对语义地图的原理作了如下概括："某种语法标记（含语法结构，如双宾结构）若具有多重意义/用法，而这些意义/用法在不同语言/方言里一再出现以同一个形式负载的现象，则其间的关联绝非偶然，应是有系统的、普遍的，可能反映了人类语言在概念层面的一些共性。这种关联可基于'语义地图连续性假说（The Semantic Map Connectivity Hypothesis）'将之表征在一个连续的区域（即概念空间）里。""概念空间里的多种意义/用法彼此间的关联格局反映的是共性，而不同语言/方言以及同一语言/方言在不同历史时期的变体都有可能以不同的方式在这张反映共性的底图上切割出不同的语义地图，只要切割的结果不造成非连续的区域。显然，这种研究方法在发掘语言共性的同时，也能帮助我们更深入地了解不同语言/方言的个性。"

（二）语义地图使偏侧关系迎刃而解

　　赵元任关于语义相关性和图解法的探索，巢宗祺综合比较众多方言对当虚词的多种功能及其语义关联的实践，跟语义地图模型的思路一脉相通。语义地图模型集语义分析和类型比较的精髓于一身。语义研究的精髓在于超越语言符号所约定的形和义的两面性，着力探求相关表意功能的语义结构及其相互关联；类型学研究的精髓在于超越单一的共时语言系统，进行跨语言、跨时代的开放式比较。语义地图则是这种超形体、跨时空比较的得力工具。

　　语义地图以多功能语法形式为对象,对不同地区、不同时代均以一种形式匹配多种表意功能的语言进行比较和归纳,揭示这些表意功能之间的语义关联,并借助于这种语义关联进一步揭示一种语法形式按怎样的顺序跟一组语法意义有序匹配的蕴涵共性。继而考察尽可能多的语言,使初步归纳出来的语义关联和蕴涵共性得以证实、修正或者证伪。

　　偏侧关系本质上是不受语言形式和语法范畴制约的概念表征层面的语义关系,用语义地图来处理偏侧关系刚好适得其所。

　　以往的虚词比较始终未能找到有效的对齐手段,若对齐词形则语法意义支离,若对齐语法意义则词形纷呈。虚词比较长期以来因此而陷入困境,只好削足适履,退而求其次,即忽略对不齐的形或意,只比较对得齐的那一部分。语义地图的可行性在于,它既不必以形对齐,也不必以意对齐,而是在形意匹配的表意功能层面上,以“对齐”各项功能间的语义关系为切入点进行比较,从而使方言虚词比较无从对齐的症结迎刃而解。

（三）语义地图破解偏侧关系举例

　　下面以赵元任所举的官话“掉”和吴语“脱”为例加以说明。他在《吴语对比的若干方面》（1967）里说:“吴语的结果补语‘脱’和官话的‘掉’之间也存在同样的不对称关系。”后来又在《借语举例》（1970）里指明这是一个“偏侧性的结构借语”:“国语里一个动词补词,在吴语里又加上了一个动词词尾的功用,就是说‘掉’字相当于吴语‘脱’字的用法。在国语‘掉’字当主动词可以说‘掉得地下’,‘猫掉毛’。当补词可以说‘卖不掉’,‘把帽子碰掉了’,‘把脏都洗掉了’,‘把枝子拔掉了’,在吴语里‘掉’字都叫 [tɔ]。可是吴语的‘脱’字另外还有一个相近而不相同的用法,就是在微带不好的意思的动词后的完成式的词尾的‘脱’,例如‘死（音洗）脱哉’,‘忘记脱哉’,‘卖脱哉’（例如不愿意卖的东西）。在北方话除了‘了’（音 [lə]）字之外不另外有像‘脱’字的词尾,所以只好说‘死了’,‘忘了’,‘卖了’。可是句尾的‘哉’北方话也是‘了’,不另外有别样的语助词。那么‘了了’连在一块儿因合络作用（haplology）合成了一个‘了’,结果还是‘死了’,‘忘了’,‘卖了’。也许是因为听过吴语‘死脱哉’等等的人觉得国语的'死了'等等不够劲儿，所以就翻译成'死掉了'，'忘掉了'，'卖掉了'。'掉'字既然本来国语里有这么个补词的，所以这种偏侧的借用更不大觉得是借的。"

根据赵元任的以上分析，普通话做补语的"掉"与吴语的"脱"有相同的用法，也有不同的用法，两者大致"相当"。相同之处是都可以表示完成义，不同之处则在于能否表示"微带不好意思"的完成义。这两种意义并非毫不相干，而是很"相近"。然而，按虚词比较的一般做法，由于普通话没有后一种功能，吴语的这一功能也就无从比较，只好忽略不顾。

按语义地图的比较程序，吴语的这两种功能并不因普通话不齐备而无从比较。实际上，假如有更多方言加入比较，还会发现普通话乃至吴语都不具备的更多相近功能，这将进一步增加偏侧关系的复杂性。然而，语义地图不仅仍然可行，而且反而会使比较更加充分，更加均衡。具体操作程序分为以下五步：

1. 提取表意功能：充分观察每一个方言，一视同仁地逐一提取和归纳每一种不同而又相近的表意功能。只要某一功能在某个方言里不与其他功能共用同一个负载形式，就需要分立；反之，假如在所观察的方言里，某一功能都与其他功能总是共用一个负载形式就不必分立。

普通话的"掉"有以下三项功能（依赵元任分析，第三种功能是从吴语借入的）：

（1）表移离：医生给她拔掉了几颗蛀牙｜得了金牌也不必脱掉运动衣｜不想吃就把它扔掉。

（2）表消除：把黑板上的字擦掉｜三个月瘦掉了二十斤｜删掉了重复的内容。

（3）表完结：你先把衣服洗掉｜这辆车早就坏掉了｜手里还拿着那张废掉的球票。

吴语的"脱"除了以上三项功能外还多一项功能，例如苏州话：

（4）表有界：坐脱一歇再走｜骂脱俚一顿下趟就不敢哉。

绩溪话的"脱"又多出一项功能：

（5）表实现：坐脱两个钟头渠才来。

功能（1）和功能（2）分立是因为"掉"在北京口语中表消除义较为勉强，通常只用"了"不用"掉"，北京口语"掉"大体上只表移离。

功能（3）和功能（4）必须分立是因为普通话的"掉"不能表示功能（4），而要用零形式来表示：坐一会儿再走。功能 4 和功能 5 必须分立是因为苏州话的"脱"不能表示功能（5），而需用另一个形式"仔"来表示：坐（脱）仔两个钟头俚刚刚来。

2. 建立概念空间：从以上三个方言中提取出五项功能后便可以着手构建"掉"类词的概念空间。也就是将它们有序地排列在以线条相连接的二维空间图中。所谓"有序"即这些表意功能的语义相关度，紧邻的两项功能语义相关度最高。语义相关度的高低可以根据两项功能在各方言中用同一形式相匹配（同形匹配）的概率来判断，各方言中全都同形匹配的功能语义相关度最高，应该排在概念空间的核心位置。各方言并不都是同形匹配的功能，其语义相关度随同形匹配方言数量的递减而递减，应排在概念空间的外围位置。显而易见，这是一种基于共时蕴涵性的判断，它可以排除人的主观意识的干扰。除此之外，还可以根据语法化的单向不可逆性来判断各项功能间的语义相关度。当处于核心位置的几项功能同形匹配概率相等时，尤须借助于语法化分析。例如，上述功能（1）～（3）在三个方言里全都是同形匹配，它们之间的语义关联及其在概念空间里的位置就必须靠语法化分析来确定：这三种语义中，移离义处于半实半虚之间，与实义动词的"脱落"义关系最直接，显然是语法化的第一步。消除义与动词的脱落义已无直接关系，却可视为移离的结果，应是移离义的进一步虚化。完结义的虚化程度更深，已接近完成体。至此可以建立下面的概念空间：

3. 绘制语义地图：根据具体方言中对当虚词的实际用法，在概念空间底图上将它们勾画成连续的区域就成为语义地图。各方言的语义地图需要逐一绘制，也可以用不同线条绘于同一幅底图中。普通话"掉"、苏州话"脱"、绩溪话"脱"的语义地图可以绘制图 3 如下：

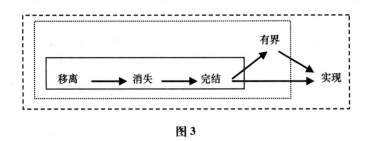

图 3

图例：官话（掉）——，吴语（脱）……，绩溪（脱）——

4. 考察更多方言，检验概念空间。假如语义节点排列不当则予以修正，若发现某方言的对当形式有新的功能则将其添加到概念空间的适当位置。例如，连城客家话"撒"、岳阳湘语"落"、南昌赣语"泼"、云南官话"掉"所匹配的功能不同于普通话、苏州话和绩溪话，但都可以在以上的概念空间勾画出连续区域，使之得到了进一步的验证，这些方言的语义地图（图 4）如下：

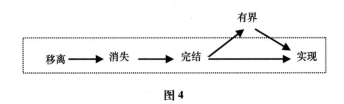

图 4

语义地图的构建也可以参照类型学界既有的概念空间，但这并非必备条件，方言语法研究者完全可以从少数熟悉的方言和既有的学术背景出发，对方言里的多功能语法形式进行比较，由此发现差异，归纳共性，构建概念空间。然后逐步扩大视野，考察其他方言，对已经建立的概念空间进行验证、修订、补充、扩展。如此循序渐进，不断提升认识的广度和深度。这种由点及面的研究路线使方言虚词比较不仅可行而且易行。

5. 利用语义地图归纳语言共性：概念空间的建立主要基于一个形式与多种功能有序匹配的蕴涵共性，因此，概念空间得到若干方言的验证后，它所反映的共性即可对众多待考察的方言作进行预测，同时也经受进一步的检验。根据上面的语义地图，可以提出以下三条蕴涵共性，对待考察的方言进行预测：

（1）某方言的某种语言形式若能充当表实现的结果补语，该形式也能充当表移离、消失、完结的结果补语。

（2）某方言的某种语言形式若能充当表完结的结果补语，该形式也能充当表移离、消失的结果补语。

（3）某方言的某种语言形式若能充当表消失的结果补语，该形式也能充当表移离的结果补语。

参考文献

巢宗祺:《吴语里与普通话的"给"相对应的词》,《华东师范大学学报》1999 年第 5 期。

巢宗祺:《粤闽湘赣客家等方言及书面材料中和普通话"给""和"相对应的词》,《华东师范大学学报》2000 年第 4 期。

李小凡:《苏州方言语法研究》,北京大学出版社 1998 年版。

吕叔湘:《现代汉语语法分析问题》,商务印书馆 1979 年版。

吕叔湘:《现代汉语八百词》,商务印书馆 1980 年版。

王力:《推广普通话的三个问题》,《语文研究》1980 年第 1 期。

王瑞晶:《语义地图:理论简介与发展史述评》,《语言学论丛》2010 年第 42 辑。

翁珊珊、李小凡:《从语义地图看现代汉语"掉"类词的语义关联和虚化轨迹》,《语言学论丛》2010 年第 42 辑。

徐烈炯、邵敬敏：《上海方言语法研究》,华东师范大学出版社 1998 年版。

游汝杰:《汉语方言学的现状和愿景》,《暨南学报》2005 年第 5 期。

余蔼芹: *Comparative Chinese Dialectal Grammar*：*Handbook for investigators*（汉语方言语法比较：调查手册）, 1993 年。

詹伯慧、黄家教:《谈汉语方言语法材料的收集和整理》,《中国语文》1965 年第 3 期。

詹伯慧:《汉语方言语法研究的回顾与前瞻》, 2004 年。

张敏:《"语义地图模型":原理、操作及在汉语多功能语法形式研究中的运用》,《语言学论丛》2010 年第 42 辑。

张振兴:《汉语方言语法研究和探索》,黑龙江人民出版社 2002 年版。

赵元任：《北京、苏州、常州语助词的研究》,《清华学报》1926 年第 2 期。

赵元任:《现代吴语的研究》, 清华学校研究院丛书第四种, 1928 年。

赵元任:1964,《中国语法图解两例·介宾关系》,《赵元任语言学论文集》, 商务印书馆 2006 年版。

赵元任,1967,《吴语对比的若干方面》,《赵元任语言学论文集》, 商务印书馆 2006 年版。

赵元任:《国语统一中方言对比的各方面》,《赵元任语言学论文集》, 商务印书馆 1970 年版。

广州话中几个同形的叹词和句末语助词

麦 耘

（中国社会科学院语言研究所）

提 要 广州话的叹词"嗱""嘎""嚍"分别演化出同形的句末语助词"嗱""嘎""嚍"和"啊嗱""吖嗱"。本文分别介绍了它们的读音、用法，并简单讨论了对应的叹词和句末语助词的同异及演化的条件等。

关键词 广州话 叹词 句末语助词 附缀化

广州话中有一些叹词和句末语助词是同形的，这是由叹词演化出句末语助词。本文讨论 3 个叹词："嗱"［naː¹¹］、"嘎"［haː²⁵］、"嚍"［hɔː²⁵/hɛː²⁵/hœː²⁵］①。从这些叹词可演化出"嗱""嘎""嚍" 3 个句末语助词，"嗱"还可以跟句末语助词"啊"［aː³³］和"吖"［aː⁵⁵］②组合起来成为复合的句末语助词"啊嗱"［a³naː¹¹/ɐ³naː¹¹］和"吖嗱"［a⁵naː¹¹/ɐ⁵naː¹¹］（组合之后，前一音节变短，元音音质也可能改变），所以本文介绍的句末语助词有 5 个。

广州话是笔者的母语，本文中所有广州话例句都出自笔者自拟。

---

① 广州话叹词本身没有声调，其音高形式纯是语调（麦耘1998）。这里标的分别是低语调和升语调。本文用 5 度标写叹词和句末语助词的音高都是语调。又，广州新派［n］声母读与［l］声母混，故"嗱"亦常读为［laː¹¹］。

② ［aː⁵⁵］其实是［aː³³］的高语调形式（参看麦耘1998），本文为方便，从文字上加以区别。

一 "嗱"和"啊嗱""吖嗱"

(一) 叹词"嗱" ［naː^{11}］用法主要有以下 6 种 (参看李新魁等 1995：551；陆镜光 2005)，后 5 种用法都是从头一种扩展来的

1. 指示方位是"嗱"最基本的用法，是提示或提醒对话方注意—— "就在这里"或"就是这里"。可以单独使用，也可以与主体句连用，此 处的例句都带主体句，以体现其含义。经常同时使用体态语言 (如伸手 指点、用目光示意或把东西递给对话方等)。例如：

  (1) 嗱，就系呢间屋。<small>喏，就是这所房子。</small> naː^{11}, tsɐu^{22} hɐi^{22} nei^{55} kaːn^{55} ŋʊk^{5}。

  (2) 畀你 (啊)，嗱。<small>给你，呐。</small> pei^{25} nei^{23} (jaː^{33}), naː^{11}。

  (3) 呢，咪嗰个啰！嗱！系嘞。<small>那儿，不就是那个吗！就这个！对了。</small> nɛː^{55}, m ɐi^{22}kɔː^{25} kɔː^{33} lɔː^{55}, naː^{11}, hɐi^{22} laːk^{5}。

例句注音中的逗点表示停顿；零声母字受前字韵尾影响有不同变体， 亦照实际读法标，下均同。例 (1) "嗱"在主体句前，例 (2) 在主体 句后，在实际语句中都可以前后移动，如例 (1) 可说成"就系呢间屋， 嗱。"例 (2) 可说成"嗱，畀你 (啊)。"语义和语用上都完全一致。以 下未经说明者均同此。当"嗱"与"呢"［nɛː^{55}］相对时，是个近指叹 词，此时"呢"是远指叹词①，如例 (3)。如果不强调远近，则用"嗱" 与"呢"均可，"嗱"更常用。偶尔也可以"呢嗱"［nɛ^{55} naː^{11}］复合为 一个叹词 (此时"呢"的音长缩短)，如说："呢嗱，咪嗰个啰！"

2. 表示叮嘱、命令，或提醒对话方做事要注意、小心。这是方位指 示用法的引申，即指出一个道理或需要注意的情况等 (陆镜光 2005)。 "嗱"不单独用，要有主体句。例如：

---

  ① 广州话有个表近指的指示词［nei^{55}/ni^{55}］，文字上也写作"呢" (如例 (1))，与此不 同。陆镜光 (2005) 认为"嗱"与"呢"的分工在于前者往往还有交付或给予的意味。笔者认 为这是近指功能在语用上的一个扩展，因为说话者把物品交付、给予对话者，这一动作总是出现 在近旁。

（4）嗱，返学堂听老师讲啊！明白吗，到学校要听老师话！naː¹¹，
faːn⁵³ hɔːk² tɔːŋ¹¹ tʰɛːŋ⁵³ lou²³ siː⁵⁵ kɔːŋ²⁵ ŋaː³³。

（5）徛定（啊），嗱！站稳了，看着！kei²³ tIŋ²²（ŋaː³³），naː¹¹。

（6）好生哋啊，嗱！小心点儿，诶！hou²⁵ sɛːŋ⁵⁵ tiː⁵⁵ jaː³³，naː¹¹。

3. 表示警告。这是叮嘱、提醒等用法的引申，是向对方指出后果。
包含两种：

a. 主体句是表达对方的不妥或错误。多用于大人对小孩。在所指明
显时（譬如小孩正在做某件被禁止的事），可以不出现主体句。

（7）嗱！讲大话！你看你！撒谎了！naː¹¹，kɔːŋ²⁵ taːi²² waː²²。

（8）又曳喇，嗱！又淘气了，该怎么罚！jɐu²² jɐi²³ laː³³，naː¹¹。

b. 主体句是表达如果对方不听警告，说话者将采取的行动。主体句
必须有。

（9）嗱，我报警㗎喇！听着，我可要报警了！naː¹¹，ŋɔː²³ pou³³ kIŋ²⁵
ka³ laː³³。

（10）再郁就攴湿你㗎！嗱！还动就敲得你满头是血！还动看看！tsɔːi³³
jʊk⁵ tsɐu²² pɔːk³ sɐp⁵ nei²³ kaː³³，naː¹¹。

4. 表示建议，就是指出一种可行的办法。

（11）嗱，噉吖，就下昼吖。喏，这样吧，就下午吧。naː¹¹，kɐm²⁵
maː⁵⁵，tsɐu²² haː²² tsɐu³³ waː⁵⁵。

（12）不如我过来啦，嗱，好孭？那不如我过来吧，啊（ā），好不好？
pɐt⁵ jyː¹¹ ŋɔː²³ kwɔː³³ lɐi¹¹laː⁵⁵，naː¹¹，hou²⁵ mou²⁵。

（13）输赌哩，嗱，边个输边个请。打个赌吧，啊（ā），谁输谁请客。
syː⁵³ tou²⁵ lɛː³¹，naː¹¹，piːn⁵⁵ kɔː³³ syː⁵⁵ piːn⁵⁵ kɔː³³ tsʰɛːŋ²⁵。

5. 表示警告或威胁对方不要做某事，但表面上是建议对方做此事。
总有主体句。

（14）嗱，有边个唔惊死嘅就试下！ _{嗯，有哪个不怕死的就试一试！}
na:^{11}, jɐu^{23} piːn^{55} kɔː^{33} m:^{11} kɛŋ^{53} sei^{25} kɛː^{33} tsɐu^{22} siː^{33} ha:^{23}。

（15）你即管来吖，嗱！ _{你尽管来吧，试试看！（看会是什么下场）} nei^{23}
tsek^5 kwuːn^{25} lɐi^{11} ja:^{55}, na:^{11}。

6. 指出自己先前判断的正确性，含有指出对方不正确的意味。有炫
耀自己有预见力，或责备对方不重视自己的预见的意思。可以不用主
体句。

（16）嗱，嗷咪几好（啰）? _{看，这不挺好吗？ （我早说了。）} na:^{11},
kɐm^{25} mɐi^{22} kei^{25} hou^{25}（lɔː^{55}）。

（17）哎呀！打烂咗嘞！嗱！ <sub>哎呀！打碎了！你看你看！（你怎么不听我
的!）</sub> ɐi^{33} ja:^{31}, ta:^{25} laːn^{22} tsɔː^{25} laːk^3, na:^{11}。

（二）句末语助词"啊嗱"［a^3/ɐ^{3}na:^{11}］[1] 有与叹词"嗱"的功能1、
2、3 对应的 3 个用法

1′. 对应于叹词"嗱"表指示的功能 1，但指示的口吻较弱，更多是
提醒的口吻［像例（3），那样强烈的指示口吻，不能改为用句末语助词
"啊嗱"］。

（1）′就系呢间屋啊嗱。_{就是这所房子嘛。} tsɐu^{22} hɐi^{22} nei^{55} kaːn^{55}
ŋʊk^{5}a^{3}na:^{11}。

（2）′畀你啊嗱。_{给你哪。} pei^{25} nei^{23} ja^3 na:^{11}。

例（1）′ 的语境，往往是此前已经谈到过这所房子，现在来到了
现场。

2′. 对应于叹词"嗱"表叮嘱、命令、提醒的功能 2，但叮嘱、命令
的口吻减弱，主要是提醒。

---

① 语助词［a］韵母读短时有弱化形式［ɐ］，本文例句中只标［a］。

(4)’返学堂听老师讲啊嗱！到学校要听老师话知道不！faːn⁵³ hɔːk² tʰɔːŋ¹¹ tʰɛːŋ⁵³ lou²³ siː⁵⁵ kɔːŋ²⁵ ŋa³ naː¹¹。

(5)’徛定啊嗱！站稳了啊（ā）！kei²³ tɪŋ²² ŋa³ naː¹¹。

(6)’好生啲啊嗱！小心点儿啊（ā）！hou²⁵ sɛːŋ⁵⁵ tiː⁵⁵ ja³ naː¹¹。

3’. 对应于叹词"嗱"表警告的功能3，但口吻减弱。

(7)’讲大话啊嗱！撒谎了吧！kɔːŋ²⁵ taːi²² waː²² a³ naː¹¹。

(8)’又曳啊嗱！又淘气了啊（ā）！jɐu²² jɐi²³ ja³ naː¹¹。

(9)’我报警㗎嗱！我可要报警了！ŋɔː²³ pou³³ kɪŋ²⁵ ka³ naː¹¹。

(10)’再嘟就攴湿你啊/㗎嗱！还动就敲你个满头血了！tsɔːi³³ jʊk⁵ tsɐu²² pɔːk³ sɐp⁵ nei²³ ja³/ka³ naː¹¹。

（三）句末语助词"吖嗱"[a⁵/ɐ⁵naː¹¹]有两个用法

4’. 对应于叹词"嗱"表建议的用法4，口吻较弱。

(11)’噉吖嗱，就下昼吖。/噉吖，就下昼吖嗱。/噉吖嗱，就下昼吖嗱。这样吧，就下午吧。kɐm²⁵ ma⁵ naː¹¹, tsɐu²² haː²² tsɐu³³ waː⁵⁵/kɐm²⁵ maː⁵, tsɐu²² haː²² tsɐu³³ wa⁵ naː¹¹/kɐm²⁵ ma⁵ naː¹¹, tsɐu²² haː²² tsɐu³³ wa⁵ naː¹¹。

(12)’不如我过来吖嗱，好孖？不如我过来吧，好不好？pɐt⁵ jyː¹¹ ŋɔː²³ kwɔː³³ lɐi¹¹ja⁵ naː¹¹, hou²⁵ mou²⁵。

(13)’输赌吖嗱，边个输边个请。打个赌吧，谁输谁请客。syː⁵³ tou²⁵ wa⁵ naː¹¹, piːn⁵⁵ kɔː³³ syː⁵⁵ piːn⁵⁵ kɔː³³ tsʰɛːŋ²⁵。

5’. 对应于"嗱"表警告的用法5，口吻稍弱。

(14)’有边个唔惊死嘅就试下吖嗱！有哪个不怕死的就试一试看！jɐu²³ piːn⁵⁵ kɔː³³ mː¹¹ kɛːŋ⁵³ sei²⁵ kɛː³³ tsɐu²² siː³³ haː²³ a⁵ naː¹¹。

(15)’你即管来吖嗱！你尽管来吧啊（ā）！nei²³ tsɪk⁵ kwuːn²⁵ lɐi¹¹ a⁵ naː¹¹。

（四）句末语助词"嘑"的用法对应于叹词"嘑"的用法6，今称6'，其炫耀或责备的口吻较弱，而更多是对事情结果的评价（认为好或者惋惜，等等）

（16）'噉咪系几好（啰）嘑？这不挺好吗不是？$kɐm^{25}$ $mɐi^{22}$ kei^{25} hou^{25}（$lɔ^5/lɐ^5$）$naː^{11}$。

（17）'啊呀！打烂咗喇嘑！啊呀！打碎了哪！a^{33} ja^{31}，ta^{25} lan^{22} $tsɔ^{25}$ la^5 $naː^{11}$。

（五）拿一些例子，譬如例（6）与例（6）'比较，可看到后者的复合句末语助词"啊嘑"是前者的句末语助词"啊"与叹词"嘑"的结合①

同样地，比较譬如例（15）与例（15）'，显见后者的复合句末语助词"吖嘑"是前者的句末语助词"吖"与叹词"嘑"的结合。

句末语助词"啊"有表提醒、叮嘱的用法，这类句子后面常常再用上叹词"嘑"，这就为它们结合成为一个双音节句末语助词提供了环境。同样的，句末语助词"吖"有表建议的用法，所以"吖"与"嘑"也经常同现，而且常连用于句末，形成让它们结合成为一个双音节句末语助词的环境。不过，并不是所有能与"嘑"同现的句末语助词都能与"嘑"结合成双音节语助词。如同为表示建议的"啦"［$laː^{55}$］就不与"嘑"结合，所以例（12）'的句末不是"啦嘑"，而是"吖嘑"②。例（18）'和例（13）'是"啊嘑""吖嘑"而非"喇嘑""哩嘑"，是同一道理。

---

① 例（9）'是"㗎嘑"，例（10）'也可以是"㗎嘑"，但"㗎"［ka^3］实际上就是"嘅"［$kɛː^{33}$］和"啊"［a^3］的合音，所以这里仍是"啊嘑"。

② 广州话句末语助词用于表建议，"啦"似比"吖"更常用（参看方小燕2003：158）。"啦"与"嘑"没结合为一个语助词，是按笔者本人的语感（属于中、老派）。不过笔者所作小规模的观察样本显示，在广州年轻一辈，尤其［n］声母归并到［l］声母的人的口中，这一结合可能已经开始。"吖"与"啦"有两个区别，或许是有"吖嘑"而没有"啦嘑"（或"啦嘑"出现较迟）的可能的原因：一，语音上，"吖"没有声母而"啦"有声母；二，语义上，"吖"口吻较为弱势（更尊重对话方的意见）而"啦"口吻较为强势（更倾向于要求对话方接受自己的建议）。

二　"嘎"

（一）叹词"嘎"［haː²⁵］的用法主要有两种，都带疑问语气①（参看李新魁等 1995：550），使用时常伴随体态语言，主要是目视对话方、头部向对话方转过去等

7. 要求对话方重复或再次证实刚才说的话（由于没听清楚，或难以置信等），常用于主体句前。如：

（18）嘎？你头先讲乜嘢来啊？*欸，你刚才说什么来着？* haː²⁵，nei²³ tʰeu¹¹ siːn⁵⁵ kɔːŋ²⁵ mɐt⁵ jɛː²³ lɐi¹¹jaː³³。

（19）嘎?! 阿麟真系去咗？*啊?! 阿麟真的去了？* haː²⁵，aː³³ lɵn²⁵ tsɐn⁵³ hɐi²² hɵy³³ tsɔː²⁵。

也可用于主体句后，此时则有催促对话方赶紧重复或证实的口吻：

（18）'你头先讲乜嘢来啊？嘎？*你刚才说什么来着？嗯？* nei²³ tʰeu¹¹ siːn⁵⁵ kɔːŋ²⁵ mɐt⁵ jɛː²³ lɐi¹¹ jaː³³，haː²⁵。

（19）'阿麟真系去咗？嘎?! *阿麟真的去了？啊?!* aː³³ lɵn²⁵ tsɐn⁵³ hɐi²² hɵy³³ tsɔː²⁵，haː²⁵。

8. 含询问、质问、恳求、告知、商量、吩咐、威胁（从吩咐的功能扩展而来）等口吻，要求对话方做出回应，用于主体句后。如：

（20）点解会噉嘅？嘎？*怎么会这样？啊（ɑ́）？* tiːm²⁵ kaːi²⁵ wuːi³³ kɐm²⁵ kɛː²⁵，haː²⁵。

（21）你咁任性都得嘅？嘎?! *你那么任性怎么行呢？啊（ɑ́）?!* nei²³ kɐm³³ jɐm²² sIŋ³³ tou⁵⁵ tɐk⁵ kɛː²⁵，haː²⁵。

（22）做件噉嘅事好难咩？嘎？*做一件这样的事情很难吗，啊（ɑ́）!* tsou²² kiːn²² kɐm²⁵ kɛː³³ siː²² hou²² naːn²⁵ mɛ⁵⁵，haː²⁵。

---

① 在广州话里，高升语调基本上只出现于疑问句。

（23）畀我啦！嘎？给我吧！啊（ɑ）？pei²⁵ ŋɔː²³ laː⁵⁵，haː²⁵。

（24）个户口簿就喺呢个柜筒（啊），嘎？户口本就在这个抽屉，知道了吗？kɔː³³ wuː²² hɐu²⁵ pou²²⁻²⁵ jɐu²² hɐi²⁵ nei⁵⁵ kɔː³³ kɐi²² tʰʊŋ¹¹⁻²⁵（ŋaː³³），haː²⁵。

（25）等我返来你先好走（啊），嘎？等我回来你才走，听到没？tɐŋ²⁵ ŋɔː²³ faːn⁵³ lɐi¹¹ nei²³ siːn⁵⁵ hou²⁵ tsɐu²⁵（waː³³），haː²⁵。

（26）你要好声好气噉同佢倾（啊），嘎？你要心平气和地跟他谈，啊（ɑ）？nei²³ jiːu³³ hou²⁵ sɛŋː⁵⁵ hou²⁵ hei²³ kɐm²⁵ tʰʊŋ¹¹ kʰɵy²³ kʰɪŋ⁵³（ŋaː³³），haː²⁵。

（27）你契弟因住来（啊），嘎？！你兔崽子小心着点儿，明白吗？！nei²³ kʰɐi³³ tɐi²² jɐn⁵³ tsy²² lɐi¹¹（jaː³³），haː²⁵。

（二）句末语助词"嘎"只有一种用法，对应于叹词"嘎"的用法8，今称8'（参看李新魁等1995：518，方小燕2003：147）。如

（20）'点解会噉嘅嘎？怎么会这样？tiːm²⁵ kaːi²⁵ wuːi³³ kɐm²⁵ kɛ²⁵ haː²⁵。

（21）'你咁任性都得嘅嘎？你那么任性怎么行呢？nei²³ kɐm³³ jɐm²² sɪŋ³³ tou⁵⁵ tɐk⁵ kɛ²⁵ haː²⁵。

（22）'做件噉嘅事好难咩嘎！做一件这样的事情很难吗！tsou²² kiːn²² kɐm²⁵ kɛː³³ siː²² hou²⁵ naːn²⁵ mɛ⁵ haː²⁵。

（23）'畀我（啦）嘎！给我吧！pei²⁵ ŋɔː²³ la⁵ haː²⁵。

（24）'个户口簿就喺呢个柜筒（啊）嘎。户口本就在这个抽屉啊（ɑ）。kɔː³³ wuː²² hɐu²⁵ pou²²⁻²⁵ jɐu²² hɐi²⁵ nei⁵⁵ kɔː³³ kɐi²² tʰʊŋ¹¹⁻²⁵（ŋa³）haː²⁵。

（25）'等我返来你先好走（啊）嘎。等我回来你才走啊（ɑ）。tɐŋ²⁵ ŋɔː²³ faːn⁵³ lɐi¹¹ nei²³ siːn⁵⁵ hou²⁵ tsɐu²⁵ waː³³，haː²⁵。

（26）'你要好声好气噉同佢倾（啊）嘎？你要心平气和地跟他谈啊（ɑ）？nei²³ jiːu³³ hou²⁵ sɛŋː⁵⁵ hou²⁵ hei²³ kɐm²⁵ tʰʊŋ¹¹ kʰɵy²³ kʰɪŋ⁵³（ŋa³）haː²⁵。

（27）'你契弟因住来（啊）嘎！你兔崽子小心着点儿！nei²³ kʰɐi³³ tɐi²² jɐn⁵³ tsyː²² lɐi¹¹（ja³）haː²⁵。

不同在于：第一，除了例（19）这类威胁口吻，用叹词"嘎"时一般比较期待对话方回应，而变为句末语助词后，这种期待减弱，甚至于完全没有。如例（20）'常用于自言自语。第二，用句末语助词的句子，疑问语气减弱。显然，不要求回答和没有疑问，这两者是关联的。

（三）例（24）'至（27）'中可以只用"嘎"，也可以用"啊嘎"，似乎用"啊嘎"更常见

例（20）'至例（23）'中"嘎"与"嘅、咩、啦"等句末语助词连用。现在仍只把"啊嘎"视为临时连用，不把"啊嘎"当作复合的句末语助词。

下面是个固定用语，用于送客而不打算远送时，"啊"也是可有可无。例如：

（28）唔送（啊）嘎。不送了啊（ā）。mːⁱ¹ sʊŋ³³ （ŋa³） haː²⁵。

三　"嗬"

（一）叹词"嗬"有 3 个变体：［hɔː²⁵／hɛː²⁵／hœː²⁵］，用法相同，基本上是不同使用者的个体性变体（下面例句只标［hɔː²⁵］）；什么人倾向于用哪个变体，目前缺乏调查数据，上面的变体仅是根据笔者感觉使用者的多寡来排列，其用法是征求意见，要求对话方做出回应，同意或证实自己的说法，今称用法 I，带疑问语气；一定要有主体句，且叹词都用于主体句后；往往伴随体态语言，包括目视对话方等。

（29）画 得 幾 靓，嗬？画得挺漂亮，是吧？waːk² tɐk⁵ kei²⁵ lɛːŋ³³，hɔː²⁵。

（30）佢 实 知 㗎 啦，嗬？他一定知道了，对吧？kʰɵy²³ sɐt² tsiː⁵³ ka³ laː⁵⁵，hɔː²⁵。

（31）嗰匀 真 系 牙 烟，你 都 见 嘅，嗬？那一次真危险，你也都看见了，对不对？kɔː²⁵ wɐn¹¹ tsɐn⁵³ hɐi²² ŋaː¹¹ jiːn⁵³，nei²³ tou⁵⁵ kiːn³³ laːk³，hɔː²⁵。

（二）句末语助词"嗬"同样是这 3 种变体，也是希望对话方同意或证实自己的说法①，但口吻较叹词弱，不怎么期待对话方的回应。今称用法 I'。比起句末语助词"嘎"来，句末语助词"嗬"的疑问语气更弱。

(29)'画得幾靓嗬。画得挺漂亮的是吧。waːk² tɐk⁵ kei²⁵ lɛːŋ³³ hɔː²⁵。

(30)'佢实知喋啦嗬。他一定知道了吧。kʰɵy²³ sɐt² tsi⁵³ ka³ la⁵ hɔː²⁵。

(31)'嗰匀真系牙烟，你都见喇嗬。那一次真危险，你也都看见了嘛。kɔː²⁵ wɐn¹¹ tsɐn⁵³ hɐi²² ŋaː¹¹ jiːn⁵³, nei²³ tou⁵⁵ kiːn³³ la³ hɔː²⁵。

若无"嗬"句子也成立，但无征求意见的含义。

四　简单讨论

（一）把本文论及的广州话中同形的叹词和句末语助词列表对应如下

表一

叹词	噂 A	噂 B	噂 C	噂 D	噂 E	噂 F	嘎 G	嘎 H	嗬 I
句末语助词	啊噂 A'	啊噂 B'	啊噂 C'	吖噂 D'	吖噂 E'	噂 F'	——	嘎 H'	嗬 I'

叹词是一种"代句词"，可以归为代词的一种（刘丹青 2011）。跟叹词相比，句末语助词是语法化程度更高的词类。叹词演化为句末语助词，是一个语法化过程。如果把句末语助词定义为一种句子"附缀"（clitic，参看白鸽等 2012），则叹词变句末语助词就属于一种附缀化（cliticization）过程。

（二）对应的叹词与句末语助词之间有同有异

相同的是：

---

① 方小燕（2003：147）只记录了［hoᵃ⁵］和［hɛᵃ⁵］（其 35 调等于本文的 25 调），而分为两个词：前者表示"征求意见"，后者表示"征求对方对自己看法的意见，或向对方求证某种已经发生的事实"。在笔者的语感中，它们的功能是一样的，本文归为同一个词的变体。

（1）语义上、功能上直接联系，这不用多说。

（2）对句子结构都没有影响。叹词固然与主体句的结构无关，句末语助词去掉后句子也都能成立，仅是减少了附加意义，即这些语助词无成句作用。

两者主要的区别是：

（1）口吻的强弱程度——句末语助词的口吻比叹词弱。上文"（二）"讨论"1"时已提及例（3）不能改用"啊嗱"的原因。"嗄"的 7 用法没演化出句末语助词，应是由于当这种用法的叹词放在主体句之后时，口吻特别强烈、故而无法弱化所致。

（2）对于对话方回应的要求——叹词倾向于期待回应，句末语助词则倾向于不需要回应。

（3）体态语言——叹词通常伴随体态语言，句末语助词原则上不要求。

（三）这一语法化／附缀化过程在形式上表现为用于句末的叹词与先行句连接起来。典型的叹词与先行句之间有明显的停顿，而典型的句末语助词与句子间完全没有停顿。此外，该句末语助词前面如果还有语助词的话（不论是组成复合的双音节句末语助词还是临时连用），前面这个语助词弱化，主要是变短，元音音质可能央化，有塞音韵尾的会失落［如例（31）的"嘞"［la:k^3］在例（31）'中读成［la^3］］。这样的音节可以视为"轻音节"

但是在实际言语中，常会有中间状态：语音上，句子与句末这个成分之间的停顿似有似无，其前的语助词弱化但不明显；语义功能上，口吻的强烈程度中等，对于对话方回应的期望值不高也不低，体态语言可有可无。一句话，有时定不准最后这个成分是叹词还是句末语助词。

这是个连续统，两种典型状态的中间存在着过渡状态。

（四）叹词语法化／附缀化为句末语助词当然不是广州话特有的现象，在汉语各方言中应具有一定的普遍性。如例（26）和例（26）'的普通话翻译中的"啊（a）"也是这种情况，甚至可以包括例（29）和例（29）'普通话翻译中"是吧"（或可称为"准叹词"和"准句末语助词"）等。

相信在不少方言里也能找到类似的例子

参考文献

白鸽、刘丹青、王芳、严艳群：《北京话代词"人"的前附缀化》，《语言
　　科学》2012 年总第 59 期。

方小燕：《广州方言句末语气助词》，暨南大学出版社 2003 年版。

李新魁、黄家教、施其生、麦耘、陈定方：《广州方言研究》，广东人民
　　出版社 1995 年版。

刘丹青：《叹词的本质——代句词》，《世界汉语教学》2011 年第 2 期。

陆镜光：《汉语方言里的指示叹词》，《语言科学》2005 年总第 19 期。

麦耘：《1998/2012　广州话语调说略》，《广州话研究与教学（第三辑）》，
　　中山大学出版社 1998 年版；《著名中年语言学家自选集·麦耘卷》，
　　上海教育出版社 2012 年版。

神木方言的语气副词"敢"及其来源[*]

邢向东[1]　周利芳[2]

(1. 陕西师范大学文学院　2. 陕西师范大学国际汉学院)

提　要　陕北神木话中,语气副词"敢"的基本作用是表达确认语气,即主观上认为"确实如此"的抽象意义,用于多种句型和句类。本文描写"敢"的用法,并与晋语其他方言作了比较。最后结合元代汉语文献《新校元刊杂剧三十种》和《原本老乞大》,讨论了语气副词"敢"是表可能的助动词"敢"进一步语法化的结果。

关键词　晋语　神木话　敢　语气副词　确认　来源

陕北神木话有一个使用频率极高的语气副词"敢"［kɛ²¹³］,表示确认语气,义为"确实如此"。本文主要描写副词"敢"的意义和用法,最后结合近代汉语口语文献,讨论"敢"表确认语气的用法的来源。

一　单句中的"敢"

"敢"是神木话中的高频词,可用于多种句类,韵律上总是轻读,并可有短暂停顿。

---

　*　本文是邢向东(2012)的姊妹篇。承蒙黑维强先生、博士生张永哲、贺雪梅审阅初稿并提出宝贵意见,榆林学院高峰及贺雪梅、任丽霞等提供绥德、榆林、定边、清涧、佳县话语料,特此致谢。

(一)"敢"用于陈述句

在陈述句中,"敢"表达一种说话人主观上认定"确实如此"的语气,句末多有语气词"么"配合。例如:

(1) 你而真敢甚也不应愁了么你现在什么都不用发愁了嘛。
(2) 谁也敢有个三亲六故嘞么谁都有个三亲六故嘛。
(3) 个儿养下的敢要个儿管嘞么自己生的要自己管嘛。
(4) 那二年敢穷得没吃的么那几年穷得没吃的嘛。

例(1)确认对方"现在什么都不用发愁了",其出发点具有双重性:既表达说话人的主观推断,又表明做出推断的依据是客观事实和情理,这种主客观的双重性正是"敢"的作用所在。换句话说,"敢"在这里表达的是"依据客观事实、情理做出的肯定性推测"的意义,概括起来,就是语气上的"确实如此"。例(2)强调人人都有三亲六故,表达了一种普遍道理,语气更强的说法是反问句:"谁吧没个三亲六故?"

"敢"字句末尾一般带语气词"么"①,而"么"是个具有强烈主观色彩的语气词。(邢向东 2002:634)句子后带"么"表示"正是如此、理当如此",并带有夸张语气。那么,"敢"字句的这种"确认"语气,是不是由"么"带来的呢?请看例句:

(5) 那个敢解不下他是因为不懂。(语境:他因事情没做好而受到指责。)
(6) 我们敢可也穷来了我们那时候可穷了。
(7) 你[niɛ²¹³]爸爸敢就这么个人你爸爸确实就这么个人。(语境:他爸爸做了叫人不满的事。)
(8) 我敢觉见爽利没意思我觉得很没意思。

---

① 字面上看,有时句尾连用语气词"嘞么",但"嘞"是属于内层的,其结构层次是"[·(NP+VP)+嘞]+么"。因此,不宜将"嘞么"分析为同一个语气词,或简单地称之为语气词连用。

不带"么"时，句子"正是如此、理当如此"的口气有所减弱，夸张色彩消失，但"确实如此"的意义仍在。如例（5），说话人向对方强调，他之所以没有做好某件事情，是因为他不懂，而不是故意的。所以最合适的后续句是"你敢给他好好教给下儿你好好儿教教他"带"么"时语气强烈，所以后续句大多为反问句，不带"么"时语气减弱，所以后续句一般是陈述句。由此看来，句子中主观确认的语气意义主要是由"敢"来表达的，而"么"的作用则是增强语气。从使用频率看，带"么"的句子大大超过不带"么"的。

上述例句还可进一步将"敢"删除，如："你而真甚也不应愁了。""你［niɛ²¹³］爸爸就这么个人。"这时，句子的主观性和语气进一步减弱，完全没有"确实如此"的意思，只是一般的陈述，用来说明某种情况。这从另一个角度证明，"敢"的确给句子带来"确实如此"的抽象意义。这种意义高度抽象，超越了表达内容的真假、可能性、必然性，属于语气范畴。

"敢"字句大多要求句末带语气词"么"，说明"敢"对"么"有共现的需求。"敢"所表示的主观确认与"么"所表示的"正是如此、理当如此"的口气，形成一种表里关系，前者为"里"，后者为"表"，配合使用，相得益彰。需要指出的是，神木话中"么"与其他语气词连用时，总是处于最后的位置，属于句子最外层。"敢"与"么"配合，证明它在单句中的辖域是全句，是处于最外层的语气副词。"敢……么"形成一种语气"包络"，把句子包含在中间，加强了句子表达主观情态的力度。

（二）"敢"用于祈使句、疑问句和感叹句

1. 祈使句。

"敢"常用于祈使句。在祈使句中，其作用是通过表达"确应如此"的意思来加强说服力。例如：

（9）你敢不要这么价你可别这样。

（10）你敢把那利索些儿你利索点儿嘛！

（11）（看你瘦成甚了？）你敢把那多吃上捻儿肉你多吃点肉。

（12）你敢给老王打上个电话。

以（9）为例，如果说成"你不要这么价"，则口气直白，是直接的命令，没有劝说之意，带"敢"以后，句子有"从情理上讲，你不应该这样"的意思，有劝说的意味，试加上后续句："你敢不要这么价。你[niɛ²¹³]妈也敢不容易么。""你敢不要这么价。连你也这么价起，其他人还不知道该咋价嘞连你都这样的话，其他人还不知该怎样呢。"

有些祈使句是表商量、请求的。"敢"的作用是确认如此请求具有充足的理由。这一点可以通过语境显示出来。例如：

(13) 真儿敢教我歇给一天吧么今天让我歇一天吧。（语境：连续好多天没休息了。）

(14) 敢教我们也出上一回国吧么。 （语境：对方已经出国多次。）

总之，如果说"敢"在陈述句中是对陈述的事件、判断加以确认的话，那么，在祈使句中则是对自己所提要求的合理性加以确认，目的是增强句子的祈使力量。

2. 疑问句。

在疑问句中，"敢"不能用于一般问句，只能由于揣测问句和反问句。

在揣测问句中，"敢"的基本意义是"确认"，通过确认自己的判断来弱化疑问语气，同时强化要求印证的口气，句尾语调略为上扬，句末带表揣测的语气词"吧"。例如：

(15) 你[niɛ²¹³]学校年时敢多考上了吧你们学校去年多考上大学生了吧？

(16) 这敢是刘锁锁那个小子吧这是刘锁锁的儿子吧？

(17) 你从前敢没见过这个阵势吧？

(18) 你敢有一年不回老家了吧？

揣测句是表达信大于疑的疑问句。不带"敢"时，尽管句子倾向于传信，但还是在"问"，带"敢"后传信的意味更重，只要求对方证实或同意自己的判断。这是"敢"的确认语气所致。①

单就揣测问句孤立地看，似乎其中"敢"的意义就是"大概"，但联系它在陈述句、祈使句中的用法来分析，其意义是一贯的，仍然是"依据客观事实、情理做出的肯定性推测"——"确实如此"，这种语气比单纯的"大概"要复杂得多。"大概"的意义是通过语调和句末的"吧"表达出来的。这可以通过变换来测试：删除句末的"吧"，则句子都站不住；删除"敢"后句子仍然站得住，而且基本语气不变。此外"敢"还可以换成"大概"，换用后就可以删除"吧"了。

反问句。在对话中，指出对方要的某件东西，或者强调说明某种结果是由对方所造成时，可用"这敢不是……"的固定短语表示反诘语气，"敢"的作用仍然是确认。例如：

（19）甲：我的书包哪去了？

　　　乙：这敢不是？

（20）这敢不是你要跟他一搭开煤矿嘞_{这不是你要和他一起开煤矿嘛}？

上两例都可不用"敢"，这时反诘的力度有所加强，但减少了确认的意义。可见，"敢"的作用是通过确认语气使反问句带上"确实如此"的意味，而不是构成基本的反问语气。句子的反诘功能并不是"敢"带来的。

3. 感叹句。

"敢"可用于感叹句，仍表"确实如此"，句末必须带语气词"么"。还形成一种惯用语"你敢是说嘞么就是嘛"，表示完全同意对方。"敢"一律不能删除。例如：

（21）而真敢就这么个事情么_{现在的事情嘛，就那样}！

（22）这孩伢儿敢就这么个揞磨人么_{这孩子就这样磨人嘛}！

（23）甲：这么大个人连这么个事情也解不下不懂？

———————————

① 揣测问句中的"敢"不是助动词"敢"，这一点可以用否定词的位置来证明：助动词"敢"构成的否定式揣测问句，否定词在"敢"前，如"明儿不敢不会下雨吧"；副词"敢"构成的否定式揣测问句，否定词在"敢"后，如"你明儿敢不走吧？"

乙：你敢是说嘞么！

（24）甲：那么多钱了还在乎这两个嘞都那么有钱了还在乎这点
儿吗？

乙：你敢是说嘞么！

综上，"敢"在神木话中形成"这敢不是""你敢是说嘞么"等多种
惯用说法，说明其使用频率之高和使用历史之久。

二 复句和语篇中的"敢"

"敢"在普通复句中用于前分句或后分句；在紧缩复句中只用于后
分句。

（一）"敢"出现在前分句

"敢"用于复句中前分句的频率很高，值得特别描写的是转折句和假
转句①。

1. 转折句。带"敢"的转折句有两种，"敢"均起强化让步语气的
作用。

第一种，构成"V/A 敢是 V/A 嘞么"格式，表示姑且承认，充当前
分句。此处必须连用"敢是"，其中"说敢是说嘞么"是惯用语，意思是
"说是说……"已成为神木人的口头禅，并逐渐向话语标记语法化。
例如：

（25）穷敢是穷么，人还得有志气嘞么穷是穷，但人也得有志气嘛。

（26）超贱敢是超贱嘞么，实际上也可亲嘞吧骂是骂，实际上挺亲的。

（27）说敢是说嘞么，真要买起谁舍得嘞说是说，真要买的话谁能
舍得？

（28）说敢是说嘞么，而真的人把这捻儿吃还说是说，现在的人把吃
不当回事儿。

---

① 本文的复句大类采用邢福义先生的三分法，小类划分亦多从邢先生。

第二种，前分句用"敢……么"，后分句用反问相呼应，前后分句之间语气连贯，意义逆转。例如：

(29) 你个儿敢要去嘞么，谁教你去来了你自己要去嘛，谁让你去了？

(30) 伺候你敢倒行了么，莫非连你［niε²¹³］老婆也伺候上嘞伺候你就行了嘛，莫非连你老婆都伺候上吗？

2. 假转句。假转句是一种用"P，否则 Q"格式表达的复句。神木话的假转句，句中用"不的话 / 不嘞 / 不起"对前分句所述情状作假设性的否定，下句说明基于该假设的结果。例如：

(31) 我敢怕你多心嘞么，不的话不然的话早就跟你说了。

(32) 敢就因为没钱么，不嘞哪里也去了［liɔ²¹³］嘞不然的话哪儿都去得了。

(33) 我敢是舍不得我妈么，不起早倒出国了不然的话早就出国了。

（二）"敢"出现在后分句

"敢"出现在后分句的主要是因果类复句，如因果、推断、假设、条件、目的句。"敢"的作用是承接前面分句的语气，并确认后分句表达的结果。它在这里表达的是"依据上面的原因、条件做出的肯定性推测"的意义。例如：

(34) 就因为小红结婚着结婚的时候没请人家，敢和咱们恼了几年么就和咱恼了几年。（因果句）

(35) 既是你来说情的话，我敢就得给这个面子嘞么。（推断句）

(36) 你则么早些儿来，敢省得人伺等你应当早点来，省得人等待。（目的句）

(37) 只要你不说起的话，这事敢就传不出去么。（条件句）

(38) 只要孩伢儿们孩子们过得好，大人敢吃糠咽菜也愿意嘞么。（条件句）

(39) 你要能考上大学起的话，敢就不用在农村受笨苦了么。（假设句）

（40）你要是明儿回来，我敢就不应下榆林去了么你如果明天回来，我就不用去榆林了。（假设句）

在因果类复句——尤其是在条件、假设复句中，"敢"具有双重作用：一方面从语气上对前后分句加以衔接，一方面对后分句所陈述的事实加以确认。以例（39）为例，前分句假设"你能考上大学"，后分句表明其结果："你就不用在农村受笨苦了"，其间，"就"与"要"呼应表示句法关系，"敢"表示语气关系："如果实现了该条件，确实能达到该结果"。下文将会看到，"敢"在这类复句中的使用，正是它由助动词语法化为语气副词的桥梁。

（三）"敢"用于紧缩句

"敢"可用于表假设、条件关系的紧缩句，其中包括动词拷贝结构。这时它位于句子后部，对结果加以确认。这是它在因果类复句中衔接前后分句的用法的另一种表现形式。例如：

（41）说下敢就要成主儿嘞么说好了就要兑现嘛。

（42）走不动敢就不应走了要是走不动就别走了。

（43）你去了敢就好说了么你去了就好办了嘛。

（44）输敢就输了么输就输了呗。

（四）"敢"的语篇衔接作用

"敢"在对话中具有衔接作用，一般用于答句，承接对方的话，确认做某事的理由或出现某种情况的原因。例如：

（45）甲：买一捻儿蚊香咋走了一气乎买一点儿蚊香怎么走了老半天？

乙：我敢脚疼得走不动么。

（46）甲：你情 [$tɕʰi^{44}$] 尽管给多照上几张。

乙：照下敢得往出洗嘞么照下得洗呀。（说明不能多照的理由）

甲：该洗也敢得洗嘞么。（确认：该洗就得洗）

乙：我敢没钱么！（后半句省略。确认不能多洗的理由）

例（45）乙通过确认脚疼的事实来解释离开时间长的原因，"敢"起衔接作用。例（46）后三句连用"敢"作衔接手段，"敢"一方面表达确认语气；另一方面就像一串珠子，将双方的话串联起来。在会话中，"敢"已经有进一步虚化的迹象，有时并无明确的意义，仅仅起衔接语篇的作用①。再如：

（47）甲：你咱上街买上捻儿面吧_{你上街去买点面吧}。

乙：敢教我姐姐买去吧么_{让我姐姐去买吧}。

甲：敢……你 [niɛ²¹³] 姐姐敢做作业着嘞么_{你姐姐在做作业呀}。

乙：敢我也做作业着嘞么_{那我也在做作业嘛}。

后三句话都在句首用了"敢"，其作用主要是衔接双方的话，其中第三句的"敢"完全没有意义，起的纯粹是"话赶话"（神木人语）的衔接作用，第四句按照一般的语序，"敢"应当用在"做作业"之前，但为了与对方的话衔接，被特别提到了句首。"敢"的语篇衔接作用由此可见一斑。

三　"敢"与其他语气副词、助动词的连用

（一）与语气副词"是""倒""早"连用

"敢"经常和语气副词"是""倒"连用。其中"敢是"连用最常见，读 [kɛ²¹³⁻²¹ sʅ⁰]，句末大都有"么"，语气比较强烈。例如：

（48）王家塄敢是朝东南上走嘞么_{王家塄就是向东南方向走嘛}。

（49）大金稻黍儿敢是秋里才收嘞么_{大玉米是秋天才收呢}。

（50）谁养下的敢是谁心疼嘞么_{谁生的孩子谁心疼}。

---

① 比如，有一次在神木的一家医院，一个人接电话的情形给笔者留下了深刻印象："大_爸_爸！敢，医院敢说是要动手术嘞么。"叫"大"后二话没说，先来一个"敢"字！

（51）人家敢是不愿意跟你一般见识么。

这类句子也可不带"敢"，只用"是＋VP"，这时语气变化较大。如例（51），说成"人家是不愿意跟你一般见识"只表达判断，"人家敢不愿意跟你一般见识么"只表达确认，"人家敢是……"则将判断和确认语气结合在一起，构成了一种"复合的语气"。

从韵律看，"敢是"连接紧密，"是"读轻声，它们连用的频率极高，具有一定的凝固性，可分析为一个词。"敢是"在元代就已出现，现代方言中也多连用①。

"敢"和"倒"连用也很常见。"倒"读［tsɔ⁵³/tsɑ̄⁵³］，是个多义副词。"敢倒"连用有两种用法。一种是加强肯定，从语气上确认已经得到肯定的事实，例如：

（52）我明年敢倒二十了么 我明年就二十了。

（53）考上大学敢倒歇了心了 考上大学就一切放心了。

（54）一阵儿敢倒闹完了么 一会儿就干完了嘛。

另一种用法是在免除式目的句的前一分句中，从语气上确认已经采取的某种行动，后分句用"就怕……"说明其目的，全句的抽象意义是强调采取某种行动的必要性。例如：

（55）我敢倒满承满应，就怕那不愿意去嘞么 我满口答应，就怕他不高兴嘛。

（56）我敢倒不教你去，就怕人家打你嘞么 我就不让你去，就怕人家打你嘛。

（57）我敢倒吓得没敢跟你说 我倒吓得没敢跟你说，就怕把你气得犯了病嘞么。

"敢"前面常可带语气副词"早"，"早"读［tsɔ²¹³］，表示"终究、反正"。"早敢"是两个语气副词的连用，邢向东（2002：549）把它们分析为一

---

① 许多北方方言用"敢是"表示推测语气，与神木话并不相同。见下文。

个词，可见连用的频率之高。从句法作用看，"早敢"可用于两类格式。

一类是"（早敢＋是）＋NP"和"（早敢＋是）＋S"，"早敢"位于句首，修饰对象是整个句子。例如：

（58）早敢是我妈这两个钱儿么反正就是我妈那点儿钱呗。

（59）早敢是这捻儿白面么反正就是吃个白面呗。

（60）早敢是你算计我么反正是你算计我呗！

（61）早敢是我倒霉么！

这两种结构还可以说成"早是＋S/NP""反正是＋S/NP"，可以证明"早敢是"的结构层次是"早敢＋是"，而不是"早＋敢是"。

另一类是"S＋早敢＋VP"，"早敢"前有主语。例如：

（62）我们早敢活也么我们终究也能活下去。

（63）你早敢得去嘞么你终究得去嘛。

"早敢……"句的语气十分强烈，表示确认的程度很高，句末必须带"么"，句子介于陈述句和感叹句之间，如例（62）、例（63）实际上已经接近感叹句了。

（二）与助动词的连用

语气副词"敢"后面可以连接助动词，形成"敢＋（要／该／能／会＋VP）"的格式。"敢"对句子所表达的情态加以确认，强化语气。例如：

（64）你敢要为人家着想嘞么。

（65）你敢不要教让他发言么。

（66）你敢应该先和他商量嘞么。

（67）你敢不该这么价对待娘老子么你的确不该这样对待父母嘛。

（68）你敢能去鄂尔多斯走一回嘞么。

（69）"臻"字敢不能这么个写么"臻"字不应该这样写嘛。

（70）你敢会和他讲编论理嘞么。

（71）我敢不会炒菜么。

神木话还有一个使用频率很高的助动词"敢"（邢向东 2012：129—135），在传信大于传疑的揣测问句中，可以连续出现两个"敢"字，不过助动词"敢"限于表胆量的：

（72）你敢敢走嘞吧_{你应当敢走吧}？

（73）你敢敢骑马嘞吧？

（74）那个儿一个敢敢窥嘞吧_{他一个人应当敢住吧}？

这时，在前的是语气副词"敢"，必须轻读，其后略有停顿，在后的是助动词"敢"，必须重读。前者表确认语气，后者表有胆量，属动力情态。

更常见的情形是，语气副词"敢"后紧跟助动词"敢"的否定形式，构成"敢 +（不敢 + VP)"的格式，这时仍然是副词"敢"轻读，助动词"敢"重读。例如：

（75）我敢_副不敢_{敢于}和那个说么_{我不敢和他说嘛}。

（76）你敢_副不敢可跟老师顶嘴么_{你可不能和老师顶嘴}。

（77）真年敢_副不敢可能遭年成吧_{今年不会遭饥荒吧}。

（78）你［niɛ²¹³］妈敢_副不敢可能走岔吧_{你妈不会走岔吧}。

（79）张老师敢_副不敢可能教调上走了吧_{张老师不会调走吧}。

（80）明儿敢_副不敢可能下雨吧_{明天不会下雨吧}。

助动词"敢"和副词"敢"在句子中的层次、表达作用都不同，属于不同性质的语法成分。"敢_助"在层次上紧贴谓语中心，句法功能是修饰"VP"，语义功能是对事件的可能性、必然性加以判断，表达情态；"敢_副"在句法层次上高于"敢_助"，语义层次上属于整个句子，作用是表达确认语气。

（三）副词"敢"的否定式

"敢"是语气副词，所以句子中要表达否定意义时，须采用"敢 +

不/没 + VP"的格式,如"你敢不要去""我敢没去么",而不能将否定词放在"敢"前面。这也是区分副词"敢"和助动词"敢"的标志之一。

四 语气副词"敢"在其他方言中的运用和分布

(一)"敢"作为语气副词的用法在晋语中普遍存在,而且使用频率很高。有语气副词"敢"的方言也都有助动词"敢"。其中可分两种情况

一种情况是助动词"敢"与语气副词"敢"同音,或声母、韵母相同,声调轻重有别。比如,府谷、神木、横山(中国社科院民族研究所张军提供的语料)两个"敢"声韵调相同。王鹏翔(2008,2009)分别描写了志丹话的语气副词"敢"(王文认为是"该")和助动词"敢",语气副词读 $[kæ^0]$,助动词读 $[kæ^{31}]$,声母韵母相同,声调轻重不同。志丹话语气副词的用法如("敢"依王文写作"该"):

(81) 你姑夫该是不识字么,不噻尔格早转正【口览】(你姑夫就是不识字嘛,要不现在早转正啦)。
(82) 伤心该是伤心嘞么,那饭该要吃嘞么(伤心归伤心,饭总归要吃嘛)。
(83) 元宝针儿该就这么个打嘞吧(元宝针儿应该就这样织吧)。
(84) 你该是把那慢些(吧)么(你应该慢点吧)。 (王鹏翔 2008:155—156)

据张兴(2012),子长话的语气副词"敢"也同助动词"敢"读音相同,我们从她的例句中摘取两个语气副词的用例(注释为笔者所加):

(85) 吃吃了,喝喝了,敢该学习了么 吃也吃了,喝也喝了,应该学习了嘛。
(86) 这下该我挑了吧?
你挑敢你挑么 你挑就你挑嘛,谁叫我输了。

据郭校珍(2008),山西晋语大量存在与神木话类似的"敢"字句,其中有陈述句、疑问句、祈使句,有的用法比神木话还灵活,其读音也同助动词"敢"相同。据李会荣(2008:1—5)报道,山西娄烦方言"敢"的语气副词用法与助动词读音相同,以至作者将表确定语气的用法也归于"认识情态",不过,作者正确地指出:这个"敢"在"非疑问句中是用来增强语气的。在疑问句中,'敢'所在的句子虽然形式上是疑问句,但……这里是推断句,且有确定性倾向。""'敢'的运用更多的是表达了说话人'确定'的语气。"(李会荣2008:2)例如:

(87) 兀人敢可是一个好人么。(那个人真是一个好人。)

(88) 你敢抽空给你姐婆打上一个电话。(你抽空给你姥姥打个电话吧。)

(89) 这地方敢可干净了!(这个地方真是干净哪!)

(90) 明儿你敢不上班哇?(明天你应该不上班吧?)

另一种情况是语气副词"敢"同助动词"敢"读音有别,其中有的是声调不同。据榆林学院高峰博士告知,绥德话助动词"敢"读上声,语气副词"敢"读阳平;张崇告知,延川话助动词"敢"读上声,语气副词"敢"读阴平。据贺雪梅告知并提供的语料,清涧石盘话的助动词"敢"读 $[^{c}k\varepsilon]$,句子末尾可以不出现语气词,如"那个敢 $[^{c}k\varepsilon]$ 解不下他可能不懂。"语气副词"敢"读 $[k\vartheta?_{\urcorner}]$,句子末尾必须出现"么",如"那个敢 $[k\vartheta?_{\urcorner}]$ 解不下么他确实不懂嘛。"再如:

(91) 把你伺候上敢 $[k\vartheta?_{\urcorner}]$ 就(/就敢 $[k\vartheta?_{\urcorner}]$)行了么,则连你婆姨也伺候上侍候你就行了嘛,莫非连你老婆都侍候上吗?

(92) 王家塬敢 $[k\vartheta?_{\urcorner}]$ 朝那面走了么王家塬应该向那边走嘛。

(93) 我敢 $[k\vartheta?_{\urcorner}]$ 不敢 $[^{c}k\varepsilon]$ 和那个说么我不敢和他说嘛。

(94) 张老师敢 $[k\vartheta?_{\urcorner}]$ 不敢 $[^{c}k\varepsilon]$ 教调上走了吧张老师不会调走吧。

吴堡、佳县话中语气副词"敢"读 $[_{c}kae]$,助动词"敢"读 $[^{c}k$

ã˘/⁻kɛ]，韵母、声调都不同①。例如佳县螅镇话（任丽霞提供语料）：

（95）个儿养的敢［⌐kae］要个儿管嘞么 自己生的要自己管嘛。

（96）每敢［⌐kae］也可穷来该么 我们那时候可穷了。

（97）你敢［⌐kae］不应这底价么 你可别这样。

（98）敢［⌐kae］不是你要跟那一搭儿开煤窑嘞 这不是你要和他一起开煤窑嘛？

（99）你敢［⌐kae］（是）不敢［⁻kɛ］跟老师顶嘴么 你可不能和老师顶嘴。

（100）你妈敢［⌐kae］不敢［⁻kɛ］是走岔了吧 你妈不会走岔吧。

将上述陕北晋语和山西晋语的情况综合起来看，我们认为，两者读音相同当属早期状态，读音不同是后期演变的结果，清涧、吴堡、佳县、延川等将语气副词读成［kə?⌐］、［⌐kae］、［⌐k ã˘］当是在"敢"由助动词语法化为语气副词以后采取的语音分化手段，语音分化的起点则是神木型的轻读和志丹型的轻声，即在轻声基础上进一步弱化的结果（详见下文）②。具体过程可用公式表示如下：

$$⁻kɛ/⁻k ã˘⁰（神木型）→kɛ⁰/k ã˘⁰（志丹型）→⌐kae$$

（佳县型）→kə?⌐（清涧型）→⌐kɛ/⌐kɛ/⌐k ã˘（绥德型）

晋语中助动词"敢"同语气副词"敢"的读音有同有异，对于探讨两者之间的关系具有重要的启发作用，说明它们很可能是同源的。

（二）语气副词"敢"在晋语以外的北方方言中也有分布

根据《汉语方言大词典》，"敢"在北京话中可表敢情、当然（表示满意或在意料中）之义，例如："那敢好。""人家敢有钱哪！"又可表

---

① 笔者多年来一直在思考助动词"敢"和语气副词"敢"之间的联系问题。佳县、吴堡及延川一带语气副词"敢"和助动词"敢"读音有别，曾经让我们怀疑，神木话中两个词读音相同，会不会是语音归并的结果（邢向东2006：222）。现在，笔者相信，语气副词"敢"是助动词"敢"进一步语法化的结果，详见下文。

② 神木话中，尽管作为副词的"敢"和作为助动词的"敢"读音相同，但副词"敢"在句中总是比后头的动词读得轻，而助动词"敢"则是句子重音所在。因此，在句子中轻读可能是副词"敢"语音弱化并产生一系列变化的起点。

"原来"(表示有所领悟),例如:"敢你还不知道哪?""猴儿敢不吃肉啊!"(许宝华、宫田一郎 1999:5840—5841)这几个意义可以归纳为确认语气,与神木话相同。北京话还有"敢情"一词:①表示发现了原来没有发现的情况;②表示情理明显,不必怀疑(《现代汉语词典》修订第三版,408 页)。第二种和神木话"敢"的用法十分接近。天津话有"敢则",表示当然、必定之义,东北、北京、冀鲁、胶辽官话等又有"敢自",表示当然、必定之义,如山东寿光:"你去那敢自好,那我就放心了。"东北、冀鲁官话中"敢是"有当然、必定的意思,如山东聊城:"你是他娘,他敢是向你!"(同上:5841)上述"敢""敢则""敢自""敢是"的用法都和神木话"敢"(敢是)相同。徐州话"敢是"还可用于祈使句:"今天迟到你是有原因的,你敢是说。""你有啥事儿敢是讲,讲出来俺好帮你想办法。"(李荣主编 2002:4072)这种用法也与神木话"敢是"完全相同。

同时,汉语方言中"敢"又可以表示"大概、怕是"的推测之义,而且分布范围更广。(许宝华、宫田一郎 1999,周利芳 2008)据辛永芬(2006),河南浚县方言"敢、敢是"可以表示对人、事情较为肯定的推测、估计。(辛永芬 2006:148—149)据《现代汉语方言大词典》,"敢"表猜度义的有西宁、厦门、太原等,"敢是"表示猜度的有徐州、西宁、厦门、雷州等,哈尔滨、万荣"敢是"除了猜度义,还有莫非义。(李荣主编 2002:4071—4072)在这类方言中,"敢"表推测用法的语法化程度很高,表现出与神木话不大相同的演化方向。

总的来看,晋语和一些官话方言中存在"敢"表确认的用法。同时,方言中还较大范围地存在"敢"表推测的用法①。从目前的研究成果看,不论是表确认还是表推测,上面的"敢"都与陕北晋语中"敢"作语气副词的用法性质相同。

五　从元代口语文献看表确认的语气副词"敢"与表可能的"敢"的联系

近代汉语中,"敢"具有多种用法,其中包括表可能(助动词)和表

---

① 　闽南话还普遍存在"敢"表反诘、疑问的用法。

确认（语气副词）。元代口语中，两种用法都可见到大量的用例。（张相1997：32—33，太田辰夫2003：189，香坂顺一1997：241，刘坚等1992：247，江蓝生、曹广顺1997：134，袁宾等1997：100—101，李崇兴等1998：101—102，郑光2000，邢向东2012）

太田辰夫指出："'敢'从五代到近古有用于推量的，但现代不这样用了。"（太田辰夫2003：189）这里的"推量"，应属认知情态的"可能"义。在后来的官话口语中，表可能的用法逐渐萎缩，但在有的方言中虚化成了表推测的副词。这应是现代汉语方言"敢"表推测、估计用法的源头。

"敢"在元代汉语中表确认的用法也见于多家报道。如张相《诗词曲语辞汇释》"敢（二）"条云："与管同，犹正也；准也；定也。……《鱼樵记》剧二'嗨！他真个走了！他这一去，心里敢有些怪我哩！'言准定有些怪我也。……《对玉梳》剧一：'和他笑一笑，敢忽的软了四肢，将他靠一靠，管烘的走了三魂。'管，亦犹定也，见上管字条，敢与管互文。"（张相1997：34—36）李崇兴等（1998）反映，元代"敢"有表示"①情理明显、不必怀疑""②敢是；怕是；莫非""③发现原来没有发现的情况"等用法，根据例句分析，①、③正是表确认的语气副词，与神木方言的"敢"相同。（李崇兴等1998：101—102）

我们认为，语气副词"敢"是从表可能的助动词"敢"语法化而来，是后者主观化、语气化的结果。下文不打算全面梳理"敢"在近代汉语中的演变历史和过程，而是通过对元代口语文献的分析探讨表可能和表确认语气这两种用法之间的联系。

首先，从时间先后来看，表可能用法出现的时间早于表确认的用法。（太田辰夫2003：189，袁宾等1997，李崇兴等1998，郑光2002）这一点已有定论，不须赘述。

我们调查了两部元代文献《新校元刊杂剧三十种》和《原本老乞大》中"敢"的各种用法，并对《原本老乞大》与其后来的几个版本进行比较，发现《新校元刊杂剧三十种》中表可能、表确认语气的用例不相上下，《原本老乞大》中表可能的用例大大多于表确认的用例。同时，这两部文献中都存在表可能和表确认可作两重分析的情况。通过分析这些用例，可以看出两种用法之间存在源流关系。

（一）《新校元刊杂剧三十种》中，"敢"的用例共146个。其中可以确定为表"有胆量、有勇气"的 75 例，表"可"的 4 例，表"能、能够"的 15 例，表"肯、愿意"的 1 例，表"可能"的 19 例，表确认语气的 19 例，表可能和确认语气两解的 5 例。其余 8 例暂时难以确定意义和用法。

表确认语气的"敢"属于副词，用现代汉语很难对译，正如神木话的例句很难对译一样。例如：

(101)［青哥儿］敢烧香烧香礼拜，祖先祖先般看待。将生葬亲修把古道挨，将尸首深埋，把松柏多栽，善名长在。怕后人不解，垒座坟台，镌面碑牌，将前事该载，后事安排，免的疑猜，写着道六十岁无儿散家财的刘员外。(武汉臣《散家财天赐老生儿》第一折)

(102)［滚绣球］贫道穿的菏落衣，吃的是藜藿食。睡时节幕天席地，喝喽喽鼻息如雷。二三年，唤不起，若在省部里敢每日画不着卯历。子有句话对圣主先题：贫道子得身闲心上全无事，除睡人间总不知，交人道贴眼铺眉。(马致远《泰华山陈抟高卧》第三折)

(103)［上小楼］我把这玉锁顿开，金枷不带。我这里弃了酒色，辞了财气，跳出尘埃。我如今拄着拐，穿草鞋，麻袍宽快，我敢无忧愁心肠宽泰。(岳伯川《岳孔目借铁拐李还魂》第四折)

(104)三口儿敢冻倒在长街。把不住两条精腿千般战，这早晚十谒朱门九不开，冷冻难捱。(郑廷玉《看钱奴买冤家债主》第二折)

以上 4 例中，例(101)一开唱就用"敢"打头，后头接着说自己要做的事情，只能分析为语气副词。例(102)"若在省部里"是介词短语充当状语，"敢每日画不着卯历"是它修饰的中心语，"敢"承接状语并确认下面的事实，状语和中心语之间存在条件和结果的关系。例(103)"我敢无忧愁心肠宽泰"紧承上句"我如今……"几个分句，用语气词"敢"衔接并确认下面的情状。例(104)陈述"三口儿冻倒在长街"的事实，用"敢"表确认。

《新校元刊杂剧三十种》中"敢"表可能的用法，邢向东(2012)已经做过分析，此处只举 2 例：

（105）（外孤一折）（正末、外旦郊外一折）（正末、六儿上）（正旦带酒上）却共女伴每蹴罢秋千，逃席的走来家。这早晚小千户敢来家了也。（关汉卿《诈妮子调风月》第二折）

（106）〔黄钟醉花阴〕楚汉争锋竞寰宇，楚项籍难赢敢输。此一阵不寻俗，英布谁如！据慷慨堪推举，多应敢会兵书，没半霎儿嗏出马来熬翻楚霸主。（尚仲贤《汉高皇濯足气英布》第四折）（邢按：两个"敢"均表可能）

值得注意的是，《新校元刊杂剧三十种》中，不少句子中的"敢"可作两解，一为表可能，一为从语气上衔接前后句兼表确认，例如：

（107）我若拿将这汉见楚王去，这汉是文字官，不曾问一句，敢说一堆老婆舌头！我是个武职将，几时折辨过来？（做寻思科，住）（尚仲贤《汉高皇濯足气英布》第一折）

（108）〔殿前欢〕若官司见呵敢交咱受刑罚。（带云）早是禁断赛社，私抬着个当坊土地撞人家。（张国宾《薛仁贵衣锦还乡记》第四折）

（109）（旦云住）（末云）孔子道：「视其所以，观其所由，察其所安，人焉廋哉！人焉廋哉！」〔幺篇〕投至逼迫出贼下落，搜寻得案完备，敢熬煎我鬓斑白，蒿恼的心肠碎。（孟汉卿《张鼎智勘魔合罗》第四折）

（110）〔红绣鞋〕他本是个君子人，则待挟权倚势，吹一吹，登时交人烟灭灰飞。则为他节外生枝，交人落便宜。为甚不厨中放，常向我手中携？这其间不是我掌握着呵，（唱）敢起烟尘倾了社稷。（孔文卿《地藏王证东窗事犯》第二折）

（111）〔幺篇〕你没儿待怎生，我绝嗣待子么？孩儿今日，救了储君，替了亲爷，他须是为国于家！（旦哭做住）不争你，举哀声，敢把咱全家诛杀。君王小可，题起那丽姬，怕那不怕？（狄君厚《晋文公火烧介子推》第二折）

以上各例，"敢"的用法均可两解。如例（107）：①可分析为"可能说一堆老婆舌头"，②也可分析为语气上衔接"不曾问一句"与"敢说一堆老婆舌头",意为"还没问一句,他就说一大堆话"。例(108):①可分析为"可能让咱受刑罚",②也可分析为语气上承接"若官司见呵"并确认其结果"交咱受刑罚"。例(109):①可分析为"可能熬煎我鬓斑白,蒿恼的心肠碎",②也可分析为承接"投至(等到)……",语气上确认下面的结果。例(110):①可分析为"可能起烟尘倾了社稷",②也可分析为语气上承接前面的条件,确认"起烟尘倾了社稷"的结果。例(111):①可分析为"可能把咱全家诛杀",也可分析为承接上文,确认"把咱全家诛杀"的结果。

仔细观察上面几例,凡是"敢"可作两重分析的句子,几乎都是用在条件、假设类复句的结果分句(或表结果的中心语)中,其中表语气的用法与"敢"在神木话中用于因果类复句时正好相同(例34—例44)。在上述各例中,"敢"如果单独就所在分句来分析,作"可能"理解比较恰当,如果从整个复句来观察,则可分析为从语气上衔接前后分句,并确认"可能"出现后头的结果。据此推测,"敢"当是从表可能的用法出发,经过重新分析,语法化为表确认语气,语法化的环境就是这种假设、条件复句以及类似的语境①。由于"敢"在复句中表达可能义的同时,又起衔接结果分句的功用,导致原来不确定的意义逐渐消减,主观确认的意义逐渐增强,以方言使用者的重新分析为桥梁,终至演化为只表确定的意义,同时由助动词虚化为语气副词。在这个过程中,"敢"经过了一次"句法提升",由紧贴谓语中心变成了谓语的外部成分,词性则由助动词虚化为语气副词。

(二)《原本老乞大》中,"敢"共出现24例,其中"敢则"1例,表"有胆量、有勇气"10例,表"可"1例,表"可能"8例,表确认语气(副词)2例,表可能和确认两解的2例。表"可能"的如:

(112)参儿高也,敢到半夜也。(16左02)
(113)这里到夏店有多少近远?
　　　敢有三十里多地。(17右02)

---

① 许多对话的语境中,甲乙双方话轮之间的转换关系,相当于假设、条件复句。例如神木话:"甲:我明儿去榆林去也我明天要去榆林。乙:那敢能给我捎的买本儿书嘛么那就能给我捎带买本儿书嘛。"

表确认语气的 2 例，如：

> （114）咱每都去了时，这房子里没人，敢不中。留一个看房子，
> 别个的牵马去来。
> 碍甚事？这店里都闭了门子也。待有甚么人入来？
> 休那般说，小心必胜。常言道：常做贼心，莫偷他物。
> 你自依着我，留一个看房子。（10 右 02—05）
> （115）你这人参布疋不曾发落，敢有些时住里。（25 左 08）

例（114）"敢不中"是承接前面"咱每都去了时，这房子里没人"的话而来，语气上确认"不中"，同时衔接条件与结果分句。例（115）"敢"紧承前面的分句，确认"有些时住"的情况。

可以作两重分析的 2 例，如：

> （116）哥哥，先吃一盏。哥哥受礼。
> 你敢年纪大，怎么受礼？
> 哥哥，你贵寿？（18 右 07）
> （117）这般时，敢少了恁饭。
> 不碍事。便小时，俺再做写个便是。（11 左 10）

例（116）"你敢……"可以理解为推测对方的年纪比自己大（下文的对话证明"你敢年纪大"说错了，"你"是 32 岁，"哥哥"是 35 岁），也可理解为紧承"哥哥受礼"而来，那么"敢"的作用就是从语气上衔接结果与条件分句，表确认。例（117）"敢少了恁饭"是顺着"这般时"承接下来的话，既可理解为表可能，又可理解为从语气上衔接条件与结果分句，表确认。

《原本老乞大》与《新校元刊杂剧三十种》也存在可作两重分析的过渡状态，而且其语境十分一致，显示出表确认是表可能用法的进一步语法化，其间曾经发生过重新分析。

仔细分析两部文献中可作两重分析的例子，其中表"语气上承接前后分句兼表确认语气"的一解，其意义可以概括为："依据前面的条件做出的肯定性推测"。它与"敢"在神木话的复句中表达的意义几乎完全相

同。如上文例 (37)：“只要你不说起的话，这事敢就传不出去么。”不同的是，神木话的用法已经不能再分析为表可能了。

(三) 值得注意的是，不同时期的《老乞大》中“敢”的使用情况的变化，反映出《原本老乞大》中“敢”的性质、作用及其变化①。其中元代的《原本老乞大》和明初的《老乞大谚解》语言比较一致，清代的两个版本变化较大，反映了清代共同语的情况。

比如“敢”充当语气副词的 2 例，四个版本《老乞大》的例句比较如下：

(118) 124A 咱每都去了时，这房子里没人，敢不中。留一个看房子，别个的牵马去来。碍甚事！这店里都闭了门子也，待有甚么人入来？

124B 咱们都去了时，这房子里没人，敢不中。留一个看房子，别个的牵马去来。碍甚么事！这店里都闭了门子了，怕有甚么人入来？

124C 咱们都去了么，这房子教谁看守着呢？且留一个看房子，着两个拉马去罢。怕甚么事！这店门都关上了，还怕有谁进来？

124D 咱们都去了么，这房子教谁看守着？留一个看房子，着两个拉马去罢。怕甚事！这店门都关上了，还怕有谁进来？

(119) 387A 你这人参、布疋不曾发落，敢有些时住里。

387B 你这人参、布疋不曾发落，还有些时住里。

387C 你这人参、布疋不曾发卖，还有些时住哩。

387D 你这人参、布疋不曾发卖，还有些时住哩。

例 (118) A、B 相同，“敢不中”是陈述句，C、D 删除“敢”，同

---

① 本文所引《老乞大》的四个版本均据李泰洙《〈老乞大〉四种版本语言研究》：A《古本老乞大》(即《原本老乞大》)是元代本，B《老乞大谚解》(即《翻译老乞大》)是明初修改本，C《老乞大新释》是清乾隆二十六年本，D《重刊老乞大》是清乾隆六十年本。(详见李泰洙 2003：10) 下引例句中的数码是李泰洙编定的《老乞大》句序。

时将句子变成反问句，反问与确认都表示强烈的肯定语气，说明清代的编者同样将"敢"的作用分析为表语气。例（119）A用"敢"，B、C、D一律用"还"，"还"是语气副词，此处的意思是"仍然"（吕叔湘主编1999：252）。

《原本老乞大》中"敢"充当助动词表可能时，《老乞大谚解》用"敢"或"敢是"，清代的两个版本或者用"敢是"，或者变为其他表推测的手段。前文说过，"敢是"表推测语气的方言分布比表确认广。例如：

(120) 228A　我恰才睡觉了起去来。参儿高也，敢到半夜也。

228B　我恰才睡觉了起去来。参儿高也，敢是半夜了。

228C　我睡醒了起来。嗳呀，参星高了，敢是半夜了。

228D　我睡醒了起来。嗳，参星高了，敢是半夜了。

(121) 302A　他出去了，看家的有那没？　有个后生来，这里不见也，敢出去了。

302B　他出去了，看家的有么？　有个后生来，这里不见，敢出去了。

302C　他出去了，看家的有谁呢？　常有个后生在这里，如今不见，想是出去了。

302D　他出去了，看家的有么？　有个后生在这里，如今不见，敢是出去了。

(122) 339A　你敢不理会的马齿岁。这个马如何？今春新骟了的，哏壮马。

339B　你敢不理会的马岁。这个马如何？今春新骟了的，十分壮的马。

339C　你敢是不理会的看马的岁数呢。这个马如何？今春新骟了的，十分腠壮的马。

339D　你敢是不理会的看马的岁数。这个马如何？今春新骟了的，十分腠壮的马。

颇有启发意义的是，本文认为可作两重分析的例子，清代的两个版本中，一例仍然用"敢"，没有变化，一例同样使用既表关联又表语气的

成分:

> （123）258A　哥哥，先吃一盏。哥哥受礼。你敢年纪大，怎么
> 受礼?
>
> 258B　大哥，先吃一盏。大哥受礼。你敢年纪大，怎么
> 受礼?
>
> 258C　阿哥，先吃一杯。阿哥受礼。你敢年纪大，怎么
> 受礼?
>
> 258D　大哥，先吃一盏。大哥受礼。你敢年纪大，怎么
> 受礼?
>
> （124）156A　这般时，敢少了怎饭。不碍事，便小时，俺再做
> 些个便是。
>
> 156B　这般时，敢少了你饭。不妨事，便少时，我再做
> 些个便是。
>
> 156C　这般说，但恐怕小了你们吃的饭。不妨事，便小
> 些饭，我再做些使得。
>
> 156D　这般说，只怕少了你们吃的。不妨事，便少些，
> 我再做也使得。

　　例（123）全部用"敢"，说明清代编者将其分析为语气成分（如前所述，"敢"在北京话中可表敢情、当然之义，见许宝华、宫田一郎1999：5840—5841）；例（124）A、B相同，C将"敢"改为"但恐怕"，D改为"只怕"，前后分句仍为条件关系，结果分句改用带有关联作用的语气副词"但恐怕/只怕"，既承接条件分句，又具有推测的意思。

　　总之，通过对两部元代文献中"敢"的用法的调查分析，我们推测，"敢"可能是在条件、假设复句及类似语境中既表可能义又表关联作用的句法环境下，经过重新分析，"可能"义逐渐弱化，主观确认义逐渐增强，最后演化为表确认的语气意义。在它身上还"滞留"着可能意义：在表达主观确认的同时，又表明这种确认是有客观或情理上的依据的。随着使用环境大幅度扩展，成为频率极高的语气副词。其演化过程可以归纳为下表1：

表1

词性	助动词	助动词～副词	副词
意义	可能	确认"可能"	确认"确实如此"
语境	单句	复句	复句、单句
作用	情态	关联、情态	语气、关联
机制	重新分析		

回头来看神木话中"敢"在单句、复句中的用法，我们认为，从"敢"表表确认语气的先后顺序来看，当是复句中用于后分句的用法在前，单句中以及其他用法在后。

六　结语

"敢"在汉语方言中有多种用法。近代汉语史上，"敢"也曾有多种用法和很高的使用频率。据本文观察，语气副词"敢"同表可能的助动词"敢"关系密切。表可能的"敢"在后代发生了两个方向的演化：一是语法化为表确定的语气副词，一是语法化为表推测的语气副词。前者在晋语、官话中分布较广，后者在官话和部分南方方言中都有分布。

参考文献

冯爱珍：《从闽南方言看现代汉语的"敢"字》，《方言》1998 年第 4 期。

郭校珍：《山西晋语语法专题研究》，华东师范大学出版社 2008 年版。

侯精一：《"厮""可""敢"》，载《现代晋语的研究》，商务印书馆 1999 年版。

江蓝生、曹广顺：《唐五代语言词典》，上海教育出版社 1997 年版。

李崇兴、黄树先、邵则遂：《元语言词典》，上海教育出版社 1998 年版。

李会荣：《山西娄烦方言之情态动词"敢"》，《晋中学院学报》2008 年第 6 期。

李荣主编：《现代汉语方言大词典》，江苏教育出版社 2002 年版。

廖秋忠：《语气与情态》评介，《国外语言学》1989 年第 4 期。

刘坚、江蓝生、白维国、曹广顺：《近代汉语虚词研究》，语文出版社 1992 年版。

吕叔湘主编：《现代汉语八百词（增订本）》，商务印书馆 1999 年版。

马晓琴：《绥德方言的副词》，《唐都学刊》2004 年第 3 期。

沈家煊：《语言的"主观性"和"主观化"》，《外语教学与研究》2001 年第 4 期。

［韩］宋永圭：《现代汉语情态动词否定研究》，中国社会科学出版社 2007 年版。

［日］太田辰夫：《中国语历史文法（修订本）》，北京大学出版社 2003 年版。

王鹏翔：《陕北志丹方言的语气副词"该"》，《广西民族大学学报》2008 年第 3 期。

王鹏翔：《陕北志丹方言的"敢"》，《咸阳师范学院学报》2009 年第 5 期，第 45—47 页。

［日］香坂顺一：《白话语汇研究》，中华书局 1997 年版。

《现代汉语词典》修订第三版，商务印书馆。

项梦冰：《连城客家话语法研究》，语文出版社 1997 年版。

辛永芬：《浚县方言语法研究》，中华书局 2006 年版。

邢向东：《神木方言研究》，中华书局 2002 年版。

邢向东：《陕北晋语语法比较研究》，商务印书馆 2006 年版。

邢向东：《陕北神木话的助动词"敢"及其语法化》，《陕西师范大学学报》2012 年第 3 期。

邢向东、张永胜：《内蒙古西部方言语法研究》，内蒙古人民出版社 1997 年版。

许宝华、宫田一郎：《汉语方言大词典》，中华书局 1999 年版。

杨碧菀：《四种版本〈老乞大〉中"待"、"敢"的使用情况的考察》，《兰州城市学院学报》2006 年第 4 期。

袁宾、段晓华、徐时仪、曹徵明：《宋语言词典》，上海教育出版社 1997 年版。

张伯江：《认识的主观表达》，《国外语言学》1997 年第 2 期。

张谊生：《现代汉语副词研究》，学林出版社 2000 年版。

张相：《诗词曲语辞汇释》，中华书局 1997 年版。

张兴：《子长话的拷贝式话题结构》，陕西师范大学硕士学位论文，2012 年。

[韩] 郑光:《原本老乞大》,外语教学与研究出版社 2002 年版。

郑萦:《从方言比较看情态词的历史演变》,《台湾语文研究》2003 年第
　　一卷第一期。

周利芳:《内蒙古丰镇话的语气副词"管(兀)"和"敢情"》,《语文研
　　究》2008 年第 4 期。

"正""在""着"的历时考察[*]

——以元明清白话语料和山东话为中心

孟子敏

（［日本］松山大学人文学部）

提 要 本文结合文献与山东方言来讨论"正""在""着"的用法，根据文献及方言的实际用法可以看出，这三个虚词的语法意义其实差别很大。

关键词 正、在、着的用法　历时考察　山东方言

一 "正""在""着"

（一）概说

汉语中的"正""在""着"，不少语法学家把它们解释为表示进行、持续。赵元任（1979）认为"着"表示进行态。接着他又敏感地指出："在主要谓语表示动作在进行的句子末了一般都有助词'呐'，或者在动词之后加个'着'跟它配合，或者不加。"吕叔湘（1980）认为"正"

---

　　* 本文曾在日本中国语学会第 61 回全国大会（松山大学，2011 年 10 月）上宣读。会上承蒙佐藤晴彦、荒川清秀、竹越孝等先生提出宝贵意见。修改后，曾在第六届汉语方言语法国际研讨会大会（西南科技大学，2012 年 10 月）上宣读，承蒙与会者提出意见。会后得到西南大学莫苏同学提供的若干条参考语料。本文写作过程中，增野仁先生提出过不少修改意见。在此一并致谢。

"在""着"都表示动作正在进行或状态在持续中。周一民（1998）指出，"着"表示动作进行的句子动词前常常带有"正、在、正在"等副词。

这么一来，汉语中表示进行、持续的成分就有"正""在""着""呐"（下文一律写作"呢"）以及"着"与"正""在""正在""呢"相配合等至少八种形式。用一种形式表达一种语法意义，如动词后的"过"，或者用一种形式表达两种语法意义，如"了"可表达"了$_1$"和"了$_2$"，这都是一种常见的语言现象。但是，用八种形式表达一种语法意义，能算是一种语言常态吗？应该没有任何一种语言，如此浪费语言资源。汉语当然也不例外。所以，这促使我们思考，"正""在""着"是不是表达了同一种语法意义。基于这点考虑，本文在考察"正""在""着"时，对它们所表达的语法意义分别作以下定位。

（二）"正"表示正在进行

"正"用在动词或动词短语之前，表示在说话人设定的某个时点上动作正在进行。如：

> 月娘正梳头，西门庆把李瓶儿要嫁一节从头至尾听说一遍。（《金瓶梅词话》① 第十六回）
> "咱们可不能放走金三爷！"瑞宣说。金三爷正从里间往外走。（《四世同堂》② ·二十）

因为是在时点上，所以"正"排斥"一直""老"等副词。比如不能说"一直正吃饭"等。

（三）"在"表示处在动态中

"在"用在动词之前，表示在某个时段处在动态中。如：

> 钱孟石病故，他的母亲与太太在哭。（《四世》·十七）
> 眼珠儿一刻不停的在转动，好像要飞出来。（《四世》·五十二）

---

① 以下简称《金瓶梅》。
② 以下简称《四世》。

因为是在时段上，所以"在"可以跟"一直""老"等副词一起使用。比如可以说"孩子一直在哭"等。

(四)"着"表示处在静态中

围绕着"着"，学者们的讨论最多，争议也最大（刘一之2001）。最早谈到"着"的是冈本茂（1925），他认为"着"的其中两项语法意义是"表示现在的静止状态的持续"和"现在的活动状态的持续"。吕叔湘（1942）认为"着"的其中一项语法意义表示静态，即动作的状态化。太田辰夫（1947）做了一个崭新的尝试，对动词进行了分类来考察"着"，结论认为"着"表示"动态的持续"，即静态。不过他指出，持续动词后有没有"着"都没有"动作的进行"与"状态的持续"的区别。

本文采用"着"表示静态的观点。即"着"用在动词之后，表示处在静态中。它跟时间没有直接关系。

(五)"正""在""着"对比

1. "V着"与"在V"。

瞬间动词在进入"在V"格式后，也会获得动态的意义。如"坐着"表示静态，但是，"在坐"是说话人要表达"处在动态中"，比如可能是"在位子往下坐"等。

持续动词在进入"V着"格式后，就会获得静态意义。如"吃着"，是一种不变的静态。只有在这种静态下，才会进行其他动作。处在一个动态中，不允许发生另外一个动作。可以看下面的两个例句：

> 张三坐着看电视。
> *张三在坐看电视。

需要指出的是，有人认为"走着、吃着"等不是静态，"坐着、站着"是静态。其实这只是一种就动词所指动作意义本身而言，并不是"着"的语法意义。无论在什么动词之后，"着"都是表示处于静态中这一语法意义。

2. 有"V着V着"，无"正V正V"、"在V在V"。

数个静态可以同时并存，而在一个时点上只能允许一个动作正在进行，在一个时段上也只能允许存在一种动态，所以进行、动态则不可能同时发生。如：

宝玉盘着腿，合着手，闭着眼，嘘着嘴道："讲来。"（《红楼梦》第九十一回）

就不能说成：

*宝玉正盘腿，正合手，正闭眼，正嘘嘴道："讲来。"
*宝玉在盘腿，在合手，在闭眼，在嘘嘴道："讲来。"

与此相关，进一步可以说，可以连续使用两个动词，即重叠形式来表达同一个静态，而在表达进行或者动态时，就不能使用这种手段。比如：

想着想着　　*正想正想　　*在想在想
　站着站着　　*正站正站　　*在站在站
听着听着　　*正听正听　　*在听在听

二　从白话语料看"正""在""着"

本文主要以元明清语料为中心，统计了《元刊杂剧三十种》（以下简称《元杂剧》）、《醒世恒言》（以下简称《醒世》）、《金瓶梅》、《红楼梦》、《聊斋俚曲》（以下简称《俚曲》）、《儿女英雄传》（以下简称《儿女》）相关语料中出现的"正""在""着"的分布情况，来分析、考察"正""在""着"在历史上的表现。个别地方也统计了《喻世明言》（以下简称《喻世》）、《警世通言》（以下简称《警世》）、《四世》中的相关数据。其中《俚曲》的数据取自冯春田（2003）的统计。

（一）"正"
1. 关于"正"。

"正"出现很早，意思是"正好那时候"（太田辰夫 1958）。这一意义一直沿用到今天。在发展过程中，有些句子中动词前"着"的"正好那时候"意思并不那么鲜明，所表达的是"正好"。比如：

吴国臣佐，乘马入市游行，正见异色奇才。（《敦煌变文集新书》① 卷五·伍子胥变文）

行至门外，良久立听。正闻雀儿，窟里语声。[《变文》卷七·鹰子赋（一）]

处于动词前表达"正好"的"正"，经过重新分析，就成了表达在某个时点上"正在进行"的唯一选择。这一现象何时发生，本文暂不作分析。但至少在《变文》中就初见端倪。下边列举数例白话语料中表示进行的例子。

欢喜巡还正饮盂，恐怕师兄乞饭来。（《变文》卷三·难陀出家缘起）

元吉那厮一灵儿正诉冤，敢论告他阎王殿。（《元杂剧》·尉迟恭三夺槊杂剧）

见诸女子已在，正劝阿措往十八姨处请罪。（《醒世》第四卷）

两个正打双陆，忽见玳安儿走来说道。（《金瓶梅》第四十五回）

贾母道："正好，我这里正配丸药呢。叫他们多配一料就是了。"（《红楼梦》第三回）

2. "正"的出现情况。

为了了解"正"的总体情况，首先统计下列表1所列语料中出现在动词或形容词前的"正"② 的出现次数。然后从中摘出表示进行的"正"。具体情况如下表1。

---

① 以下简称《变文》。
② 也包括"媳妇儿当年正二八"这类句子。

语料名	《元杂剧》	《醒世》	《金瓶梅》	《红楼梦》	《俚曲》	《儿女》	《四世》
总次数	62	774	1025	1041	65	741	258
表进行的次数	8	244	453	660	42	299	128

表1　　　　　"正"的出现次数表

这里做以下分析：

（1）在戏曲中"正"用的次数比较少，在白话小说类语料中，用例急剧增多。元代使用表示进行的"正"次数非常少。而在《俚曲》中这一用例占了绝大部分。

（2）在近代汉语小说类作品中，中原官话、北方官话、南方官话"正"的用例都相当多。不过，北方官话中，到了清代的《儿女》则有所减少。到了现代《四世》，则明显减少。为什么出现这种倾向？我们的解释是文学语言风格的变化所致。

（二）"在"

1. "在"在上古汉语中就在使用，而且相当活跃。作为副词的"在"何时出现，太田辰夫（1958）这样认为，"在"是"正在"的省略形式，在清代之前没有用例。伊原大策（1982）指出，"在"用在动词或动词前的用法这一形式出现很晚，是受南方方言影响的结果。

不过，在《变文》里面，我们找到了"在听"的用例：

　　在听甚深微妙法，身中佛性甚分明。（《变文》卷一·八相押座文）

这一用例出现次数很少。不过，这里可以暂且把它的身份确定为副词"在"。在明代小说语料中，也有作为副词"在"的用例以及"正在"的用例。

2. "在"的出现情况。

这里把"正在"也包括了进来。统计时排除"正在V之际"类的用例。结果见表2。

表2　　　　　　　　　**"在""正在"的出现次数表**

语料名		《元杂剧》	《水浒传》	《喻世》	《警世》	《醒世》	《金瓶梅》	《红楼梦》	《俚曲》	《儿女》	《四世》
次数	在	0	1	2	0	2	2?	0	0	0	95
	正在	0	38	10	12	24	2	37	0	70	19
备注						方在：2				仍在：1	

根据上表2，做以下分析：

（1）总体来看，"在"以及"正在"在文学作品中并不活跃。远远比不上上文的"正"以及下文的"着"。

（2）明代，"在""正在"在南方官话系作品中使用。在中原官话地区，元、明、清时期"在""正在"都没有出现。《金瓶梅》中，有2个"在"的疑似用例和2个被掺进来的"正在"用例。请看：

　　玉楼道："嗔道贼臭肉，在那在坐着，见了俺每意意似似的，待起不起的。"（第二十五回）

　　那日，乔大户，山头并众亲戚都在祭祀，就在新盖卷棚管待饮酒一日。（第五十九回）

　　停一会时，伯爵正在迟疑，只见玳安慌不迭的奔将来道。（第五十四回）

　　正在想着，不意一诺千金，远蒙员外记忆我。（第五十五回）

例18中的"在"实际上是跟在"那"之后，表示"在那里"。今天兰陵方言中仍有这种形式，而且还有"在这在"。19中的"在"，根据上下文，没有处于某种动态之下的意思。那句话中，加方框的"山头"被提到了前面，本来表达的是"乔大户并众亲戚都在山头祭祀"。《金瓶梅》使用自然语言的做法，于此可见一斑。20、21中的"正在"，分别出现在第五十四、五十五回。而这两回正在被怀疑是南方陋儒补做的五十三至五十七回的范围。看来这是被做过手脚的，反映的是南方话，不是中原官话。

北方官话中，《红楼梦》《儿女》中开始使用"正在"，但没有"在"。《四世》中，"在""正在"都用，不过"在"占绝对优势。北方官话"在"的产生，受到了南方话的影响，本文同意伊原大策（1982）的观点。《四世》前的语料没有考察，不过可以推测，北方官话"在"的出现历史可能不足一百年。

（3）元明清的语料中，"正在"后边所跟的词语均为双音节。"双求双"这是书面语的模式（冯胜利2007）。看来，"正在"是从文学语言开始的。太田辰夫称为"文语风（bungohuu＝文言风格）"。

（三）"着"

1. 关于"着"。

"着"本来是个实义动词，有"附着""到达"等意思。在现代山东南部方言中，"着"还有"传染"（这是由"附着"义直接衍生而来）、"使用、利用"、"找一个人并让他做某事"等义。

从历史上看，唐五代时期，"着"虚化出了一个表持续（本文称之为静态）的语法意义（王力1958，太田辰夫1958）。关于"着"的性质，木村英树（1983）认为"着"是补语性词尾。蒋绍愚（1994）认为"着"在唐代由动词补语演变成了动词词尾。

2. "着"的出现情况。

"着"虚化后，直到今天，它的用法都比较稳定。这里依据统计数据，来考察一下它在白话语料中的使用情况。数据参见表3。

表3 "着"的出现次数表

语料名	《元杂剧》	《醒世》	《金瓶梅》	《红楼梦》	《俚曲》	《儿女》
次数	538	1065	3910	5575	501	3962

根据上表3，做如下分析：

（1）在戏剧中，"着"的使用次数要低于小说类语料，这一点正跟"正"一致。小说语料中的"着"数量很大，如果计算频率，它应该是属于最高频的一类词。

（2）中原官话、北方官话的白话语料中出现的"着"要高于南方官话。也许是《醒世》某种意义上说文言成分较多的原因。

（3）句末带"着"的祈使句，元代就已经存在了，《金瓶梅》也有此类用例。看例句：

> 这米将去舂得熟着，与母亲煎汤吃。（《元杂剧》小张屠焚儿救母杂剧）
>
> 西门庆叫道："我的儿，把身子弔正着！休要动。"（《金瓶梅》第三十四回）

（4）现代汉语中，首次出现了"在 V 着"这一形式。在还没有调查其他语料的时候，这里只列举《四世》的用例。看例句：

> 积水潭，后海，三海的绿荷还在吐放着清香。（《四世》·六）
> 城郊的菜园还在忙着浇菜。（《四世》·七十六）
> 天佑太太还在哭着，也走出屋子，朝儿子扑过去。（《四世》·九十九）

三 "正""在""着"在山东话中的表现

这里选取山东南部的平邑话，来看一下"正""在""着"是如何表现的。平邑话属于中原官话，它的特点基本上可以代表山东南部方言。

（一）"正"在平邑话中

表示正在进行的"正"，平邑话用"嗪"，音［pʰən³¹］① ＊、去声，在动词或形容词前使用，表示正在进行。如：

> 你来时间你来的时候，俺娘嗪吃饭来。
> 她嗪梳头，你别动她。
> 俺嗪说你，你正好来了。

_____

① ＊嗪，非本字，只是临时借用字。［pʰən³¹］中的 ən 表示鼻化元音。

平邑话中，也有一个"正"，音［ʧʃəŋ³¹］、去声。不过，它的语法意义不表示"进行"，而是表示动作结果正好发生在某处。举 2 个例子：

他一拳正打到我眼角上。
我刚出门，正遇行上他来找我。

（二）"在"在平邑话中

平邑话中，有一个用在处所、地点前的动词"在"，音［tɛ⁴⁴］、上声。表示处于动态的"在 V"这一形式，平邑话至今都没有出现，这跟上文 2 的（2）中所说的中原官话中清代还没有出现"在 V"一脉相承。应该指出的是，平邑话中也说下面这样的句子：

俺达达父亲在吃饭来。

不过，这个表面上看起来的"在 V"，实际上省略掉了"在"之后的处所信息，也就是说，"在"之后隐藏着一个表示处所地点的词语。

（三）"着"在平邑话中

平邑话中，"着"有几种作动词的用法，比如其中一个是"传染"义，音［pfə⁵³］、阳平。比如"这个病不着人这个病不传染人"。作为表示处于静态的"着"，平邑话也同样使用，音［ʧʃoᵒ］、轻声。使用情况跟我们所说的北京话基本一致。不过，没有"在 V 着"这一形式，因为平邑话中连"在 V"都没有。

主要资料来源

1. 自录《金瓶梅词话》。
2. 台湾中研院汉籍电子文献。

参考文献

冯春田：《〈聊斋俚曲〉语法研究》，河南大学出版社 2003 年版。
冯胜利：《汉语书面语体的性质与教学》，见《漢語書面語の通時的・共時的研究》，增野仁、冯胜利、孟子敏、吴春相，松山大学言語・情

報研究センター叢書，第 4 卷，2007 年版。

冈本茂：1925《支那文語口語文典》，偕行社，大正 14 年 8 月，東京。本文参考的是波多野太郎编《中国語学資料叢刊》（不二出版，1987 年 5 月）第二卷中收录的该书。

蒋绍愚：《近代汉语研究概况》，北京大学出版社 1994 年版。

刘一之：《北京话中的"·着"字新探》，北京大学出版社 2001 年版。

吕叔湘：《中国文法要略》，商务印书馆 1942 年版。

吕叔湘主编：《现代汉语八百词》，商务印书馆 1980 年版，1980 年版，1999 年增订版。

［日］木村英树：《关于补语性词尾"着/zhe"和"了/le"》，《语文研究》1983 年第 2 期。

［日］太田辰夫：《北京語における進行と持続》，《中国語雑誌》第 2 卷，第 2—3 号。本文参考的是太田辰夫著《中国語文論集·語学篇元杂剧篇》（汲古書院 1995 年 5 月）中所收录的该文，1947 年。

《中国語歷史文法》，江南書院 1958 年版。

王力：《汉语史稿》（中），科学出版社 1958 年版。

［日］伊原大策：1982，《進行を表す"在"について》，《中国語学》229 号。

赵元任：《汉语口语语法》，吕叔湘译，商务印书馆 1979 年版。

周一民：《北京口语语法·词法卷》，语文出版社 1998 年版。

西昌方言的"少＋A"结构

郑剑平

（西南科技大学文学与艺术学院）

提　要　西昌方言"少＋A"结构，"少"表程度极高，相当于普通话的"很"；能进入该结构的 A 可以通过"A 得很"句法槽的检验，A 是单价的性质形容；"少＋A"结构可以做谓语、定语、状语、补语、宾语，少作主语；"少＋A"是状态形容词性结构，具有句法上的谓语性，语义上的有界性和临时性，语用上的描写性；其构式义为主观性（认为超量）与表正面评价。并与该方言程度副词"好"、"很"作简要比较。

关键词　西昌　方言　副词　少

一　西昌及西昌方言简介

西昌市是凉山彝族自治州首府，位于四川省西南部安宁河谷，东经101°46′—102°25′、北纬 27°32′—28°10′，南北最长约 20 公里，东西最宽约 43 公里，面积 2 651 平方公里。全市辖 37 个乡镇、6 个街道办事处、14 个居民委员会、231 个行政村、1 778 个村民小组，2009 年西昌市域常住人口 66.62 万人，城市人口 35.63 万人，有汉族、彝族、回族、藏族等 28 个民族，少数民族占总人口的 18.77%。

据李蓝（2009）西昌方言属北方方言区西南官话下川西片的凉山片小片。大致可分为五区和两个方言岛。五区是城关区（以北街为代表）、礼州区、西乡区（安宁镇）、河西区、川兴区，五区口语差异不大；两个方言岛是小渔村话方言岛和黄联客家话方言岛。本文所论主要为五区语言特点。

西昌方言中的副词"少"表程度极高,相当于普通话的"很"。在其他四川方言中可能有这个副词。在王文虎等编《四川方言词典》(1986),梁德曼、黄尚军编纂《成都方言词典》(1998)均未单独列出词条。但在王文虎等编《四川方言词典》(1986)第344页中有"少饱"词条如下:

> 少饱,(形)很多(多用于反问或感叹)(川东)"还有饭没得""少饱哇,你吃得完?"/"山上少饱的树子,砍一根把没啥。"

这种用法西昌方言还有,从这些文献所反映的情况,"少"修饰形容词的结构似不如西昌方言的用法丰富,在西昌方言中,"少"可以修饰单、双音节形容词:

> 少好、少香、少多/少漂亮、少便宜、少安逸

限于篇幅且修饰单双音节形容词基本一致,本文只讨论西昌方言的"少"修饰单音节形容词的结构。

二 "少 + A"结构的基本用法

(一)"少 + A"结构中的 A(A 表示单音节形容词)类形容词

能进入"少 + A"结构中的 A,可以用"A 得很"这一结构检验,能进入"A 得很"结构的,一般都能进入"少 + A"结构。根据笔者对王文虎等编《四川方言词典》中形容词的检测,有97个单音节形容词可以进入"少 + A"结构。如:

> 冲 chong1,性情鲁莽、暴躁:他脾气少冲。
> 狡 jiao2,能言善辩:嘴巴少狡。
> 酸 suan1,味道酸;做人装腔作势:这个菜少酸;做人少酸。
> 俏 qiao4(翘),(形)价钱或条件高:这个车子少俏。
> 怂 song2,嘴馋。嘴巴子少怂。

从语义上大致分为感觉类（苦、甜、辣）、品性类（苕、水、欧）、大小程度类（高、矮、厚、薄）、时间类（晏、早、晚）、颜色类（黑、黄、花）4 类。如：

> 这菜少咸/味道少浓——感觉类
>
> 这个娃娃少费（顽皮）/他们闹得少鼓（开玩笑过分而翻脸）——品性类
>
> 菜煮得少老（不嫩）/装得少嫩——大小程度类
>
> 走得少快/吃得少急——时间类
>
> 颜色少红/长得少黑——颜色类

从以上分析可以看出：（1）能进入"少+A"结构中的 A 都是性质形容词；（2）句法上能够"A 得很"这一结构。

不能进入"少+A"结构中的 A，有以下特点：（1）区别词，如"牙猪"的"牙（雄性的）"、"草鸡"的"草"。本身这类词就不能进入"A 得很"这一结构。（2）专做补语的单音节形容词，如"转（形）用于动词后，做补语：跑不转（遍）；想转了（开窍）"，"瞎（形）失败，不成功，做补语：做瞎了"，"家（形）经过饲养使变得驯服：喂家了"。

（二）"少+A"结构的功能

1. 在西昌方言中，"少+A"结构可以做谓语、定语、状语、补语、宾语，少做主语。

> 他脑子少烂（灵活）/为人少抠（吝啬）——谓语
>
> 少太（粗壮）的树/少苕（土气）的衣服——定语
>
> 少欧（傲慢）地说/少 nia1（撒娇）地叫——状语
>
> 走得少慢/喝得少麻（昏沉）——补语
>
> 感到少困/觉得少烦——宾语
>
> 少酸是这个菜的特点/少豆（吝啬），他的为人——主语

A 作为性质形容词进入"少 + A"后整个结构变成状态形容词性结构(下文简称"状态形容词"),沈家煊(1997)根据"标记理论"对大约 6 万字的语言材料进行了调查,论证了汉语中形容词与句法功能之间客观存在着关联标记模式:性质形容词做定语和状态形容词做谓语都是无标记的。这符合我们的语感,"少 + A"结构主要做谓语。做主语主要用于是字句。

"少"不能与否定性结构共现:

※少不辣/※少没麻(昏沉)

2. 从语义指向看,"少 + A"结构可以指向谓语、主语、宾语。

跑得少快(语义指向谓语"跑")

眼睛鼓得少红(语义指向主语"眼睛")

少香地炒了一盘菜(语义指向宾语"菜")

3. 从配价看,"少 + A"的"A"是单价形容词。张国宪(1995)一个句子中只能有一个补足语与之同现的形容词就是单价形容词。西昌方言中的"少 + A"的补足语都是名词性成分。补足语语义类大致说来,A 为感觉类形容词,其名词性补足语成分多为依据,即主体做出评判的根据如"这水少烫"。A 为品性类形容词,其名词性补足语成分多为感知者,即事件中感知活动和认知活动的主体,"这个娃娃少坏"。A 为大小程度类形容词,其名词性补足语成分可以是当事,即执行非意志活动的有生主体,如"他长得少矮",也可以是呈现者,即呈现性质或状态的主体,如"写得少大"。A 为时间类形容词,其名词性补足语成分语义类为时间,即某种性状所呈现的时点或时段,如"午饭吃得少早"。A 为颜色类形容词,其名词性补足语成分语义类是呈现者,如"叶子少黄"。

三 "少 + A"结构的意义特点

(一)"少 + A"结构的语义特点

"少 + A"结构是状态形容词性结构,蔺璜(2002)指出状态形容词有其自身的特征,句法上的谓语性,语义上的有界性和临时性,语用上的描写性，乃是状态形容词的主要特征。我们同意其观点，"少＋A"结构的谓语特点上文已经论述，现在根据蔺璜的分析，简要论证"少＋A"结构语义上的有界性和临时性，语用上的描写性。

1. "少＋A"结构语义上的有界性和临时性。

（1）状态形容词的有界性表现它对名词性词语次范畴的选择。名词有类名和个体名之分，光杆普通名词通常是泛指一类事物的，是类名，例如"衬衫"是指叫作衬衫的一类衣服，"一件衬衫"才是指称个别的衬衫，是个体名。类名所指称的是一类事物是无界的；个体名所指称的个别事物是有界的。状态形容词具有有界性特征，所以选择个体名而排斥类名。如：

　　　少甜一块糖　　＊少甜糖
　　　少短一篇文章　　＊少短文章

由形容词充当状态补语所形成的组合式述补结构有两种形式（朱德熙 1982）：

A	B
捆得紧	捆得少紧的
躲得远	躲得少远的

A 式的状态补语是性质形容词，所以整个述补结构所表示的动作行为是无界的；B 式的"少＋A"状态补语是状态形容词性结构，所以整个述补结构所表示的动作行为是有界的。

（2）临时性是与恒定性相对的。性质形容词表示事物的属性，一类事物的属性是相对恒定的，所以性质形容词具有恒定性；状态形容词是表示事物状态的，个别事物的状态相对来说是临时的，因此状态形容词具有临时性。状态形容词语义上的临时性反映在句法上，有如下几种表现：

1）状态形容词做谓语时，通常选择个体名作为陈述的对象，以表述个体事物相对临时的情状；性质形容词与之相反。例如：

  A (那层)纸少薄的,一捅就破。

  B 纸薄(不比玻璃),一捅就破。

  A 句里的谓语"少薄的"是状态形容词,被陈述的主语"纸"应看作是个体名,指的是某一层纸;B 句里的谓语"薄"是性质形容词,被它陈述的主语"纸"应理解为类名,区别于玻璃、塑料一类的材料。

  2)状态形容词直接做定语能修饰"数量名",性质形容词不能,但能直接修饰普通光杆名词,例如:

   少酸一块糖 ＊少酸糖

   少辣一碗饭 ＊少辣饭

  "数量名"是典型的个体名,个别事物的性状是临时的,与状态形容词的临时性相吻合。普通光杆名词是典型的类名,一类事物的属性是恒定的,与性质形容词的恒定性相适应。

  2.描写性。"少 + A"具有描写性状特征,比如"菜少酸",是描写菜酸的程度,而"菜酸"只是区别菜的性质酸的。无论是做谓语、定语、状语、补语,都表现出描写功能。

(二)"少 + A"的构式义

  AdeleE. Goldberg(1995)提出了"构式语法"的主要观点:假如说,C 是一个独立的构式,当且仅当 C 是一个形式(Fi)和意义(Si)的对应体,而无论形式或意义的某些特征,都不能完全从 C 这个构式的组成成分或另外的先前已有的构式推知。

  这个观点说明,句式有其自身独立于组成成分的整体意义,这个整体意义是无法从组成成分或另外的先前已有句式推导出来的。西昌方言"少 + A"结构是一个状态形容词性结构,语义上表示某种性状程度高,这是由西昌方言表示程度高"少"与"A"可以推知的。但是这个结构具有两个特点,主观认为超量与表正面评价,这是"少 + A"独有的构式义。

  沈家煊(2001)认为,语言具有主观性(subjectivity)的特性。主观性指话语中所包含的说话人或多或少的自我表现成分,也就是说,说话人在说出一段话的同时表明自己对这段话的立场、态度和感情，从而在话语中留下自我的印记。主观化（subjectivisation）指语言为表现这种主观化而采用相应的结构形式或经历相应的演变过程。西昌方言"少 + A"结构具有主观认为其性质超量的特点，并且表正面评价。即：

　　　少臭【主观认为 + 臭味大 + 褒义】
　　　少甜【主观认为 + 甜味大 + 褒义】

我们说该结构具有主观性，可以有以下证明：
郭继懋等（2003），讨论"很好""好得很"的差别：

　　　形容词补语句往往用于评价 V 表示的动作行为或变化，"菜炒得真香"是对某位厨师的工作"炒（菜）"的明确称赞，比较起来，形容词谓语句"菜真香"也可以有称赞厨师工作的作用，不过是间接的。"＊这天形成得真蓝"之所以不成立也许与此有关，因为我们不大会评价这么抽象的过程。

只有在名词定指的条件下形容词谓语才可能变为补语。这种限制的原因就是我们用形容词补语句评价的应该是一个或一些已经发生的过程，而不会是将要发生的过程，是已然的而不是未然的，而一个或一些已经发生的过程所造就的结果事物就肯定是确定的某一个或一些，是定指的，而不可能是一个抽象的总体，是通指的。
　　我们认为，西昌方言"少 + A"结构具有的 A 必须是通过"A 得很"这一句法槽的检验，这不是偶然，而是说"少 + A"结构具有与普通话"A 得很"结构的对应关系。可以证明用于评价 V 表示的动作行为或变化，名词定指，评价的应该是一个或一些已经发生的过程，而不会是将要发生的过程。例如："他把门关得少紧"，"少紧"语义指向定指名词"门"，"少紧"是关门已经发生的状态。"这道菜少酸"，名词"这道菜"定指，"少酸"是已然状态，并评价菜已变为酸。因此，我们认为"少 + A"具有主观评价特点。
　　我们认为"少 + A"具有正面评价的褒义色彩。在西昌方言口语中还常听到这样的说法：

> 臭豆腐少臭，巴适！
> 袜子好臭，拿开点。

前句的语境说臭豆腐"很臭"但很喜爱，后句说袜子"很臭"，不喜爱，不会说袜子"少臭"。

在西昌方言有"少酸"，也有"酸得很"的用法，两者都具有主观评价特点。但在本地人语感里还有细微差别，前者具有"正面评价"或说"褒义"因素，后者无。试比较：

> 那里人少多，多喊几个来。（人多，做事好办，主观认为好办）
> 那里人多得很，去喊几个来。（人多，去叫几个，客观叙述）

四 "少 + A"结构的"少"与程度副词 "好""很"和"帮"的比较

西昌方言中还有一些表示程度差别的副词，其中，"好"和"很"的用法和"少"有同有异，需要深入分析和对比研究。

（一）"少 + A"与"好 + A"

西昌方言中有程度副词"好"，"语义与普通话"很"相当，好"可以修饰下列结构，其用法较副词"少"广，可以修饰形容词与动词等。

> 好 + A：好烦　好高兴
> 好 + V：好喜欢　好能吃

不能用于"好不 + A/V"："好不高兴/喜欢"。在普通话中，此类用法可说，并且"好不高兴/喜欢" = "好高兴/喜欢"，西昌方言无此用法。但可以用于"好没意思""好不爽/舒服""好舍不得"之类否定性结构。

1. "好 + A"结构中的 A（A 表示单音节形容词）类形容词。能进入

"好＋A"结构中的A，可以用"A得很"这一结构检验；能进入"A得很"结构的，一般都能进入"少＋A"结构。根据笔者对王文虎等编《四川方言词典》中形容词的检测，可以进入"少＋A"结构的单音节形容词，都可以进入"好＋A"结构。如：

> 冲 chong1，性情鲁莽、暴躁：他脾气好冲。
>
> 奸 jian1，狡猾：他做事好奸呀。
>
> 酸 suan1，味道酸；做人装腔作势：这个菜好酸；做人好酸。

不能进入"好＋A"结构中的A，有以下特点：（1）区别词，如："牙猪"的"牙（雄性的）"；"草鸡"的"草"。本身这类词就不能进入"A得很"这一结构。（2）专做补语的单音节形容词，如："转（形）用于动词后，做补语：跑不转（遍）；想转了（开窍）"，"瞎（形）失败，不成功，做补语：做瞎了"；"家（形）经过饲养使变得驯服：喂家了"。

"好"与"少"一样还可以修饰双音节形容词：

> 好安逸（舒适等意义）/好巴适
>
> 好困难/好叉巴（话多）

2.　"好＋A"结构的功能。在西昌方言中，"好＋A"与"少＋A"结构句法功能，语义指向一样。可以做谓语、定语、状语、补语、宾语，少做主语。

> 他脑子好烂（灵活）/为人好抠（吝啬）——谓语
>
> 好辣的菜/好毛（粗鲁）的脾气——定语
>
> 好冲 chong4（暴躁）地说/好 nia1（撒娇）地叫——状语
>
> 跑得好快/喝得好麻（昏沉）——补语
>
> 感到好累/觉得好烦——宾语
>
> 好苦，这个菜的味道/好豆（吝啬），他的为人——主语

从语义指向看，"好＋A"结构可以指向谓语、主语，未发现指向宾

语的。

> 跑得好快（语义指向谓语"跑"）
> 眼睛鼓得好红（语义指向主语"眼睛"）

3. "好 + A"结构的语义特点。西昌方言的"好 + A"结构与"少 + A"语义有不同，试比较：

> 这个菜好辣，整得我眼泪都流出来/这个菜少辣，安逸

前一例是说辣味重，受不了，其副词"好"略等于普通话"很"。后一例不仅说辣味重，而且说话者喜欢这么辣。也就是说"好辣"无主观性，也没有褒贬意义，而"少辣"具有主观性，并且含有喜欢的色彩，可以说有褒义。

（二）"少 + A"与带形容词的"很"字结构

西昌方言中的程度副词"很"与普通话的程度副词"很"差别极大，与成都方言基本一致。直接用于动词、形容词之后做补语，表示超过了某种程度。

> 劝很了/跑很了
> 小很了/甜很了

前一组是动词后做补语，第二组是形容词后做补语。
但是西昌方言中的程度副词"很"还有许多"X + 得很"的用法。

> 跳得很/喜欢得很
> 瓜得很/操（时尚）得很

前一组是动词后做补语，第二组是形容词后做补语。
西昌方言中的程度副词"很"几乎没有普通话的"很 + X"格式。

普通话　　　　　　　　西昌方言

很高兴　　　　　　　　好高兴/高兴得很

很有水平　　　　　　　好有水平/有水平得很

1. "AP + 很了"与"AP + 得很"结构中的 AP 类形容词。

能进入"少 + A"结构的 A 表示单音节形容词都可以进入"AP + 很了"与"AP + 得很"，并且 AP 可以是双音节的形容词。如：

早很了/高很了

相因很了/把细（认真）很了

晚得很/怪得很

聪明得很/经事（牢固）得很

在"AP + 很了"句式中"很"直接置于动词或形容词之后做补语，"很"之后必须附着语气词兼时态助词"了"，否则该结构不能成立。

根据杨梅（2003），绝大多数表示性质、状态、感觉等的形容词都可以进入"AP/VP + 很了"，构成"AP + 很了"结构，表示程度发展超过一定限度和范围。某些褒义形容词和表示积极意义的形容词进入该结构后，表明程度发展过头，人们对它的评价是否定的，表现出说话人强烈的责备、讽刺等主观倾向。有少数贬义形容词"急躁、骄傲、小气"可以进入"AP + 很了"句式，因为在一定环境中和特定对象身上，人们能够宽容这些性质或状态的存在，但应该指出的是，这是有条件的，即特定的环境和对象，如：天才都是有点骄傲的，但骄傲很了也要栽跟头。

我们同意其观点，西昌方言的"AP + 很了"具有她说的以上特点，但是其贬义词如"坏、臭、可怜、愚蠢、虚伪、残酷、荒唐、武断、反动、顽固、虚弱、刻薄、烦躁、肤浅、呆板、混乱、消沉"等都可以进入"AP + 很了"，范围较宽。

不能进入该句式的 AP 有：非谓形容词，如"唯一、袖珍"；本身带有程度语义的"雪白、稀脏八脏"等状态形容词；单纯表示性质，没有程度或量的区别的形容词"对、要紧"等。

在西昌方言的"AP + 得很"结构中，能够进入普通话"很 + AP"结构的 AP 都可以进入该方言"AP + 得很"结构，其条件与"AP + 很了"

的 AP 一样。

普通话	很红／红得很
西昌方言	好红／红得很

吕叔湘等主编《现代汉语八百词》指出，"很"用在"得"后表示程度高，并说"在普通话里能用在'得很'前的形容词、动词不多"。因此，西昌方言的"AP＋得很"结构用法大大多于普通话。

2. "AP＋很了"与"AP＋得很"结构的功能。西昌话"AP＋很了"结构绝大多数都要求有后续句，构成一个复句或紧缩复句，表示假设或因果关系。

泡菜吃酸很了就牙齿竣 jun4（麻木）。——假设关系
东西重很了，拉不动。——因果关系

通常在句中做谓语，如上例"重很了"做谓语。语义指向多指向主语，如"重很了"指向主语"东西"，也有指向谓语的如"跑得快很了"。

西昌话"AP＋得很"结构的"A＋得很"与"少＋A"结构句法功能，语义指向一样。可以做谓语、定语、状语、补语、宾语，少做主语。

他脑子烂（灵活）得很／为人抠（吝啬）——谓语
要辣得很的菜／毛（粗鲁）得很的脾气——定语
冲 chong4（暴躁）得很地说／nia1（撒娇）得很地叫——状语
跑得快得很／喝得麻（昏沉）得很——补语
感到累得很／觉得烦得很——宾语
苦得很，这个菜的味道／豆（吝啬）得很，他的为人——主语

从语义指向看，"A＋得很"结构可以指向谓语、主语，未发现指向宾语的。

跑得慢得很（语义指向谓语"慢"）

眼睛鼓得大得很（语义指向主语"眼睛"）

3. "AP+很了"与"AP+得很"结构的语义特点。西昌方言"AP+很了"与"AP+得很"跟"少+A"不同：

> 这衣裳大很了，做小点/这衣裳大得很，你穿不起/这衣裳少大，跟你个子合适。

杨梅（2003）对"A+很了"的表述"表明程度发展过头，人们对它的评价是否定的，表现出说话人强烈的责备、讽刺等主观倾向"，西昌方言中"A+很了"具有主观性与贬义色彩，但不及"少+A"强，"这衣裳大很了"并不具有强烈的责备，只是认定过大，所以要求"做小点"，据此我们归纳为"贬义弱"。"这衣裳大得很"是说主观认为"衣裳大"，但无褒贬色彩。"这衣裳少大"是主观认为"衣裳大"，并有较强的肯定意味。

（三）"少+A"与"帮+A"

根据笔者（2012）"帮+A"的研究，西昌方言"少+A"与"帮+A"修饰形容词类型几乎一致，都具有主观性，都表过量。唯一的差别在于正面与负面评价，或者说喜爱与厌恶的褒贬色彩不同。试比较：

> 这豆腐少嫩，安逸得很（豆腐非常嫩，喜爱）/这豆腐帮嫩，拈不起来（豆腐非常嫩，讨厌）
> 生意少好，数钱都数不赢（生意非常好，羡慕）/生意帮好，数钱都数不赢（生意非常好，不满）

同样认为豆腐非常嫩，但色彩却不一样。

（四）西昌方言程度副词"少""好""很""帮"异同比较

根据前面讨论，西昌方言程度副词"少""好""很""帮"在结构与语义上的特点可以归纳如下。

1. 结构特点（见表1）：

表1

副词＼X		A单（可以进入"A得很"的A）	A双	V	否定结构	
					没 + X	不 + X
少		+	+	−	−	−
帮		+	−	−	−	−
好		+	+	+	+	+
很	X + 很了	+	+	+	−	−
	X + 得很	+	+	+	+	+

2. 结构的语义特点。据上文讨论，为显示其语义特征不同，举例分析：

这个菜少酸/这个菜帮酸/这个菜好酸/这个菜酸很了/这个菜酸得很（见表2）

少酸【主观认为 + 酸味大 + 超过人的忍耐度 + 褒义】

帮酸【主观认为 + 酸味大 + 超过人的忍耐度 + 贬义】

好酸【 − 主观认为 + 酸味大 − 超过人的忍耐度 + 无褒贬义】

酸很了【主观认为 + 酸味大 + 超过人的忍耐度 + 贬义弱】

酸得很【主观认为 + 酸味大 + 超过人的忍耐度 + 无褒贬义】

表2

结构＼语义特征	程度大	主观性	色彩义	
			褒义	贬义
少 + A	+	+	+	−
帮 + A	+	+	−	+
好 + A	+	−	−	−
X + 很了	+	+	+	+ （较弱）
X + 得很	+	+	−	−

"少""很"与单音节形容词 A 构成的结构都表主观性，其中"少 + A"与"帮 + A"更相似，差别在于"褒义"有无。

我们认为，西昌方言中程度副词"少""好""很""帮"与单音节形容词同现时入句条件基本相同，不同在于构式义。

参考文献

郭继懋等：《从"他很帅"到"他长得很帅"——形容词从谓语变为组合
　　补语的条件》，《语文研究》2003 年第 4 期。

梁德曼、黄尚军编纂：《成都方言词典》，江苏教育出版社 1998 年版。

李蓝：《西南官话的分区》（稿），《方言》2009 年第 1 期。

蔺璜：《状态形容词及其主要特征》，《语文研究》2002 年第 2 期。

吕叔湘等主编：《现代汉语八百词》（增订本），商务印书馆 1999 年版。

沈家煊：《形容词句法功能的标记模式》，《中国语文》1997 年第 4 期。

沈家煊：《语言的"主观性"和"主观化"》，《外语教学与研究》2001 年
　　第 4 期。

王文虎等编：《四川方言词典 》，四川人民出版社 1986 年版。

西昌市志办：《西昌市志 》，四川人民出版社 1997 年版。

杨梅：《成都话中的"AP/VP＋很了"句式 》，《成都大学学报》（社科
　　版）2003 年第 3 期。

张国宪：《论单价形容词》，《语言研究》1995 年第 1 期。

郑剑平：《西昌方言的"帮＋A"结构》，《方言》2012 年第 2 期。

Goldberg，Adele E. 1995 Constructions：*A Construction Gramm ar Approach to
　　A rgum ent S tructure* ［M］. Chicago：The University of Chicago. Press.

闽南方言情态动词补语"卜"的
产生、演变和消亡[*]

闽南方言情态动词补语"卜"的
产生、演变和消亡 [*]

陈曼君

（福建　集美大学文学院）

提　要　在历史上，闽南方言情态动词"卜"曾经置于谓语动词后做补语，继而朝着两个不同的方向语法化，其中：一个方向是，期望补语 > 期望补语标记 > 将然补语标记；另一个方向是，期望补语 > 目的标记 > 顺承标记演化。这是十分罕见和独特的语言演变现象。本文不仅考察了情态动词补语"卜"和由其发展而来的各种功能在明清闽南戏文和现代闽南方言的发展、使用及其消亡情况，而且探析了情态动词补语"卜"产生、演化和消亡背后的动因以及演化的机制。

关键词　闽南方言　情态动词　补语　产生　语法化　消亡　动因　机制

一　引言

"卜"较早是意愿动词，现在较常见的用法是情态动词，意为"要"

* 本文获法国国家科研署"闽南方言历时研究项目"（DIAMIN N⁰ ANR-08 – BLAN-0174）和国家社科基金年度项目"闽台闽南方言语法比较研究"（13BYY048）、福建省教育厅 A 类人文社科研究项目"闽台闽南方言语法比较研究"（JA12192S）资助，并曾在第六届汉语方言语法国际学术研讨会上宣读，会上刘祥柏、盛益民等提出了宝贵的意见和建议，特此致谢。

"想要"。"卜"是民间常见的写法，但并不是它的本字，目前本字未明。从曹志耘主编（2008）的《汉语方言地图集》看，表示"要"义的"卜"，在汉语方言里分布的地域非常狭小，主要集中在中国闽南一带以及台湾地区，为闽南方言所独用。"卜"在闽台地区较多的是读为[beʔ]，此外泉漳台内部不同地区还存在不同的读法[1]，具体见表1：

表1

	泉州	厦门	漳州	台湾
动词"卜"的读音	bəʔ⁴/boʔ⁴	beʔ³²	beʔ³²/bueʔ³²	beʔ²¹/bueʔ²¹/bəʔ²¹

在汉语方言里，除了北方方言外，用方言写成的历史文献，恐怕要算闽南方言的历史比较久远了。用闽南方言写成的历史文献最早可以追溯到明代的戏文——嘉靖刊《荔镜记》（全名《重刊五色潮泉插科增入诗词北曲勾栏荔镜记戏文》）（1566 年）。该戏文讲述的是泉州人陈三和潮州人五娘的爱情故事。与这一故事一脉相承的戏文有明万历刊《荔枝记》（1581 年）、清顺治刊《荔枝记》（全名《新刊时兴泉潮雅调陈伯卿荔枝记大全》）（1652 年）、清道光刊《荔枝记》（全名《陈伯卿新调绣像荔枝记全本》）（1831 年）、清光绪刊《荔枝记》（全名《陈伯卿新调绣像荔枝记真本》）（1884 年）等。其他的明清闽南方言戏文则有明万历刊的《金花女》《苏六娘》，清乾隆刊《同窗琴书记》（1782 年）。除了清道光版《荔枝记》[2] 外，上述这些戏文版本较早由台湾学者吴守礼分别于 2001 年（a、b、c、d）、2002 年（a、b）和 2003 年重新校注出版。由于《荔镜记》是一个重刊本，虽然刊行的时间是 1566 年，但是它的写作年代比这个还要早，据吴守礼（2001 年a）推测，该书应该是成书于 15 世纪。《金花女》没有确切的刊行年代，据推测，它刊行于明末万历年间。《苏六娘戏文》原本是附刻在《金花女戏文》上栏的，后来编者才把它独立出来。（吴守礼 2003）

在这些明清闽南方言戏文里，情态动词"卜"有两个句法位置，第

---

① "卜"无论是用为动词，还是虚化为其他种种用法，在闽台各地的读音都未见过变化。

② 据郑国权（2010）介绍，道光本《荔枝记》是海内孤本，以前海内外闻所未闻，直至近年有位"识宝"的热心人士提供书影，才使之问世。

一个是置于谓语动词前做状语，与谓语动词一起构成 "NP + bo$ʔ^4$ + VP"
句式；第二个是置于谓语动词后做补语，其后带 NP，一起构成 "NP1 +
VP + bo$ʔ^4$ + NP2" 句式。例如①：

> （1）谁人卜留你？（谁要留你呀？）（嘉靖刊·《荔镜记》22）
>
> （2）谁人收卜只金针？（谁收这金针，谁要这金针？）（顺治刊·
> 《荔枝记》5）

作为状语的情态动词 "卜" 和作为补语的情态动词 "卜"，由于句法
位置不同而往两个不同的方向语法化。本文以明清戏文和现实方言为基
础②，着重探讨情态动词补语 "卜" 的语法化。关于情态动词状语 "卜"
的语法化，我们以另文专门探讨。

闽南方言情态动词补语 "卜" 的语法化包含两个发展路径：一个是：
期望补语 > 期望补语标记 > 未然补语标记；另一个是：期望补语 > 目的标
记 > 顺承标记。

二　情态动词"卜"用作期望补语

置于谓语动词后做补语的 "卜"，它所表达的意义跟置于谓语动词前
做状语的 "卜" 有所不同。后者表示想要、希望施行某一行为。前者则
表示期望获得或实现某一特定目标。"卜" 的补语用法出现于明清戏文，
除了例（2）外，还有例如：

> （3）只姻缘学卜崔氏莺莺共张拱《西厢记》。（这姻缘就要学

---

① 本文中的例子除了台湾闽南方言的例子标注台湾音外，一律采用福建惠安音。明清戏文
例子出处中的阿拉伯数字代表戏文的出数。

② 关于明清戏文，本文选取台湾学者吴守礼先生分别于 2001 年（a）、2003 年和 2001 年
（c、d）重新校注出版的明嘉靖刊《荔镜记》（1566 年）、清顺治刊《荔枝记》（1652 年）、清光
绪刊《荔枝记》（1884 年）以及台湾闽南语语料库的道光刊《荔枝记》（1831）作为参照点。本
文所使用的现实方言包括书面语料和口语语料。书面语料使用的是台湾闽南语故事集语料库，具
体包括台湾云林县、高雄县、台南县、南投县、宜兰县、苗栗县、彰化县、嘉义市，和沙鹿镇、
大甲镇、东势镇、清水镇、外埔乡、新社乡、大安乡、石岗乡闽南语故事集，以及罗阿峰、陈阿
勉故事专辑。闽南地区的真实口语语料为作者调查所得。

《西厢记》里的崔氏莺莺和张拱。）（嘉靖刊·《荔镜记》26）

例（2）、例（3）的"卜"，分别表示施行"收"、"学"行为有特定的目标，那就是"只金钗"和"崔氏莺莺和张拱《西厢记》"。这"特定的目标"可以是施事预设的，如例（2）；也可以是说话人预设的，如例（3）。例（2）、例（3）里的"卜"和置于谓语动词前作情态助动词的"卜"相比，前者的目的性很强，不仅锁定一定的行为，更为重要的是锁定行为的结果——特定的目标；后者只表示有施行某种动作行为的意愿，这时只聚焦于动作行为，但动作行为施及的对象并不一定是唯一锁定的目标，所以"卜"所表现出来的目的性就不那么强了。之所以有这样的区别，这跟"卜"涉及的对象不同有关，"卜"置于谓语动词后，它涉及的对象只是名词性词语，名词性词语所指是它直接施及的对象；"卜"置于谓语动词前，如把例（3）改为"只姻缘卜学崔氏莺莺共张拱《西厢记》"，那么句中的"卜"便只限定其后的动作行为，而管不到动作行为所及之物之事。

置于补语位置的动词"卜"，其后所带的既可以是名词性词语，也可以是动词性或形容词性词语。不管"卜"后带的是形容词性词语还是动词性词语，它们在句中仍然像名词性词语那样做宾语，"卜"表示的仍是施行某种行为有特定的目标。只是这里的"特定的目标"非指物，而是指特定的某种状态或某种行为，并且这里的"特定的目标"一般都是说话人预设的。"卜"后的宾语由名词性词语发展到谓词性词语，是"特定的目标"由物推及到行为、性状的结果。例如：

（4）我今劝你莫骂卜平宜。（我现在劝你不要以骂来讨便宜。）（嘉靖刊·《荔镜记》14）
（5）你口说卜赢，每日早早阮厝来行。（你说话要说到赢为止，每天都早早到我家来走动。）（顺治刊·《荔枝记》30）

例（4）、例（5）里的"卜平宜"、"卜赢"都是说话人根据主语施事"你"的所作所为做出的描述。其中的"卜"表达的是施事"你"施行某种行为的一种期望，其语义指向施事"你"。在这里，"卜"是一个期望补语，它与其后的谓词性词语结合得比较紧密，谓词性词语所指就是

"卜"关涉的内容。因此，这两个例子里的"卜"分别表示期望讨到某种便宜和期望成为赢家。"卜"后的宾语由名词性词语发展为谓词性词语，是"卜"由补语向补语标记发展所迈出的重要的一步。

总体上来看，动词"卜"做补语在明清戏文并不多见。到了现代闽南方言则彻底消亡。无论是在今天的台湾闽南方言书面语料里还是在现代闽南方言的口语中，我们都见不到这一用法了。

三 由期望补语到将然补语标记的发展

"卜"用为补语标记时分为两种：一种是期望补语标记；一种是将然补语标记。"卜"先是由补语发展为期望补语标记，而后才发展为将然补语标记。

（一）从期望补语到期望补语标记

当例（4）、例（5）类句子里"卜"的语义不与"卜"前动词行为施事发生语义上的联系，而是直接与说话人发生语义上的联系时，"卜"的意义大大虚化了，表示的是说话人期望施事施行某一动作行为务必出现某种结果，其语义指向说话人。它不再单独与"卜"后谓词性词语发生语义联系，而是与"卜"前的动词和"卜"后的谓词这一整个组合发生语义联系。"卜"的语义指向和语义内涵发生的这一转变，促使"卜"后谓词与"卜"前动词的语义联系紧密起来了，从而使"动 + 卜 + 谓（词）"这一动补宾结构瓦解，重新再分析为动补结构。"卜"后谓词做了补语后，就把"卜"挤出了补语的位置，使它由补语弱化为补语标记，即由期望补语弱化为期望补语标记，从而实现了非功能词向功能词的演变。例如：

> （6）别月不是娶厶月，烦你只去说卜分明。（其他月份不是娶老婆的月份，烦劳你这一去要说清楚。）（嘉靖刊·《荔镜记》30）
>
> （7）想伊未是磨镜客，工钱共伊断卜定。（想来他未必是磨镜人，工钱要跟他约定好。）（顺治刊·《荔枝记》9）
>
> （8）灶沟偷食，话咀卜实。（在厨房里偷吃，要实话实说。）（光

绪刊·《荔枝记》16）

　　这三个例子都是由例（4）、例（5）类句子的"卜"演变而来的。句中"卜"后的谓词性词语"分明""定""实"都是分别来补充说明"卜"前动作行为执行的结果，"卜"表示说话人期望施事执行某动作行为务必出现这样的结果。因此"卜"在这类句子里已经虚化为期望补语标记了。

　　后来，随着期望补语标记"卜"的进一步弱化，又在"卜"前带同类或意义相关的成分。语法化中的强化现象在这里得到再次的印证。语法化中的强化指在已有的虚词虚语素上再加上同类或相关的虚化要素，使原有虚化单位的句法语义作用得到加强。强化是抵消语法化损耗的有用机制（刘丹青2001）。例如：

　　（9）仔婿打扮亦卜好。（女婿也得打扮得好。）（顺治刊·《荔镜记》16）

　　（10）话说须卜记。（必须要把说的话记下来。）（光绪刊·《荔枝记》8）

　　"卜"作为期望补语标记的用法在明清戏文里还是比较普遍的，但到了现代闽南方言书面语和口语方言，则全然消失了。

（二）从期望补语标记到将然补语标记

　　"卜"作为期望标记使用时，由于这种期望是一种务必要实现但还未实现的愿望，因此它本身隐含着"即将"的将然义，其语义特征可以记为［＋期望］［＋将然］。只是这时"期望"是前景，因而凸显，"将然"是背景，因而模糊。一旦其中的［＋期望］这项语义特征淡去，沦为背景时，原来作为背景的"将然"义便上升到前景的位置。当说话人凸显的不再是个人的期望，而只是"卜"前动作行为执行后即将出现什么样的结果时，"卜"便由期望补语标记进一步虚化为将然补语标记。"卜"作为将然补语标记使用，早在明清戏文已经发展成熟了。例如：

　　（11）只礼聘收卜落当。（这聘礼快收拾妥当了。）（嘉靖刊·

《荔枝记》14）

（12）田租收卜全，明旦因势返。（田租快收完了，明天就顺势
回去。）（顺治刊·《荔枝记》20）

（13）亚妈许厝啼都卜死。（亚妈在家里都快要哭死了。）（光绪
刊·《荔枝记》31）

在这类句子里，"卜"都表示即将出现某种结果。句中的主语可以是受
事，如例（11）、例（12）的"只礼聘""田租"；也可以是施事，如例（13）
里的"亚妈"。在现代闽南方言口语里，不论是台湾地区还是闽南地区，"卜"
作为可能补语标记用得十分频繁。例如在闽南地区常常可以听见这样的说法：

（14）许兮老阿伯食卜了喽。（那个老伯伯即将吃完了。）

（15）大水壶担卜滇，细水壶犹担未滇。（大缸的水即将挑满，
小缸的水还没有挑满。）

四　由期望补语到顺承标记的发展

期望补语"卜"朝着未然补语标记发展的同时，又朝着另一个方向
演化，即先是语法化为目的标记，尔后语法化为顺承标记。

（一）从期望补语到目的标记

促使期望补语"卜"向目的标记"卜"发展的是"（NP）+VP+卜
+NP+VP"的结构，也就是做补语的情态动词"卜"后面再出现动词性
词语。例如：

（16）做官须着辨忠义，留卜名声乞人上史记。（做官一定要辨
别忠义，留下的要是名声，要让人写进史记。）（嘉靖刊·
《荔镜记》2）

（17）延街延巷买灯鼓，买卜灯鼓来点灯。（大街小巷都在买灯
笼，买下灯笼是要来点灯用的。）（顺治刊·《荔枝记》
4）

　　单独来看，例（16）、例（17）里的"留卜名声""买卜灯鼓"是动补宾结构，其中的"卜"负载的是情态动词的功能。但当这两个动补宾结构之后再分别出现"乞人上史记""来点灯"短语时，情况就发生了变化了。这时，两个例子里的"卜"并不分别只与"名声""灯鼓"发生联系，而是同时又分别与"乞人上史记""来点灯"发生联系。从意义上看，"卜"与"名声""灯鼓"发生联系时，它还是情态动词，还是表示施行"留""买"行为有特定的目标；然而当"卜"与"乞人上史记""来点灯"发生联系时，它便不再承载其原来作为情态动词补语的意义了，而只成为"乞人上史记""来点灯"行为作为一种目的存在的标记，意义大为虚化了。所以，这两个例子里的"卜"一身兼二职，既表实义，又表虚义，既做情态动词，又做目的标记。不过，从整个句子来看，两个例子的表义重心都在后面，即都分别落在"乞人上史记""来点灯"上，因此"卜"在保留情态动词义的同时更倾向于表达一种虚化的意义。根据以上的分析，"（NP）＋VP＋卜＋NP＋VP"结构中的"卜＋NP＋VP"可以分析为"（卜＋NP）＋（卜＋VP）"结构。

　　"卜"完全虚化为目的标记则是"（NP）＋VP＋卜＋NP＋VP"结构中的"卜＋NP＋VP"由"（卜＋NP）＋（卜＋VP）"结构重新再分析为"卜＋（NP＋VP）"结构的结果。例如：

　　　　（18）请卜李公到厝来。（请的目的是要让李公到家里来。）（嘉靖刊·《荔镜记》18）

　　在这个例子里，"卜"后的NP"李公"已经不与"卜"直接组合，而是与其后的VP"到厝来"组合为"卜"前V行为执行的目的内容，"卜"在这里完全虚化为目的标记了，即只表明"李公到厝来"是"请"的目的。

　　无论是在明清戏文里还是在现代闽南方言中，"卜"作为目的标记来用是十分常见的，它既常常出现于"NP＋V＋卜＋VP/NP"结构，也常常出现于"NP＋VP＋卜＋VP/NP"结构。

　　"卜"出现于前一种结构，除了像例（18）类句子是兼语结构外，更为常见的是连动结构。在明清戏文里，"卜"前V可以是一价动词，常见的如"行、来、去、返来（回来）"等，可以是二价甚至三价动词，前者如"捧（端）、留、学"等，后者如"送、借、买、讨"等。"卜"后的VP有状中、动宾、兼语、定中等结构。例如：

     （19）行卜值去？（你要去哪里？）（嘉靖刊·《荔镜记》22）

     （20）千谋共百计，学卜磨镜。（千方百计，要为磨镜而学习。）（光绪刊·《荔枝记》16）

     （22）只水，捧卜乞阮哑娘洗面。（这水是要端给我哑娘洗脸的。）（嘉靖刊·《荔镜记》22）

     （23）汝返来卜乜事？（你要回来干什么？）（光绪刊·《荔枝记》18）

    这些例子里"卜"前后的 V 和 VP 之间都是行为和目的的关系，"卜"在句中起到彰显当事人施行某一行为之目的的作用。需要补充的是，例（23）中"卜"后虽然是定中结构"乜事"，但实际上表达的是一个行为事件，下面的情况同此。在现代闽南方言口语里，这类句子"卜"后VP的结构更加复杂多样。这里略举两个例子：

     （24）伊哭卜垯序大人去做人客。（他哭着要跟父母亲去做客。）

     （25）伊讨卜度因小妹买一副衫通穿。（他讨的目的是要让他妹妹买一身衣服穿。）

    例（24）、例（25）中"卜"后VP分别是连动结构和兼语带连动结构。

    在明清戏文里，"卜"出现于后一种结构的情况也是比较简单。"卜"前VP的结构主要见于动宾结构，个别是状中或中补结构。例如：

     （26）借银卜做乜？（要借钱做什么？）（顺治刊·《荔枝记》3）

     （27）共阮呾卜乜事？（为什么跟我讲？）（光绪刊·《荔枝记》16）

     （28）叫来卜抢恁个。（叫来是为了抢你的饭呀。）（光绪刊·《荔枝记》36）

"卜"后 VP 最常见的也是动宾结构，如例（26）、例（28），也有的是定中结构，如例（27）。此外，就是连动结构了。例如：

> （29）送伊哥嫂卜去广南赴任。（要送哥哥嫂嫂到广南去上任。）
> （光绪刊·《荔枝记》4）

到了现代闽台闽南方言，不论是"卜"前 VP 还是"卜"后 VP，都比明清时期来得复杂，除了上述结构外，还可以是比较复杂的其他结构。例如：

> （30）我差伊去卜共阮阿兄相共相共。（我派他去是为了让让他帮帮我哥哥。）
> （31）伊伸手就来卜抢这个猪肉……（他伸出手就为了来抢这猪肉……）（《新社乡闽南语故事集一》46.9）

有时，一个句子里可以连续使用两个或两个以上目的标记。例如：

> （32）我……一下转来卜煮卜请你……（我……一下子回来是要煮饭，煮饭是要请你……）（《大甲镇闽南语故事集》146.3）
> （33）伊来卜买册卜去读卜通考头一名。（他来是要买书，买书是要回去读，回去读的目的是要考第一名。）

这两个例子分别带有两个和三个的目的标记"卜"。几个"卜"之间不是隶属关系，而是连环关系。我们知道，目的标记"卜"前后的 VP 是行为和目的的关系。当一个句子里连续出现了两个或两个以上目的标记"卜"时，第一个目的标记"卜"后的 VP 相对于第二个目的标记"卜"而言，它便成了一种行为，与第二个目的标记"卜"后的 VP 又构成了行为和目的的关系，以此类推下去。这样，例（32）的"煮"和例（33）的"买册""去读"，相对于其前目的标记"卜"而言，是目的；相对于其后目的标记"卜"而言，则是行为。因此，它们在句子中都是"一身兼二职"。

(二) 从目的标记到顺承标记

"卜"作为目的标记使用时,由于目的只是一种有望于将来实现的行为或结果,因此它本身隐含着"将来时"义,其语义特征可以记为[＋目的][＋将来时]。只是这里的"目的"是前景,因而突显,"将来时"是背景,因而模糊。一旦其中的[＋目的]这项语义特征淡去,沦为背景,原来作为背景的"将来时"义便上升到前景的位置,成为凸显的对象,这时"卜"便成为"卜"后动词所指动作后于"卜"前动词所指动作发生的标记,"卜"前后的两个动作之间已经不存在行为和目的的关系,仅存的只是时间上的先后顺序了,从而使"卜"实现了由目的标记向顺承标记的演变。

"卜"作为顺承标记使用,萌芽于清代顺治刊戏文,且在整个清代戏文里仅见个别用例。例如:

> (34) 益春收拾卜來了。(益春收拾了就来。)(顺治刊·《荔枝记》21)

在例(34)里,"卜"前后 VP 都是光杆动词——"收拾"和"来",在说者看来,这两个动作是先后发生的关系,而不是行为和目的的关系。前一动作正在进行之中,后一动作即将接着进行。

到了现代台湾闽南方言的故事集里,"卜"用为顺承标记的用例仍然很少见。在所见到的例子中,"卜"前 VP 不是光杆动词,而是短语结构。例如:

> (35) 那某人……讲干若提钱卜转去。(那人……讲只是拿了钱就回去。)(《苗栗县闽南语故事集》44.599)

而在现代闽南地区,顺承标记"卜"则流行于百姓的口语中。"卜"前 VP 常见的除了有动词或动宾短语外,还有诸如动词带动态助词"者"以及中补、连动等结构,可见已经发展得相当成熟了。例如:

（36）伊行者卜倒去喽。（他走一走就回去了。）

（37）因走一环卜去学堂。（他们跑一圈后就到学校去。）

（38）来法水担下咧迄搭卜来恁厝。（来法把水挑到那里放着便来你家。）

五　期望补语"卜"产生、演化乃至消亡的动因

由上可知，置于谓语动词之后的闽南方言情态动词"卜"一开始是以补语的面目出现，继而朝着两个不同的方向语法化：一是相继向期望补语标记和将然补语标记演化，一是相继向目的标记和顺承标记演化。在明清戏文里，前一条语法化链已经发展得十分成熟；后一条语法化链还处于发展之中，具体来说，目的标记已经发展得相当成熟，但是顺承标记尚处在萌芽阶段。可以说，期望补语"卜"的两条语法化链：一条早已完成，一条即将完成。到了现代现实闽南方言，上述两条语法化链并没有衍生出新的语法化链条，后一条语法链充其量也就是让尾链——顺承标记得到充分的发展，使其日臻成熟。尽管没有发展出新的语法化链条，但是旧的语法化链却发生了变化。在现实闽南方言里，上述两条语法化链的源头——期望补语"卜"和前一条语法化链中的期望补语标记"卜"都已经尽数消亡。那么，我们不禁要问：期望补语"卜"是如何产生的？从明清到现代，它的两条语法化路径是如何实现的？为什么到了现代，"卜"的期望补语和期望补语标记功能又会一一丧失？下面我们试图来解释这些问题。

（一）期望补语"卜"产生的动因

我们知道，"卜"现在较常见的用法是情态助动词。但早在明嘉靖刊《荔镜记》，这一用法已经广为运用。情态助动词"卜"之后可以是 V 结构，也可以是形式各样的 VP 结构。VP 结构中有一种结构与期望补语"卜"的产生有直接的关系。这种结构便是动宾结构。例如：

（39）谁人厶卜租人。（谁要把老婆租给别人。）（嘉靖刊·《荔镜记》5）

（40）今卜学张生共莺莺……（现在要学张生和莺莺……）（道
光刊·《荔枝记》22）

正如我们在前文二节中所说的，"卜"置于谓语动词前，只表示有施
行某种动作行为的意愿，这时只聚焦于动作行为，动作行为施及的对象并
不一定是唯一锁定的目标，所以"卜"所表现出来的目的性就不那么强
了。但当句子主语或言者主语把聚焦的目标由 VO 中的 V 转移到 O 上，
意在强调施行某一动作行为是为了获取或实现 O 时，"卜 + VO"这样的
结构就无法承载焦点的转移功能。而在"V + 卜 + O"结构中，置于谓语
动词之后的"卜"则可以锁定所要强调的特定目标。为了聚焦焦点，
"卜"由谓语动词前移动到谓语动词之后正是适切表情达意的需要。由
此，"卜"的期望补语功能便产生了，这是语用驱动的结果。

需要指出的是，并不是所有的"卜 + VO"结构都能演变为"V + 卜
+ O"结构。能否实现这样的演变，取决于"O"的所指。由于"卜"锁
定的是特定目标，"卜"所锁定的 O 自然是有定的。如果是像"租人"的
"人"是无定的，"人"之类无定词语便不能成为"V + 卜 + O"结构中
的 O。

（二）期望补语"卜"语法化的动因

大量的研究表明，语法化过程涉及的并非单个词汇或语素，而是包含
特定词汇或语素的整个结构式（吴福祥2005）。正如江蓝生（2012）所说
的，"语法化离不开特定的结构式或曰语境，研究一个词汇项的语法化也
就不能离开它所存在的句式去孤立地考求。"考察期望补语"卜"的语法
化也是如此。期望补语"卜"之所以会朝着两个不同的方向演化，正是
由它们所处的句法结构决定的。期望补语"卜"朝着期望补语标记和未
然补语标记演化的句法环境是"（NP +）V + 卜 + O（NP）"结构，朝着
目的标记和顺承标记演化的句法环境则是"（NP +）V + 卜 + O（NP）+
VP"结构。前者的句法环境只出现一个V，后者则出现了两个V（包含
形容词，下同），这是期望补语"卜"得以朝着上述两个语法化路径演化
的句法基础。

基于不同的句法环境，期望补语实现向两个不同方向一步步演化的动
因各是什么呢？它们有没有共同之处呢？答案是肯定的。不过，我们还是

先来看看它们的不同之处吧。"卜"从期望补语发展到期望补语标记经历两次变化,而从期望补语发展为目的标记则只经历了一次变化。前者比后者多出的一次变化,就是两者的差异所在。事实上,期望补语"卜"处于"(NP+)V+卜+O(NP)"这样的结构中,还没能使其具备向期望补语标记语法化的句法条件。因为,除了数量短语外,在汉语里,名词性词语是不能直接充当补语的。在"卜"经历由期望补语向期望补语标记演化这一过程之前,"卜"所在的句法环境发生了局部的变化,即由"(NP+)V+卜+O(NP)"结构演化为"(NP+)V+卜+O(VP)"结构,这是人的认知规律在起作用。人的认知规律就是从抽象到具体,"隐喻"是认知的主要方式(沈家煊 1994)。从"(NP+)V+卜+O(NP)"结构到"(NP+)V+卜+O(VP)"结构,其中 O 的所指由指事物发展到指动作指性状,这是"隐喻"的结果,即人的认知域由事物域投射到动作域和性状域的结果。至此,期望补语"卜"向期望补语标记"卜"演化的句法条件就完全具备了。

接下来,可以说,"卜"从"(NP+)V+(卜+O(VP))"结构中的期望补语相继语法化为期望补语标记、将然补语标记的机制,和它从"(NP+)V+(卜+O(NP))+VP"结构中的期望补语相继语法化为目的标记、顺承标记的机制如出一辙。这两个结构都是经过重新分析才分别发展出期望补语标记和目的标记。重新分析是一个改变句法结构内在关系的机制,一般不会引起表层形式的改变(Harris & Chambell 1995)。所谓"改变句法结构内在关系",就像 Langacker(1977)说的"常常导致成分之间边界的创立、迁移或者消失"。重新分析的作用是从认知的角度把词义虚化、功能变化的过程以结果(虚词产生)的形式表现出来并加以确认(刘坚、曹广顺、吴福祥,1995)。然而诱发期望补语"卜"的词义虚化、功能变化从而引起其所在的两个结构重新分析的动因又是什么呢?其实,两种情况并不相同。诱发"(NP+)V+(卜+O(VP))"结构重新分析为"(NP+)V+(卜)+C(VP)"结构、使"卜"由期望补语演化为期望补语标记的关键因素是"卜"语义指向的转移——由主语指向向说话人指向的转移。这显然是主观化在起作用。诱发"(NP+)V+(卜+O(NP))+VP"结构重新分析为"(NP+)V+卜+(O(NP)+VP)"结构、使"卜"由期望补语演化为目的标记的关键因素是"卜"语义重心的后移。"卜"的语义重心得以后移是有其认知基础的：以获取某一事物为特定目的和以获取某一行为为特定目的具有相似之处，前者引申为后者，是认知域由事物域向行为域的投射。所以后一种重新分析是"隐喻"在起作用。

至于期望补语标记向将然补语标记的演化和目的标记向顺承标记的演化，则有惊人的一致。在前文三节和前文四节里，我们指出这两个演化都是由前景和背景的转换引起的，这是从认知的角度从显著度的转换来谈上述的演化的。实际上，这两个演化更直接的是来自语用原则的驱动。目前大量的研究实践已经证明，语言的演变是与语用因素密不可分的。沈家煊（2004）指出，"语法化"的动因跟语用原则（特别是"不过量准则"）密切相关，"语法化"的机制跟语用推理（特别是"回溯推理"）和隐含义的"固化"密切相关。所谓"不过量准则"，就是属于会话"合作原则"中的"适量准则"。"适量准则"具体包含两个方面：一是"足量"，即传递的信息量要充足；一是"不过量"，即传递的信息量不要过多。"足量准则"和"不过量准则"统称"适量准则"。在实际语言使用中常规的情形只需用简短的、无标记的词语来表达（不过量准则）。依据不过量准则，说话人在说出"P"时传递"不止P"的隐含义。（参看沈家煊，2004）不过量准则是"上限原则，诱发下限会话含义"（姜望琪，2003）。正因如此，我们在常规情形下所说的话语可以利用语用推理①推导出言外之意。这言外之意一开始是由特定的语境推导出来的，因而是一种特殊隐含义。"后来这样的推导反复进行并且扩散开来，不需要靠语境和逐步的推导就可以直接得出相关的隐含义，其地位也就变成了'一般隐含义'。'一般隐含义'再进一步固化，就变为语词的'固有义'"（沈家煊，2004）。期望补语标记"卜"所隐含的言外之意"即将"义，目的标记"卜"所隐含的言外之意"将来"义，都是经过语用推理推导出来，并在特定的语境中反复使用后固化下来的。可见，"卜"由期望补语标记向将然补语标记的演化和由目的标记向顺承标记的演化都是语用和认知合力作用的产物。

---

① 这种推理在逻辑上属于"回溯推理"（abduction），一种基于常识和事理的推理。回溯推理虽然跟归纳推理一样结论不一定为真，但跟演绎推理一样也是一种三段推论，只是它的大前提是常识或事理，小前提是事实或结果。如：事理，罪犯会在作案现场留下足迹。事实，现场有张三的足迹。推理，张三（很可能）是罪犯。（沈家煊2004）

（三）"卜"两大功能消亡的动因

期望补语"卜"的产生是语用驱动的结果，它和期望补语标记"卜"的消亡也是语用驱动的结果。不过，两者的情况大相径庭。期望补语"卜"是为了适应焦点转移的需要而产生的。但它和期望补语标记"卜"则是因为违背礼貌原则而走向消亡的。

礼貌原则是由 Lakoff（1973）、Brown& Levinson（1987）、Leech（1983）等人针对 Grice 所提出的"会话原则"理论的局限性而提出的，是语用学研究的一个重要内容。其中 Leech（1983）提出的六条礼貌原则影响最大。具体包括（何自然，2002）：

  A. 得体准则：减少表达有损于他人的观点。
  （a）尽量少让别人吃亏；
  （b）尽量多使别人受益。
  B. 慷慨准则：减少表达利己的观点。
  （a）尽量少使自己受益；
  （b）尽量多让自己吃亏。
  C. 赞誉准则：减少表达对他人的贬损。
  （a）尽量少贬低别人；
  （b）尽量多赞誉别人。
  D. 谦逊准则：减少对自己的表扬。
  （a）尽量少赞誉自己；
  （b）尽量多贬低自己。
  E. 一致准则：减少自己与别人在观点上的不一致。
  （a）尽量减少双方的分歧；
  （b）尽量增加双方的一致。
  F. 同情准则：减少自己与他人在感情上的对立。
  （a）尽量减少双方的反感；
  （b）尽量增加双方的同情。

期望补语"卜"所带的宾语无论是名词性的还是动词性的，宾语所指都是"卜"锁定的特定目标，体现出句子主语所指或说话人具有很强的目的性,如例(2)至例(5)。这显然是违背得体准则、慷慨准则和赞誉准则等礼貌原则。由期望补语"卜"发展而来的期望补语标记"卜"则表现出说话人十分在意听话人的动作行为结果,并把自己的这份意志强势地施加给对方,如例(6)至例(10)。这显然是违背一致准则和同情准则等礼貌原则。上述礼貌原则是现代文明的产物。因此,处于封建社会的闽南方言区,"卜"作为期望补语和期望补语标记这两大功能可以一直沿用着。直至封建王朝倾覆之后,在现代文明的影响和冲击下,这两大功能才很快地尽数消亡。如果说有这样的用法,顶多也只见于方言熟语。

其实,期望补语"卜"所在的"(NP+)V+卜+O"结构诞生以后,它就一直与"(NP+)卜+V+O"结构产生竞争。整个明清戏文都存在这两种结构。不过,最明显的变化是有的说法在嘉靖刊·《荔镜记》、顺治刊·《荔枝记》只使用前一种结构,但是到了道光刊和光绪刊的《荔枝记》就兼用了前后两种结构,如同样是表达例(3)的内容,嘉靖刊·《荔镜记》和顺治刊·《荔枝记》都只有例(3)的一种语序。而道光刊和光绪刊的《荔枝记》除了都有例(3)的语序外,还都同时拥有例(41)的语序。这说明后一结构是往着强势的方向发展。而"(NP+)V+卜+C"结构到了清末也有了竞争对象——"(NP+)卜+V+C"结构。例如:

(41)租都卜纳完。(租都必须全部缴纳。)(道光刊·《荔枝记》33)

于是,到了现代,在礼貌原则的作用下,"(NP+)V+卜+O"结构和"(NP+)V+卜+C"结构都分别被"(NP+)卜+V+O"结构和"(NP+)卜+V+C"结构所替代。值得一提的是后一结构中表"必须、得"义的"卜"到了现代都被"着"所替代了。

六 结语

一个词的词义要实现由实向虚,由虚向更虚演变,总是离不开句法、语义和其他因素的制约。就闽南方言情态动词补语"卜"而言,其所在的句法环境更能决定它的语法化路径。

　　情态动词"卜"是因为语用的需要由谓语动词前移至谓语动词后做补语，继而又因为所在的句法环境不同而朝着两个不同的方向语法化，其中：一条语法化路径是期望补语 > 期望补语标记 > 将然补语标记；另一条语法化路径是期望补语 > 目的标记 > 顺承标记演化。尽管"卜"由期望补语发展而来的其他大多数功能在明代嘉靖刊的戏文都已经发展成熟，但是根据它们的虚化程度和使用情况等因素，我们还是能清楚地理出上述的发展脉络。期望补语"卜"虽然是朝着两个不同的方向语法化，但两个方向的语法化机制却是十分的相似，都分别经历了重新分析和语法推理这两个环节。不过两者的动因却不尽相同。前一条语法化路径的实现是主观化和不过量准则促成的；后一条语法化路径的实现是隐喻和不过量准则促成的。在期望补语"卜"的语法化过程中，"卜"的语音形式却没有弱化，形式的演化远远滞后于语义的演变。总体上看，期望补语"卜"的语法化是由句法、语义、语用和认知等多种因素综合促成的。同时也说明了重新分析背后的动因并不是单一地由某一种特定的因素决定的。到了现代闽南方言，期望补语"卜"和由它发展而来的期望补语标记"卜"则走向消亡，这是礼貌原则起作用的结果。

　　闽南方言表期望的情态动词做补语，然后朝着两个不同的方向演化，最后又走向消亡，就目前所见的研究资料而言，这是十分罕见和独特的语言演变现象。在《语法化的世界词库》（Bernd Heine, Tania Kuteva, 2007）一书所涉及的400多个语法化路径中，我们找不到像情态动词补语"卜"这样的演变路径。然而，找不到并不等于没有。也许，这是一种还没有挖掘出来而又真真切切地在世界其他语言或方言中存在的语言演变类型；或许，这是一种汉语独有而其他语言没有的语言演变类型，只是有待于时间和事实来验证。

　　汉语学界对汉语可能补语标记"得"的来源向来莫衷一是。主要有两种观点：一种认为是由动词"得"的"获得"义转化为"达成"，再由"达成"义进一步虚化而成的。一种认为上古汉语中原本就有两个"得"：一是表获得的动词"得"；一是表可能的助动词"得"，可能补语标记"得"是由后者虚化而来的。（张明媚，黄增寿 2008）也就是说，关于可能补语标记"得"的来源，最大的争议是它是否来源于助动词即情态动词"得"。本研究与此类问题密切相关，将对此类问题的探讨提供一定的事实依据。

参考文献

曹志耘：《汉语方言地图集》，商务印书馆 2008 年版。

何自然等：《语用学概论》(修订本)，湖南教育出版社 2002 年版。

江蓝生：《汉语连—介词的来源及其语法化的路径和类型》，《中国语文》
　　2012 年第 4 期。

姜望琪：《当代语用学》，北京出版社 2003 年版。

刘丹青：《语法化中的更新、强化与叠加》，《语言研究》2001 年第 2 期。

刘坚、曹广顺、吴福祥：《论诱发汉语词汇语法化的若干因素》，《中国语
　　文》1995 年第 3 期。

沈家煊：《"语法化"研究综观》，《外语教学与研究》1994 年第 4 期。

沈家煊：《语用原则、语用推理和语义演变》，《外语教学与研究》2004
　　年第 4 期。

吴守礼：明嘉靖刊《荔镜记》，从宜工作室，2001a 年。

吴守礼：明万历刊《荔镜记》，从宜工作室，2001b 年。

吴守礼：清顺治刊《荔枝记》，从宜工作室，2001c 年。

吴守礼：清光绪刊《荔枝记》，从宜工作室，2001d 年。

吴守礼：明万历刊《金花女》，从宜工作室，2002a 年。

吴守礼：明万历刊《苏六娘》，从宜工作室，2002b 年。

吴守礼：清乾隆刊《同窗琴书记》，从宜工作室，2003 年。

吴福祥：《汉语语法化研究的当前课题》，《语言科学》2005 年第 2 期。

张明媚、黄增寿：《古汉语中"得"的研究综述》，《西南交通大学学报》
　　2008 年第 1 期。

Alice C. Harris& Lyle Chambell 1995 *Historical Syntax in cross-linguistic per-*
　　spective, Cambridge University Press.

Bernd Heine& Tania Kuteva 2007 *World Lexican of Grammaticalization*（《语法
　　化的世界词库》），北京：世界图书出版公司。

Brown, Penelope& Lyle Stephen Levinson 1987 *Politeness: Some Universals in*
　　Langage usage. Cambridge University Press.

Lakoff, Robin 1973 "The logic of politeness." In claudia Corum,
　　T. C. Smith-Stark, & A. Weiser (eds.) *Papers from the ninth regional*
　　Meeting of the Chicago Linguistic Society. Chicago: Chicago Linguistic So-

ciety.

Leech，Geoffrey 1983 *Principles of Pragmatics.* London：Longman.

Langacker 1977 *Syntactic Reanalysis in Mechanisms of Syntactic Change.* ed. by
    C. N. Li，57 – 139. Austin，TX：University of Texas Press.

天镇方言动态助词"张"

荆亚玲[1]　王　婵[2]

（1. 浙江工业大学　2. 南昌大学研究生院）

提　要　本文讨论天镇方言动态助词"张"的功能、分布和使用情况，将天镇方言中的"张"与近代汉语中的"将"进行比较，归纳了天镇方言动态助词"张"的一些特点。

关键词　天镇方言　动态助词　"张"

"将"是近代汉语中新产生的一个动态助词，可表示动作的趋向、动作的开始和完成等。它源于表"携带、挟持"义的动词"将"（翟燕2008：120）。曹广顺曾对动态助词"将"的发展演变进行了详细的描写。鲜丽霞（2002）、翟燕（2007）、李淑霞（2002）、祝君（2010）对宋元明清时期某些专书的"将"进行了研究。邱闯仙（2006）、刘胜利（2009）等则对晋语中的"将"进行了研究。这些研究对于当时及当地的"将"进行了详细的描写，有助于进一步探究"将"的发展演变过程。山西天镇方言中的"将（张）"与晋语其他方言以及近代汉语的"将"有同有异，反映出"将"在语法化过程中的某些轨迹，因此有必要进行描写和比较研究，以期给"将"的演变过程再提供一些线索。

"将"在晋语各地读音不一致，大包片的大部分方言点如山阴、大同、平定、阳泉等地将其声母读为 ts（郭校珍2008），天镇县逯家湾镇砖夭村方言（本文简称"天镇方言"）读作 ˌtsɔ，本文记作"张"。以下把表示起始体的动态助词记作"张₁"，把表示完成体的动态助词记作"张₂"，天镇方言中"张"的用法和"将"的部分用法相似，应该是近代汉语中动态助词"将"的遗留和保存。

一　"张₁"表起始

天镇方言表起始态的"张₁"附着在动词或形容词之后,表示这些动词或形容词所代表的动作或状态开始实行,相当于普通话中的"开、起、来、过来、起来"等,有的表示正在开始,有的表示将要开始。下文把"张₁"分为正在开始"张₁₁"和将要开始"张₁₂"来举例说明。

(一)"张₁₁"出现在动词后面,表示动作正在开始,强调动作行为是刚刚或眼前发生的

如:下张雪啦。下起雪了。如果把其中的"张"去掉,"下雪啦"就表示"雪已经下"的意思。而有了"张"就很明显表示眼前正开始下雪。"张₁₁"通常构成这样的结构:V + 张 + O + 啦。例如:

(1) 你看,下张雨啦。你看,下下雨了。
(2) 咋一下就刮张风啦。怎么一下就刮起来风了。
(3) 你听,打张雷啦。你听,打起雷了。
(4) 你看,下张雪啦。你看,下起雪了。

天镇方言中,动作行为前一时期已经发生或正在持续的都不能用"张",如不能把"下了雨"和"下着雨"说成"下张了雨"和"下张着雨"(谢自立 1990)。这里"张"有普通话里"起"的意思。这个意义的"张"常放在后一分句中且前一分句常用"你看、你听"等词领起。

(二)"张₁₂"表示将来开始,常用于以下两种语言结构

1. "张₁₂",出现在动词后,表示动作将来开始。如:那闹张(来),没完。闹起来的话,没完。表示要是闹起来的话,就没完了,如果去掉"张",变成"那闹(来),没完"就不能成为完整句子,也无法理解其意思,可见"张₁₂"是表示将行态助词。"张₁₂"通常出现在以下的语言结构中:V + 张(+来)。例如:

（5）那个孩子号啕张（来），没闹。那个孩子如果哭起来，我们就没办法了。

（6）他唱张（来），就没完。他要是唱起来，就没完了。

（7）疼张（来），就想死。疼起来就想去死。

（8）那人疯张（来），气死人。那个人发起疯来，气死人。

如果把例句中的"张"替换为普通话中的"起"变为"号啕起来、唱起来、疼起来、疯起来"时就很容易理解其动态变化了，只是方言中的"来"可有可无，普通话中"起来"是一个词，不能分离。这种意义的"张"总是放在前一个分句的末尾，有提起话题的意思，一般后面会有另一个分句来说明情况。可以用"如果/要是……就……"来替换，表示一种可能性。当句子本身有"来"时，"张"相当于"起"，当句子本身没有"来"时，"张"的意思是"起来"。例句中动词"号啕、唱、疼、疯"都是非趋向性的动作动词，"张"后的"来"本是趋向补语，但因前面动词的语义限制而发生虚化，不再表示具体的实义，而是表示动作的开始、完成和持续等动态。可以进入该结构的动词也不少，除了例句中的还有"闹、想、骂、笑、憨"等非趋向性动词。近代汉语动态助词"将"也有类似用法，只是在补语的音节上有区别。例如：

（9）他若闹将起来，我自来搭救。（金·3·39）

（10）欲问若有如此事，经题名目唱将来。（破魔变文，敦煌变文集，345 页）

（11）青梅那肚里渐渐疼将起来，末后着实疼了两阵，下了二三升焌黑的臭水。（醒·28·375）

例（9）中"若闹将起来"意思为"如果闹起来的话"，其"将"跟上述天镇方言中的"张₁₂"有相似之处，都表起始，只是天镇方言中"张₁₂"本身就含有"若、如果"的意思，不需要前面再使用"若"，而近代汉语需用"若"才能体现出其表示将来开始，且近代汉语的"将"和双音节补语连用，天镇方言中的"张₁₂"不和双音节补语连用。例（10）亦是如此。例（11）中的"将"和上述天镇方言中的"张₁₂"一样表示起始，但没有"如果……就……"的意思。

　　通过比较我们可以看出，天镇方言中的动态助词"张"与近代汉语的动态助词"将"有同有异，"张"继承和保留了"将"的部分用法，同时也有所发展，"张"已经不和"去"及双音节补语"起来"连用，"张"连用的是"来"。当不与"来"连用时，"张"本身可以表示"起来"的意思。

　　2. "张₁₂"，出现在形容词后，表示某状态将来开始。如：好张（来），往死好来。好起来的话，特别好。表示要是好起来的话，非常非常好，如果去掉"张"，变成"好（来），往死好来"就无法表达将要起始的状态，意思就变成"很好，往死好呢"，可见"张₁₂"是表示将行态助词。"张₁₂"通常出现在以下的语言结构中：A + 张（ + 来）。例如：

　　（12）运气好张（来），挡也挡不住。运气好起来，挡也挡不住。

　　（13）难张（来），真的是难呀。难起来，真的是难呀。

　　（14）杭州热张（来）是喜热，冷张（来）是喜冷。杭州热起来的时候特别热，冷起来的时候特别冷。

　　（15）甭理他，又窍张啦。别理他，他又发傻了。

　　"形容词 + 张（ + 来）"与 1 中"动词 + 张（ + 来）"相似，两者结构相似，表示某种状态的起始态。我们可以将其替换为普通话中的"起"来理解，如"好起来、难起来、热起来、冷起来"等，作为本土人认为，"张"所表达的状态的起始趋势要比普通话中的"起来"更加生动。其结构也可以用"如果/要是……就……"来替换，表示可能性。据张国宪（1998：410）认为，体标记一般是沿"独立动词—连动式中的后一动词—补语—体标记"这一路线虚化而成，等到演化成体标记后，才用于形容词，形容词的体在时间层次上晚于动词。所以我们认为"形容词 + 张（ + 来）"的用法是从"动词 + 张（ + 来）"发展而来的。例句中的"好、难、热、冷、俏"等都是形容词，句中的"张"都相当于普通话中的"起来"。

　　近代汉语中也存在以上用法。例如：

　　（16）正是：喜将起来笑嘻嘻，恼将起来闹哄哄。（金·46·610）

（17）自己把嘴每边打了二十五下，打的通是那猵狖屁股，尖尖的红将起来。（醒·11·139）

（18）反又热将起来，热得比那中伏天气更是难过。（醒·29·381）

例（16）中"喜将起来、恼将起来"意思是"喜起来的话、恼起来的话"和上述天镇方言中形容词后的"张$_{12}$"意思相同。例（17）、例（18）中的"红将起来"、"热将起来"和天镇方言中形容词后的"张$_{12}$"一样都表示起始，只是没有将来起始的意味。例（16）、例（17）、例（18）中的"将"都与双音节补语连用。

通过以上的描写比较，可以得知天镇方言中的"张"和近代汉语中的"将"相似。而在天镇县的邻县阳高县的类似结构中，这个"张"读作"将"（tɕiɔ），可见"张"的本字就是"将"。不同的是，天镇方言中不管是"动词+张"还是"形容词+张"，"张"后的词一般都是单音节词，且不出现"去"等，其"张"可以表示"起来、来"等的意思；而近代汉语"将"后通常可以出现双音节趋向动词，比如"起来、下去、上去"等。天镇方言中"张"后没有双音节词。

郭校珍在讨论山西晋语起始体时认为，起始体"在表示动作行为变化的起始时，因并不牵涉动作行为的终止，所以都不可避免蕴涵着继续下去的言外之意"（郭校珍2008），天镇方言中表起始体的"张"也常表示"开始并持续"，例如："下张雨了"。

二 "张$_2$"表完成

天镇方言完成态意义的"张$_2$"附着在动词后，表示这些动词的动作的完成，相当于普通话的"来了、过来了"或"来、过来"，有的表示动作已经完成，有的表示动作还未完成或将要完成。下文把"张$_2$"分为已经完成"张$_{21}$"和将要完成"张$_{22}$"来举例说明。

（一）"张"表示已经完成，常出现在以下四种结构中

1. "张$_{21}$"，出现在动词后，表示某动作已经完成。如：送张啦。表示已经送来了，如果去掉"张"，变成"送啦"就无法理解，且缺乏趋向

自己一方的意思，可见"张$_{21}$"是表示完成态助词。"张$_{21}$"通常出现在以下的语言结构中：V＋张＋啦。例如：

（19）东西给你拿张啦。<small>东西给你拿过来啦。</small>

（20）燕子飞张啦。<small>燕子飞过来啦。</small>

（21）小李跑张啦。<small>小李跑过来了。</small>

（22）他是坐飞机赶张的。<small>他是坐飞机赶过来的。</small>

"张"相当于普通话中的"过来"，表示动作已经实现后的结果，用普通话的"过来"替换后变为"拿过来了、飞过来了、跑过来了、赶过来的"，可以表达出动态，如果替换成普通话中的"来"变为"拿来了、飞来了、跑来了、赶来的"，便只强调了结果，无法体现动态。

2. "张$_{21}$"，出现在动词后，表示某动作已经完成。如：带张七个人<small>带来了七个人。</small>表示带来了七个人，如果去掉"张"，变成"带七个人"就无法理解，且缺乏趋向自己一方的意思，可见"张$_{21}$"是表示完成态助词。"张$_{21}$"通常出现在以下的语言结构中：V＋张＋O＋（啦）。例如：

（23）他拿张卡多钱。<small>他拿过来很多钱。</small>

（24）汽车后头跟张一条小狗。<small>汽车后面跟着过来一条小狗。</small>

（25）王老师叫张王彪谈话啦。<small>王老师叫过来王彪谈话了。</small>

（26）他提溜张一颗西瓜。<small>他提过来一颗西瓜。</small>

"张"相当于普通话中的"过来/来了"，表示动作实现后的结果，用普通话"过来/来了"替换后变为"拿过来/来了很多钱、跟过来/来了一条狗、叫过来/来了王彪、提过来/来了西瓜"，如果单替换为普通话中的"来"变为"拿来很多钱、跟来一条狗"等，显然不如前者表达的完成态明白。

3. "张$_{21}$"，出现在"把"字句中动词后，表示某动作已经完成。如：我把妹妹领张的。<small>我把妹妹带过来的。</small>表示已经把妹妹带过来了，如果把"张"替换为"来"和"过来"，变成"我把妹妹领来的"和"我把妹妹领过来的"，比较而言，后者更能表现完成且有趋向自己一方的内涵，可见"张$_{21}$"是表示完成态的助词。"张$_{21}$"通常出现在以下的语言结构中：把＋体词＋V＋张＋啦/的。例如：

    (27) 我把姐姐拉张的。_{我把姐姐拉来的。}

    (28) 我把车给你送张啦。_{我把车给你送过来了。}

    (29) 小李把钱捎张啦。_{小李把钱捎来啦。}

    (30) 他让爸爸妈妈送张钱啦。_{他让爸爸妈妈送张钱啦。}

"张"相当于普通话中的"过来"，表示动作已经实现后的结果，用普通话替换后为"拉过来的、送过来了、捎过来了、送过来钱了"，表示动作已完成。

4. "张$_{21}$"，出现在被动句中动词后，表示某动作已经完成。如：我让他骗张啦。我被他骗来了。表示已经被骗来了，如果去掉"张"，变成"我让他骗啦"就没有"过来"这个动态，可见"张$_{21}$"是表示完成态助词。"张$_{21}$"通常出现在以下的语言结构中：体词＋让/叫/被＋V＋张＋啦/的。例如：

    (31) 我让他给拉张啦。_{我被他拉来了。}

    (32) 小军偏不来学校，他是被我骂张的。_{小军偏不来学校，他是被我骂来的。}

    (33) 小女被骗张啦。_{小女被骗来了。}

    (34) 车让弟弟开张啦。_{车让弟弟开来了。}

"张"相当于普通话中的"过来"。表示前面动作实现后的结果，用普通话替换变为"拉过来了、骂过来了、骗来了、开来了"，表示动作已完成。

以上例句都表示动作完成并且强调结果，"张"都相当于普通话中的"过来或来了"。需强调的是，天镇方言中的"张"只表示趋向说话人一方的意义，即表示动作完成的同时表示动作的方向。

表示完成的以上四种结构的用法在近代汉语中也是存在的。例如：

    (35) 只一头撞将去，险些儿不跌倒，却得壁子碍住不倒。
(金·5·60)

（36）西门庆这里封白金一两，使玳安拿盒儿讨将药，晚夕与李瓶儿吃了，并不见其分毫动静。（金·61·859）

（37）到晚上，一顶轿子把大姐又送将来，分付道："不讨将寄放妆奁箱笼来家，拖出外见灵桌子前。"（金·87·1328）

（38）那心头屡次被火烧将起来，俱每次被那夫人一瓢水浇将下去。（醒·15·193）

例（35）中的"将"所在结构类似于"张22"的"V＋张＋啦"结构，"撞将去"表示动作的完成，和"去"连用。例（36）中的"将"带宾语表示完成，"讨将药"类似于"张22"的"V＋张＋O＋（啦）"结构。例（37）中的"将"用于"把"字句表完成，"把大姐又送将来"类似于"张22"的"把＋体词＋V＋张＋啦/的"结构。例（38）中的"将"用于被动句表完成，"被火烧将起来"类似于"张22"的"体词＋让/叫/被＋V＋张＋啦/的"结构。例（35）、例（36）、例（37）、例（38）中的"将"都相当于普通话中的"了"，而天镇方言中的"张"相当于普通话中的"过来/来了"，虽然对译成普通话的词不一样，但所表达的意思相近，且都表示完成。

天镇方言中，"把"字句和"被"字句都通过介词将受事宾语提前，使一部分句式变为"动词＋张＋补语"。近代汉语中，"把"字句和"被"字句这两种句式到了明清时期可以说是已经发展得非常成熟了，因此它们向"动词＋将"结构渗透是很自然的事（翟燕2008），天镇方言亦是如此。

（二）"张22"表示将要完成，常出现在以下三种结构中

1. "张22"，出现在动词后，表示某动作将要完成。如：拿张那根笔来。拿过来那根笔。表示将拿，把"张"替换为普通话"过"，变成"拿过那支笔"是完全可以的，可见"张22"是表示将来态助词。"张22"通常出现在以下的语言结构中：V＋张（＋宾语＋来）。例如：

（39）拿张我那帽子。拿过来我那个帽子。

（40）出事儿后，他就走了，怕捏寻张来。出事儿后，他就走了，怕人家找过来呢。

（41）你叫张王娟，我问她点儿事儿。你叫来王娟，我问她点儿事。

（42）甭着急，我快走张啦。别着急，我快走来了。

"张"相当于普通话中的"来或过来"，表示动作将要发生，用普通话替换为"拿过来、找过来、叫过来、走过来"，通常用在命令或请求的句子中，所以，动作还未发生但将要发生。

2. "张₂₂"，出现在"把"字句中动词后，表示某动作将要完成。如：把票拿张。把票拿来。表示将要拿来，把"张"替换成普通话"过来"，变成"把票拿过来"就更能体现其将要发生的动态，可见"张₂₁"是表示将来态助词。"张₂₂"通常出现在以下的语言结构中：把 + 体词 + V + 张。例如：

（43）你能不能把饭送张下。你能不能把饭送来一下。

（44）你能不能把那吃的买张点儿。你能不能把吃的买来点。

（45）你赶紧把车送张学校。你马上把车送来学校。

（46）赶紧把你弟弟领张。你看，他把什么带来啦。

"张"相当于普通话中的"来或过来"，表示动作将要发生，用普通话替换为"送过来、拿买过来、领过来"，通常用在命令或请求的句子中，同上表动作将要发生。

3. "张₂₂"，出现在兼语句中动词后，表示某动作将要完成。如：拿张糖吃。拿来糖吃。表示将要拿来糖吃，如果去掉"张"，变成"拿糖吃"就没有"拿来糖"这个动态，可见"张₂₂"是表示将来态助词。"张₂₂"通常出现在以下的语言结构中：V + 张（ + 宾语） + V。例如：

（47）去，叫张你们老师喝酒。去，叫过来你们老师喝酒。

（48）拿张钱买东西。拿过来钱买东西。

（49）吆喝张支书评评理。叫张支书评评理。

（50）请张神婆看看。请来神婆看看。

"张"相当于普通话中的"过来"。表示希望动作发生，也是将行体，用普通话替换为"叫过来、拿过来、请过来"等，都表示某动作将来要发生。

表示将来的以上三种结构的用法在近代汉语中也是存在的。例如:

(51) 那婆婆探头探脑,那两只眼珠儿一直想向外,恨不得赶将上去。(金·57·768)

(52) 我把他的尸首从棺材里倾将出来,烧得他骨拾七零八落,撒在坡里,把那二百二十两买的棺材,舍了花子!(醒·13·171)

(53) 女则物化,其家始营哀具,居士杖策而回,乃诟骂,因拘将送于邑。(阙史,太平广记,卷八四)

例(51)中的"将"所在结构类似于"张₂₂"的"V+张(+宾语+来)"结构,"赶将上去"表示动作的将要完成,和"上去"连用。例(52)中的"将"用于"把"字句表示完成,"我把他的尸首从棺材里倾将出来"类似于"张₂₂"的"把+体词+V+张"结构。例(53)中的"将"用于兼语句表完成,"拘将送于邑"类似于"张₂₂"的"V+张(+宾语)+V"结构。例(51)、例(52)、例(53)中的"将"使用结构与天镇方言中的"张₂₂"相似,且表示完成,只是天镇方言中的"张"表示将来完成的意义较明显。

翟燕认为:"近代汉语的'动词+将+宾语'结构中'将'所起的作用是表示动作的完成或获得某种结果。且这一结构自晚唐五代时就开始不断地减少,在明清时期更是罕见。"然而,根据以上比较可知,这一结构在天镇方言中保留了下来,只是语音有差异,用法几乎同出一辙。

三 区别

表起始和完成的"张"怎么区别呢?从分布来看,起始体所使用的结构较为单一,如正在开始只用于一个结构中:V+张+O+啦,将要开始用于两个结构中:V+张(+来)、A+张(+来);而完成体所使用的结构较为复杂,如已经完成所使用的结构有:V+张+啦、V+张+O+(啦)、把+体词+V+张+啦/的、体词+让/叫/被+V+张+啦/的,将要完成使用的结构有:V+张(+宾语+来)、把+体词+V+张、V+张(+宾语)+V。如前述诸例。例如:

（54）你看，流张水啦！你看，流来水了！

（55）顺张来，卡顺。开始顺的话，就特别顺。

（56）赤脚板就走张啦。赤脚就走来了。

（57）快来吃饭哇，你孙子给端张饭啦。快来吃饭吧，你孙子给端来饭了。

（58）拿张！拿来！

（59）邮张钱来才能买车。寄来钱后才能买车。

以上 6 例，前两例表示起始体，例（54）表示正在开始，例（55）表示将来开始，后四例表示完成，例（56）、例（57）表示已经完成，例（58）、例（59）表示将来完成。从"张"的语义来看，起始体中"张"常有普通话中的"起"、"起来"或"开"的意思，如"吃张，没完吃起来，没完。"意思是"吃起来就没完了"或"吃开就没完了"，而完成体中的"张"没有普通话中"起来"的意思，如"骑张车，再说骑过来车，再说。"意思是"骑过来车以后再说"，"张"是"过来"的意思。

起始体和完成体分辨清楚之后，需要分辨的是正在开始与将要开始、已经完成和将要完成。这个也比较容易，因为句子中都有相应的标志。表示正在开始的句子句首通常会有一个动作词，如"看、听"等，例如："看，下张雨啦看，下起雨了。"，表示将要开始的句子句首没有动作词，但总会有个后续句。例如："气张来，就打人生起气来，就打人。"表示已经完成的句子句尾常跟"啦"。例如："拿张票啦拿来了票。"而将要完成的"张"不和"啦"搭配使用，其后总跟一个后续句表示该动作完成后才可进行下一动作，也就明确了"张"表示的是将来完成；如"买张来，再说别的买来，再说别的。"，表示前面的动作"买东西"完成之后，再谈论别的事，说明其是表示将来完成体。此外，表示正在开始和已经完成的句式句尾都会包含一个表语气兼表完成态的动态助词"啦"或"的"，例如："A：看，下张雪啦。""B：拿张钱啦。"A 表示正在开始，B 表示已经完成；而表示将要开始和将要完成的句式中不含这类词语，例如："C：疯张，就麻烦啦。""D：拿张钱，再说。"C 表示将要开始，D 表示将来完成。

四　结语

　　天镇方言中的动态助词"张",可以表示起始和完成,其中:起始指动作或状态正在开始和将要开始;完成指动作已经完成和动作将要完成。从动态助词"张"的分布和语用环境都可以看出动态助词"张"是继承近代汉语动态助词"将"的用法。

　　魏晋南北朝是助词"将"产生的前期,这个时期发现了用于动词之后的"将"字,即"动词＋将"结构（曹广顺1995）。"动词＋将"是一种连动结构,"将"含有较明显的"携带、挟持"义,进入该结构的部分动词与动词"将"的词义相似,这为"将"以后的变化提供了条件。唐代"将"字的动词性开始消失,"将"后面常带趋向补语变为"动词＋将＋趋向补语"结构,这时"将"表示动作完成或获得某种结果等状态的用法出现,"将"的作用与近代汉语中表示持续的助词"着"相近。宋代"将"字的意义已经偏重表示动态,其后常带的趋向动词"来、去"也在补语位置上虚化,表示动作开始、持续或完成语法意义的倾向日趋明显。明代由于"了"的出现,"将"开始走向消亡,而在天镇方言中"将"一直沿用下来。

参考文献

曹广顺:《近代汉语助词》,语文出版社1995年版。

郭校珍:《山西晋语语法专题研究》,华东师范大学出版社2008年版。

谢自立:《天镇方言志》,山西高校联合出版社1990年版。

翟燕:《明清山东方言助词研究》,齐鲁书社2008年版。

张国宪:《现代汉语形容词的体及形态化历程》,《中国语文》1998年第6期。

山东费县（刘庄）方言中的 "—的"式形容词[*]

明茂修

（毕节学院人文学院）

　　提　要　费县（刘庄）方言中的"—的"式形容词，为口语常用词，数量丰富，使用频率高，在结构形式、语音形式和附加意义等方面颇有特色。
　　关键词　费县（刘庄）方言　　"—的"式形容词　结构形式　语音形式　附加意义

　　费县方言属于中原官话[1]，刘庄方言也属于中原官话，但是带有较强的冀鲁官话性质[2]。在费县（刘庄）方言中，有各种形式的形容词，其中，"—的"式形容词在费县（刘庄）方言中为口语常用词，且数量丰富，使用频率高，在许多方面颇具特色。"—的"式形容词一般是以一个单音形容词为中心词，中间加上一个读为半高平上声调的虚语素，然后再加上一个"的"字（读轻声）而组成的三音节词，整个词的意思主要集中在中心词上。"—的"式形容词在费县（刘庄）方言中是一类语用功能很强的形容词，可以充当谓语、补语、定语和状语等成分。做谓语是其最主要的功能，如："井里头的水甜镇的"，又如："这块地的麦都齐索儿的"；做补语也是"—的"式形容词的一个重要功能，如："把头发剃得

---

　　* 本文在第六届汉语方言语法国际学术研讨会上交流期间，承蒙日本松山大学孟子敏和山西大学延俊荣等提出了许多批评指导意见，在此谨致谢忱！

短溜_儿的"；还可以用为定语和状语，但相对来说，都用得比较少，用作
定语的如"硬争_儿的米饭最好吃"①。关于其他方言中的"一的"式形容
词在不同的论著中也多有介绍，如：尹世超《说"AB 的"式状态形容
词》[3]、王健《徐州方言中的"ABB 的"式状态形容词》[4]、张小克《长
沙方言中的"bA 的"式形容词》[5]等，费县（刘庄）方言的"一的"式
形容词与其有同有异。此外，还有涉及此类"的"的一些文章等，例如
朱德熙《说"的"》[6]《北京话、广州话、文水话和福州话里的"的"
字》[7]等对我们深入理解和分析费县（刘庄）方言中的"一的"式形容
词是有启发的。本文将从结构形式、语音形式和附加意义等方面进行论
述，以阐明费县（刘庄）方言中的"一的"式形容词所具有的特点。

一　结构形式

"一的"式形容词在结构形式方面可谓丰富多样，根据其音节结构的
不同，可以将"一的"式形容词分为两大类四个小类。

（一）三音节"一的"式形容词

在三音节"一的"式形容词中，因其结构的不同又可以分为"Ab
的"式、"A1A2 的"式和"AA 的"式三个小类。

1. "Ab 的"式。"A"为单音形容词，代表了整个词的意思；"b"
为后缀，用得较多的有"乎""溜""拉"等，一般都没有实在的意义，
但与"的"一起附在中心词后使整个词隐含了某些附加意义（具体见以
下"三附加意义"）。费县（刘庄）方言中的这种形容词数量相当多，使

---

① 此处做定语的"一的"式形容词"硬争_儿的"可能有人会存在这样的疑问：这里的
"的"会不会是结构助词？不过在这里，可以肯定的是"的"是"一的"式形容词的一部分，不
是结构助词，只是形似而已。这一例句在今费县（刘庄）方言中还有一种可以说但不常说的形
式："硬争_儿的大米饭最好吃。"在这句话中，"一的"式形容词中的"的"和结构助词"的"
区分明显。两相比较，可知文中例句实为结构助词"的"的一种省略情况，理由有二：其一，
我们知道，在普通话中，有的结构助词"的"是可以省略的，省略后不改变原来的意思甚至结
构，此为旁证；其二，"一的"式形容词"硬争_儿的"是一个结合紧密的词，"的"字不可或缺，
并且"硬争_儿"不能单独成词。又，也可以认为文中例句中的结构助词"的"并入"一的"式
形容词中的"的"里面去了，这仍是基于"一的"式形容词的整体性，反之是不可想象的。

用也非常广泛。例如：

白乎儿的	厚对儿的（稠；密）
丑乎儿的	汗镇的（汗湿）
红乎儿的	紧绷儿的
贱乎儿的（便宜；下贱）	俊巴儿的
碎乎儿的	懒歪儿的
骚乎儿的	蓝莹儿的
懒乎儿的	凉飕儿的
薄溜儿的	慢戛儿的
扁溜儿的	慢登儿的
长溜儿的	满登儿的
短溜儿的	面镇的（纤维少而软）
光溜儿的（裸体；输光）	胖对儿的
紧溜儿的	酥龙儿的
苦溜儿的	松快儿的
酸溜儿的	瘦巴儿的
细溜儿的	甜甘的
粗拉儿的	甜丝儿的
低拉儿的（秤尾低）	甜镇的
贵拉儿的	甜滋儿的
平拉儿的（秤杆平）	咸滋儿的
热拉的（天气热）	香喷的
稀拉儿的	稀甮儿的
臭烘的	斜棱儿的
大落儿的（大方；从容）	窄住的
干丸儿的	直棱儿的
高堂儿的（个子高）	直岗儿的
黑滚的（皮肤黝黑）	硬争儿的
糊帮儿的	油汪儿的（油多貌）
黄兰的	歪甮儿的
黄洋儿的	

潮乎儿的　　　　　　　　齐索儿的（整齐）

软乎儿的　　　　　　　　利索儿的

热乎儿的　　　　　　　　全环儿的（齐全）

滑溜儿的　　　　　　　　软闪的（柔软）

稳当儿的　　　　　　　　圆由儿的

快当儿的（做事迅速）　　圆溜儿的

正当儿的（不歪斜）　　　硬邦儿的（结实）

宽快儿的（宽敞）　　　　脆声儿的（清脆；干脆）

轻快儿的

　　"Ab 的"式形容词又因"的"字前成分的差别而以横线为界分成了两部分。其一，当没有"的"字时，横线之前的"Ab 的"式形容词包含的成分"Ab"是不能单独作为形容词来使用的；其二，当没有"的"字时，横线之后的"Ab 的"式形容词包含的成分"Ab"则可以单独作为形容词来使用的。从第二点来看，这与下面要讲到的"A1A2 的"式形容词有相同之处。

　　2. "A1A2 的"式。这里的"A1A2"表示一个双音节的形容词。在费县（刘庄）方言中，这一类形容词的使用频率也很高。这一组"一的"式形容词不同于其他组之处在于，每一个"一的"式形容词的基本意义都附着在前两个音节"A1A2"上。例如：

板正儿的（正派；整洁）　　痛快儿的

干净儿的　　　　　　　　　齐整的（整齐）

白净儿的（皮肤白皙）　　　清亮儿的（清晰；整洁）

大方的　　　　　　　　　　实在的

亮堂儿的　　　　　　　　　响亮儿的

暖和儿的　　　　　　　　　真正的（不假）

漂亮儿的　　　　　　　　　宽敞儿的

这一类形容词中"A1A2"能够作为形容词单独使用，但在用法上仍能够与"A1A2 的"式严格区别开来。其主要区别在于是否可以用否定副词或程度副词来修饰。例如（以"板正"和"板正儿的"为例）：

这个人不/真板正。

这个人板正儿的。

前一例中"板正"（A1A2）可以用否定副词"不"或程度副词"真"（相当于普通话中的"很、非常"等）来修饰，但后一例中"板正儿的"（A1A2 的）就不能用"不/真"来修饰。这种用法上的区别与"Ab 的"式形容词的第二部分是相同的。

3. "AA 的"式。在"AA 的"式形容词中，"A"表示单音形容词，"AA"表示单音形容词的重叠。在费县（刘庄）方言中，这类"一的"式形容词不是很多，且"AA"不能作为形容词单独使用（有的作为表尝试性的动词时可以单独使用）。例如：

饱儿饱儿的　　　　　　　慢儿慢儿的

好儿好儿的　　　　　　　早儿早儿的

瞎儿瞎儿的（人品不好）　死儿死儿的

满儿满儿的　　　　　　　拉儿拉儿的（湿透貌）

（二）多音节"一的"式形容词

除了以上三小类"一的"式形容词之外，在费县（刘庄）方言中其他形式的"一的"式形容词，主要是三个音节以上的，我们单独把它们作为第四小类。这一类"一的"式形容词的结构形式一般表现为：第一个音节都是单音形容词，也是整个词的意义所在的中心词，中间的成分则多为两个到三个音节的虚语素，没有实在的意义，但是也含有对中心词的补充和说明作用，并可以使整个词具有某种附加意义（具体见以下"三附加意义"）。这类形容词中还有一部分与第一小类有联系，是"Ab 的"式形容词"A"后加"得"构成的。这些"一的"式形容词中"一的"之前的部分也是不能单独使用的。例如：

白吡来来的　　　　　　　热咕嘟的

水各济的（不脆）　　　　干得迟的

硬各直的　　　　　　　　潮得乎儿的

愣各直的（指人冒失）　　臭得烘的

二　语音形式

在语音形式上，费县（刘庄）方言中的"一的"式形容词也有完全不同于其他方言的"一的"式形容词的地方，主要表现在儿化、变声、变韵和变调等几个方面。

（一）儿化

"一的"式形容词在语音上的一个显著特点就是儿化。除了第四小类之外，第一、第二小类中的大多数在口语中都可以而且经常儿化，而发生儿化的都是处在"一的"式形容词的第二个音节上。例如：

软乎的—软乎儿的　　　　轻快的—轻快儿的

长溜的—长溜儿的　　　　齐索的—齐索儿的

硬邦的—硬邦儿的　　　　齐整的—齐整儿的

粗拉的—粗拉儿的　　　　清亮的—清亮儿的

漂亮的—漂亮儿的

而第三小类又有区别于第一和第二小类之处，除了第二个音节要儿化之外，其第一个音节也都是必须儿化的。例如：

饱儿饱儿的　　　　　　　慢儿慢儿的

满儿满儿的　　　　　　　死儿死儿的

（二）变声

"一的"式形容词在儿化的同时，有相当一部分发生儿化的第二个音节（第三小类也包括第一个音节）的声母会发生变化，主要表现在如果

第二个音节的声母是［l］时，儿化之后［l］多变为［ʒ］。例如：

薄溜 ［liəu］ 的——薄溜儿 ［ʒuɛʅ］ 的

粗拉 ［la］ 的——粗拉儿 ［ʒaʅ］ 的

酥龙 ［loŋ］ 的——酥龙儿 ［ʒoŋʅ］ 的

响亮 ［liaŋ］ 的——响亮儿 ［ʒãʅ］ 的

大落 ［luə］ 的——大落儿 ［ʒuɛʅ］ 的

斜棱 ［ləŋ］ 的——斜棱儿 ［ʒəŋʅ］ 的

（三）变韵

"——的"式形容词在儿化的同时，有一些发生儿化的第二个音节（第三小类也包括第一个音节）的韵母也会相应发生变化。主要是一些读为齐齿呼的韵母失去了介音［i］而读成开口呼；还有的是韵母的主要元音发生变化，从低元音变为高元音，若有鼻化音，鼻化也会同时失去。例如：

长溜 ［liəu］ 的——长溜儿 ［ʒuɛʅ］ 的

清亮 ［liaŋ］ 的——清亮儿 ［ʒãʅ］ 的

死 ［θʅ］ 死 ［θʅ］ 的——死儿 ［θieiʅ］ 死儿 ［θieiʅ］ 的

甜滋 ［tθʅ］ 的——甜滋儿 ［tθieiʅ］ 的

全环 ［xuã］ 的——全环儿 ［xuɛʅ］ 的

满 ［mã］ 满 ［mã］ 的——满儿 ［mɛʅ］ 满儿 ［mɛʅ］ 的

（四）变调

此外，"——的"式形容词在语音上的另一个重要特点是"的"字之前的那个音节的声调非常统一，都无一例外地读为半高平的上声调。例如：

红乎儿 ［xuʅ²¹³⁻⁴⁴］ 的　　　　板正儿 ［tʃəŋʅ³¹²⁻⁴⁴］ 的

长溜儿 ［ʒuɛʅ²¹³⁻⁴⁴］ 的　　　　大方儿 ［faŋʅ²¹³⁻⁴⁴］ 的

贵拉儿 ［ʒaʅ²¹³⁻⁴⁴］ 的　　　　齐整儿 ［tʃəŋʅ⁴⁴⁻⁴⁴］ 的

脆声儿 ［ʃəŋʅ²¹³⁻⁴⁴］ 的　　　　清亮儿 ［ʒãʅ³¹²⁻⁴⁴］ 的

香喷 ［pʻẽ²¹³⁻⁴⁴］ 的　　　　好儿好儿 ［xɔʅ⁴⁴⁻⁴⁴］ 的

白瓷来来［lɛ⁵¹⁻⁴⁴］的　　　　　水各济［ʧi⁵¹⁻⁴⁴］的

关于这一变调现象，我们认为，其中包含如下机制：原调→轻声→上声调。首先，它们都有着各自不同的声调，在一定的条件下都首先变读为轻声，其间可能还伴随着儿化的影响，其次，再进一步变读为半高平的上声调。也只有这种解释，或许才能说明第二音节为何在本方言中表现得如此整齐划一。当然，这对于"的"字之前能够独立成词的成分来说，这一机制的表现非常明显，而对于不能独立成词则稍嫌模糊，不过我们仍能从另一方面来做出解释，那就是那些不能独立成词的成分的第二音节都是后缀性的，而后缀的读音则一般都不稳定，其声调都有向轻声发展的趋势。

此外，许多"一的"式形容词的第一个音节也会发生变调，不过这些发生变调的词都遵循一般的变调规律，此不详。

三　附加意义

从附加意义上来看，"一的"式形容词还包含某种程度意义、感情色彩和形象色彩等。

（一）程度意义

费县（刘庄）方言中的"一的"式形容词都带有程度意义，有的可以表示某种轻微的程度，有的可以表示程度的加深。"A1A2的"式、"AA的"式和部分多音节"一的"式形容词，一般可以表示程度的进一步加重，相当于程度副词加形容词。例如，"宽敞儿的"，表示"很宽敞"的意思；又如，"饱儿饱儿的"，就表示"（吃得）很饱"之意；再如"热咕嘟的"，意思是指"（天气）很热"。而"Ab的"式形容词与此有所不同，一般既可以表示某种轻微的程度，又可以表示程度的加深，这取决于中心词是否作强调性的重读。例如，"干丸儿的"一词，一般表示有一点干、比较干的意思，但如果"干"字重读，则又表示很干的意思；又如"全环儿的"，一般表示比较齐全的意思，而若"全"字重读，则又表示很齐全之意。

（二）感情色彩

在费县（刘庄）方言中，某些"—的"式形容词还附带有一定的感情色彩，一般情况下与"—的"式形容词的中心词的色彩有关，与语境的关系也非常密切。当然，这也不是绝对的，有些中心词是中性的，但是其构成"—的"式形容词后却有可能并非中性了。表示积极性的"—的"式形容词一般带有喜爱、赞赏等感情色彩。例如：

细溜儿的	脆声儿的	大落儿的
高堂儿的	胖对儿的	香喷的
板正儿的	亮堂儿的	齐整儿的
好儿好儿的	满儿满儿的	

而表示消极性的"—的"式形容词则带有厌恶、不满等感情色彩。例如：

贱乎儿的	酸溜儿的	臭烘的
懒歪儿的	窄住儿的	死儿死儿的
瞎儿瞎儿的	拉儿拉儿的	干得迟的
水各济的	臭得烘的	

（三）形象色彩

"—的"式形容词与附带其基本意义的中心词相比，其生动、形象意义非常明显。例如，"光溜儿的"一词，只用"光"字就可指没有穿衣服，光着身子，而加上一个"溜"字之后，给人的感觉是没穿衣服、一丝不挂的形象更为清晰生动了。又如，"干得迟的"，一个"干"字已经可以把"水分少"这一意义表达清楚，而加上一个"迟"字则使"干"的意义更为生动形象了。当然，像"溜""得迟"等都是没有实际意义的虚语素，但对于整个词来说，又是不可或缺的，一方面是因为其作为"—的"式形容词的一个必要成分，另一方面则在于其对中心词形象意义的补充、加强上。而从"—的"式形容词的内部四个小类而言，第一和第四小类所具有的某种生动性、形象性比起第二和第三小类来，在表情达意上其形象色彩也要更为强烈一些。

四　小结

　　通过以上的分析，可知费县（刘庄）方言中的"一的"式形容词区别于一般形容词的特点主要有三：不可或缺的"的"字、丰富的语音变化形式和内含的程度意义。

　　从结构上"一的"式形容词分成了四类，其基本形式就是一个中心词（一般为单音形容词）加上中间的虚语素再加"的"。一般情况下，"的"字之前的成分不能作为形容词单独使用，有的独立出来后甚至连形容词都不是了。当然，有的"的"字之前的成分（如"Ab 的"式的第二部分和"A1A2 的"式）能够作为形容词单独使用，但是从用法上又可以与"一的"式形容词明确区别开来。

　　"一的"式形容词的儿化和声韵调等语音形式的变化也丰富多样，而且它们往往都不是孤立的，有时两个或多个方面同时存在。如上所举之例"长溜儿 [ʒəuɹ²¹³⁻⁴⁴] 的"中"溜"就包含了四个方面的语音变化，其一是儿化（溜→溜儿），其二是声母的变化（l→ʒ），其三是韵母的变化（ieu→əu），其四是声调的变化（213→44）。

　　"一的"式形容词具有形容词的一般特点，但是不能受否定副词或程度副词的修饰，应当属于状态形容词的范畴。这个特点与其所包含的可单独使用的中心词——也是形容词，包括单音形容词及其重叠式和双音形容词等——可以受很多程度副词修饰不同，这主要是因为"一的"式形容词本身就含有表示程度的意义，这可以说是费县（刘庄）方言中程度表示法的一种。

参考文献

贺巍：《中原官话分区》（稿），《方言》2005 年第 2 期。

明茂修：《山东费县（刘庄）方言音系》，《毕节学院学报》2011 年第 5 期。

尹世超：《说"AB 的"式状态形容词》，中国语文杂志社《语法研究与探索（八）》，商务印书馆 1997 年版。

王健：《徐州方言中的"ABB 的"式状态形容词》，《徐州教育学院学报》

1999 年第 2 期。

张小克:《长沙方言的"bA 的"式形容词》,《方言》2004 年第 3 期。

朱德熙:《说"的"》,《朱德熙文集》(第二卷),商务印书馆 1999 年版。

朱德熙:《北京话、广州话、文水话和福州话里的"的"字》,《方言》
    1980 年第 3 期。

四川德阳黄许镇湘方言岛的代词系统

饶冬梅

（四川大学文学与新闻学院）

提　要　德阳黄许镇是四川境内的一个湘方言岛，黄许方言不仅在语音上同湘语有密切联系，在其词汇和语法系统当中仍然保留了大量的湘语特征，本文试分析黄许方言的代词系统，对其进行系统描述和分析，从中看出其保留的湘语痕迹。

关键词　黄许方言　人称代词　指示代词　疑问代词

德阳市黄许镇距德阳县城北 23 公里，汉名绵竹关，唐名鹿头关。黄许镇是古代的一个军事战略重镇，同时也是明清以来"湖广填四川"中的一个移民聚居地，地处平原与浅丘地带之交。据黄许镇 2003 年年底人口统计调查资料①：黄许镇有刘、尹、李、杨、张、王、谢七大姓，人口为 14 629 人，占全镇人口的 59%。这些大姓氏居住较集中，从家谱记载的资料了解到，其多为康熙乾隆以来的移民后裔，其中：刘氏从广东湖州府程乡县迁入新胜村周围的有 2 697 人；尹家由湖广麻城县黄冈村迁到龙安村一带有 2 492 人；谢氏由湖广宝庆府武岗州西路迁居新丰村及邻近村庄的有 1 699 人；王家从湖广武当山迁到此镇的有 1 761 人。黄许镇历史上移民来源的复杂和多层次性，对当地语言也形成深远的影响，以下就德阳黄许方言的代词系统进行描述和分析：

---

① 本资料由黄许镇派出所提供。

一　德阳黄许方言的代词系统

（一）人称代词

表1

	第一人称	第二人称	第三人称	反身称
单数	我 [ŋo⁵¹]	嗯 [n⁵¹]	际 [tɕi⁵¹]	自家 [kA⁴⁴]
复数	我之 [tsʅ⁴⁴]	嗯之	际之	

（二）指示代词

表2

近指：咯 [ko⁵¹]	指人：咯个 [kəu⁵⁵]
	指物：咯里 [ko⁵¹ li¹¹] 咯个 [kəu⁴⁴] 咯些 [ko²¹ ɕi⁴⁴ 咯起
	指时间：咯会儿 [xɕ⁴⁴]，咯下 [xA⁴⁴] 子咯量 [ko³⁵ ȵiɑŋ²¹]
	指地点：咯里 [ko²¹ li⁵⁵] 咯个塌塌
	指方式，程度，状态：咯们，咯个
远指：没 [mi⁴⁴] （或 [mei⁴⁴]）	指人：没个
	指物：没里 [mi⁴⁴ li¹¹] 没些 [mi⁴⁴ ɕi⁴⁴ 没起 没个
	指时间：没会儿 [xɚ⁴⁴] 没量 [mi⁴⁴ ȵiɑŋ²¹]
	指地点：没里 [mi⁴⁴ li⁴⁴] 没个塌塌
	指方式，程度，状态：没个

（三）疑问代词

表3

（1）指人指物：哪个 [nA²¹ kəu⁴⁴] 哪里 [nA⁵¹ li²¹] 么咖 [mu⁵¹ kɑ²¹]
（2）地点：哪里 [nA²¹ li⁴⁴] 哪砣 [nA²⁴ tʼo²¹] 哪个塌塌 [nA21ko55 ta21·ta]
（3）时间：好久　哪天 [nA21 tʼæ44]
（4）数量：几　好多
（5）方式：哪会儿 [nA²¹ xɚ⁴⁴] 　何咖 [ɣo²¹ kɑ²¹]
（6）原因：为哪里　为么咖

二　黄许话人称代词的分析

（一）人称代词复数表示法

黄许话的人称代词复数是在单数形式后加"之"，相当于普通话当中的"们"。第一人称复数没有包括式，这在西南官话，湘语中都有此特征。这同普通话有区别，普通话中有"咱们"和"我们"之分（黄伯荣1991），"咱们"包括说话人和听话人双方，称为"包括式"用法，用于口语；"我们"和"咱们"在同一场合出现时，"我们"只包括说话人一方的群体，排除听话人一方，称为"排除式"用法。在黄许话中，"我之"是排除式还是包括式完全取决于当时的具体语境，如果表示听话人一方的群体，一般在"我之"前加上具体的人的表单数的人称代词，例如：

（1）嗯，我，我之一路去赶场。（一路：一起）
（2）我和屋里人，还有嗯之，我之一路回去。

汉语人称代词的复数形式有时候可以用来表单数，吕叔湘曾指出："由于种种心理作用，我们常有在单数意义的场所用复数意义的情形。"在黄许话中，这种情形主要分两种情况。

1. 在多数亲属称谓前做定语的代词是复数形式，为了表说话人的一种亲切语气。吕叔湘在《近代汉语指代词》就谈道："过去的中国社会，家族的重要过于个人，因此跟家族有关的事物，都不说你的，我的，而说你们的，我们的，"的"字通常省去，如你们府上，我们舍下……"在现在汉语大部分方言中，都还保留了此用法。黄许方言中也是如此，例如：

（3）嗯先去嘛，我等我之妈回来哒。
（4）我之哥哥今年就大学毕业了。
（5）咯件事情估计我之屋里人呒答应。

除此之外，在与说话人或听话人关系密切的具体地名场所前也可以用复数形式表单数，如"我之学校""嗯之屋里""际之单位"等。

2. "我之""嗯之"做主语、宾语时,有时也可以表单数,例如:

(6) 我之咯些人老实得很。(我们这些人老实得很)

(7) 我之咯些人有冒是得吃呒起饭。(我们这些人又不是吃不起饭)

(8) 莫消默哒我之咯些人呒懂,哪个都懂得起咖。(不要以为我们这些人不懂,谁都懂的)

(9) 嗯之咯些人就是呒讲信用!(你们这些人就是不讲信用)

黄许话中,在"我之"后面再加"咯些人",往往只指说话人一个,这用法以"我之"更为常见,一般是表示一种自我解嘲的意味。这与成都话中以人称代词复数表单数的用法有所相似。

黄许话中,表复数还可以在名词后加"家",表示某一类人:娃儿家(男孩们)|妹唧家(女孩们)|老汉儿家(老头们)|岁头儿家(小孩子家)|婆娘家(妇女们)。

(二) 人称代词与其后名词的领属关系表示法

黄许话中,人称代词与名词之间的领属关系用"咖"表示,如:"(我|嗯|际)+咖+爸爸|妈妈|屋里|学校……"

(三) 人称代词的指称范围

黄许话中的反身代词主要有"自己""自家""各人",其用法与西南官话成都话大体相同,但黄许话还有表自称的"各家"。其中,"自家"和"自己"的意义和用法相同,用"自家"的地方,都可以换为"自己",但"自己"的用法比"自家"广泛。

1. "自己"既可以指人,也可以指物,"自家"一般指人,很少指物。例如:

(1) 莫一天管哒际,际自己|自家晓得鼓劲。(不要一天到晚管着他,他自己知道努力)

（2）莫呃好意思，都是自己丨自家屋里咖人。（不要不好意思，都是自己家的人）

（3）水管子冒得人开，水自己就流出来咖了。（水管子没有人开，水自己流出来了）

（4）猫儿晓得自己屙屎自己埋。（猫知道自己屙屎自己埋）

2. 成都话中，"自己"既可用于泛指，也可用于特指，"自家"较少用于泛指。而在黄许话当中，两个词做泛指的功能相当。例如：

（5）自己＼自家打自己＼自家咖勾子呃痛（即自我批评不深刻）

（6）哪个都晓得，自己＼自家的东西自己＼自家要看好。

黄许话当中，"各家""各"除有表自称用法外，还可以表泛指。例如：

（7）丁丁猫咬尾巴——各家吃各家

（8）我之屋里早就分咖家了，各管各！

3. 黄许话中，表他称的主要有"人家""二个"。其中："二个"只用于泛指或虚指；"人家"则多用于特指，还可以用来指称说话人自己，用于泛指的情况较少，一般结合上下文语境可以确定所指称的人。例如：

（9）妈咖话嗯呃听，二个＼人家咖话就听！（妈的话你不听，别人的话就听！）

（10）水瓶呃是嗯打烂咖，未必还是二个？（水瓶不是你摔坏的，难道还是别人？）

（11）咯东西只准给我，二个莫给。（这东西只能给我，不能给别人）

（12）莫消乱摸蛮，咯是人家咖。（不要乱摸嘛，这是人家的）

（13）咯样子走叔叔屋里去，人家呃得喜欢嗯咖。（这个样子到叔叔家里去，他是不会喜欢你的）

（14）我今天去找活路，人家呃要我。（我今天去找工作，人家

不要我)

（15）莫问我了，人家吭想说。

以上例句中：（9）句中"二个""人家"用于泛指，（10）句、（11）句两句中"二个"都用于虚指；（12）句、（13）句、（14）句中的"人家"用于特指，其中，句中的"人家"特指主人，句中的"人家"特指叔叔，句中的"人家"特指雇工的老板。句中的"人家"指说话人自己。

4. 黄许话中第二人称没有类似普通话中"您"的表尊称的说法。在具体语境中需要表尊敬意味时，一般由代词后加近指代词再加名词构成，如："嗯咯老年人""嗯咯大姐""嗯咯大伯"等。另外，黄许话中第三人称代词"际"的指称范围广泛，相当于普通话当中的"她""他""它"，既可以指人也可以指物。

三　黄许话的指示代词分析

黄许话的指示代词只有近指和远指，没有中指。由指示代词"咯""没"跟其他语素或词组合时，常常发生音变，同样的组合读音不同，其所指称之物也不同，以下根据所指称之事物具体说明。

（一）"咯""没"单用的情况分析

黄许话中，指称"这""那"的"咯"和"没"只在口语中使用，读音分别为〔ko^{51}〕，〔mi^{55}〕或者〔mei^{55}〕。黄许话"咯""没"不常单用，如单用有如下限制：

1. 在判断句中做主语。例如：

（1）咯是我咖书。（这是我的书）

（2）没是我咖老师。（那是我的老师）

2. 指示代词前有充当主语或宾语的人称代词。例如：

（3）际咯东西吭安逸。（他这个东西不好）

（4）我咯是好东西。（我这个是好东西

（5）际没是冒文化才乱骂人。（他那是没文化才乱骂人）

（6）呒要际没东西。（不要他那的东西）

（二）除上述两种情况，"咯""没"一般要跟别的语素或词组合使用

1. 人物，事物指代词：咯里，咯个，咯起，咯下儿咖

　　　　　　　　　没里，没个，没起，没下儿咖

A. 黄许话指称人只能用"咯个""没个"，而指称物则可以用上述六个词，其中"咯个""没个"和"咯里""没里"指代的事物最为具体，具体到某一个，例如：

（7）两个碗里头，我要咯个，呒要没个。（两个碗里面，我要这一个，不要那一个）

（8）两个东西，我要咯里，呒要没里。（两个东西，我要这一个，不要那一个）

还可以用作虚指，例如：

（9）自己呒努力，怪咯个怪没个！（自己不努力，怪这个人怪那个人！）

（10）际一天贪心得很，要咖咯里要没里！（他一天到晚贪心得很，要了这个要那个！）

B. "咯下儿咖""没下儿咖"和"咯起""没起"所指代的具体性稍弱，指这或那一小类东西，通常限定在小范围，例如：

（11）我喜欢咯下儿咖花，呒喜欢没下儿咖花。（我喜欢这样的花，不喜欢那样的花）

（12）各样的花里头，我要摘咯起，呒摘没起。（各种花里面，我要摘这种，不摘那种）

以上例句中，"花"没有限定是哪一朵，而是指某种颜色、形状、香味等范围里的花。

2. 地点指代词：咯里　没里

咯个塌塌　没个塌塌

两组指示代词的用法在黄许话中相同，都用来指称某个地点，例如：

（13）跟我走叔叔没里去。

（14）嗯走咯个塌塌来做哪里？（你来这个地方做什么？）

需要说明的是"咯里"既可以指称事物，也可以指称地点，但读音变调不同：

咯里　指称事物［$ko^{51}\ li^{11}$］

指称地点［$ko^{21}\ li^{55}$］

3. 时间指代词：咯<u>会</u>儿［xA^{55}］咯<u>下</u>［$xə^{55}$］子咯量［$ko^{35}\ ȵiaŋ^{21}$］

没会儿［$xə^{55}$］没量［$mi^{55}\ ȵiaŋ^{21}$］

时间代词中，"咯下子"没有相对应的"没下子"远指代词，"咯下子"相当于普通话的"现在"，如："咯下子安逸，屋里买起电冰箱了！"（这下好了，家里买上电冰箱了!），黄许话中与"咯下子"意思相对应的词是"往天"，（"往天"相当于普通话的"过去"）。

四　疑问代词用法分析

（一）疑问代词表疑问的用法

1. 询问人，一般用"哪个"，不单用"哪"。例如：

（1）哪个是我咖叔叔哦？

询问物，一般用"哪里［$lA^{51}\ li^{21}$］、么咖［$mu^{51}\ ka^{21}$］"

（2）嗯要买点儿哪里？（你要买点什么？）

（3）际在看么咖？（他在看什么？）

这里的"哪里"相当于普通话的"什么"和成都话当中的"啥子"。

2. 询问数量，一般用"好多""几"。例如：

（4）咯里东西有好多斤？（这个东西有多少斤？）

（5）屋里有几个娃娃？（家里有几个孩子？）

在黄许话当中，询问数量时，"几"所询问的数量一般较少，而"好多"的使用范围则相对较宽，不仅可以询问几个，也可以询问几十个乃至无穷的数量。

此处的"好多"询问数量时相当于普通话的"多少"，同时"好多"在黄许话中也可以用来修饰名词，表示数量很多，如："挣了好多钱哦！"，这种用法和普通话相同。

3. 询问地点，一般用"哪里［lA²¹li⁴⁴］、哪砣［lA²¹⁴tho²¹］、哪个塌塌。例如：

（6）嗯走哪里去？（你到哪里去？）

（7）际咖屋在哪砣？（他的家在哪里？）

这三个用来询问地点的代词当中，"哪里"所指的地点范围比"哪砣""哪个塌塌"要相对宽泛，可以用来询问大地点或者小地点。

4. 询问时间，一般用"好久"，既可以用来询问一个具体时间，也可以用来询问一个时间段。例如：

（8）嗯好久走？（你什么时候走？）→询问具体时间。

（9）嗯好久回来一回？（你多久回来一次？）→询问时间段。

"好久"除了可用来表示询问时间外，还可以用来形容时间很长。例如：

（10）际走咖好久了？好久了。（他走了多久了？他已经走了很久了。）

5. 询问方式，一般用"哪会儿"［lA²¹ xɚ⁵⁵］"何咖"［ɣo²¹ ka²］，相当于普通话当中的"怎么"。例如：

(11) 咯道题哪会儿做？（这道题怎么做？）

(12) 嗯想何咖做？（你想怎么做？）

6. 询问原因：一般用"为哪里""为么咖"。例如：

(13) 嗯为哪里要睡懒瞌睡？（你为什么要睡懒觉？）

(14) 天为么咖尽下雨？（天为什么一直下雨？）

(二) 疑问代词的非疑问用法

1. 用在反问句当中，主要有"哪个"［nA²¹ kəu⁵⁵］、哪里［nA⁵¹ li²¹］、么咖［mu⁵¹ kɑ²¹］、哪里［nA²¹ li⁵⁵］、哪砣［nA²¹⁴ tho²¹］、哪个塌塌、好久、哪天［nA²¹ thiɛn⁵⁵］、几、好多、哪会儿［nA²¹ xɚ⁵⁵］、何咖［ɣo²¹ ka²］。例如：

(15) 哪个唔晓得嗯是好学生？（谁不知道你是个好学生？）

(16) 我好久讲过嗯唔对？（我什么时候说过你不对？）

2. 用于任指，表示任何一个。例如：

(17) 哪个人来劝我我也唔听！（谁来劝我我也不听！）

(18) 咯猪哪里都要喫［tɕhiA⁵⁵］。（这猪什么都要吃）

3. 用于虚指。例如：

(19) 我想出去找个哪个活路来做。（我想出去找个什么工作来做。）

(20) 咯门多作业，要做到好久才做得完哦。（这么多作业，要做到什么时候才做得完哦。）

　　综上分析，黄许话的代词系统当中，大部分保留了湘语代词特点，与今天湖南许多地区使用的代词读音和用法均相同，如湖南长沙方言、株洲方言、湘潭方言、邵阳方言等。从已经发掘出的四川湘方言岛的调查记录来看，黄许话的代词系统与四川李都话，金堂和竹蒿地区的"老湖广话"的代词系统非常近似，说明"湘方言进入四川以后的几百年间，经历了一个由封闭走向开放的过程。在这个过程中，一方面要顽固地保留自己的方言，'宁卖祖宗田，不卖祖宗言'，因此平时家人聚会或同籍交际，都打乡谈；一方面又要同外籍人接触交往，因而与外籍人交接必须说四川话。这种'打乡谈'的方式，使得几百年前湖南移民带来的湘方言得以保留到今天。从黄许话的代词系统当中我们可以看到这种保守性的痕迹。

参考文献

崔容昌：《四川境内的湘方言》，中研院历史语言研究所，1996 年。

李雄燕、尹钟宏：《涟源荷塘方言中的代词》，《娄底师专学报》2001 年
　　第 3 期。

李永明：《长沙方言》，湖南出版社 1991 年版。

吕叔湘：《近代汉语指代词》，学林出版社 1985 年版。

袁慧：《邵阳塘渡口方言的代词系统》，《湖南经济管理干部学院学报》
　　2002 年第 10 卷。

尹蔚：《株洲方言的代词》，《南华大学学报》2004 年第 2 期。

张一舟、张清源、邓英树：《成都方言语法研究》，巴蜀书社 2001 年版。

曾毓美：《湘潭方言的代词》，《方言》1998 年第 1 期。

昆明方言"X法"及"指代词+谓词性成分+法"特殊构式分析

荣 晶[1] 丁崇明[2]

(1. 北京师范大学文学院 2. 北京师范大学汉语文化学院)

提 要 "法"是昆明方言的一个语法单位,首先它是一个构词成分,其次是一个类词缀。作为类词缀的"法"可构成"动词+法"名词性结构,它的能产性比北京话强得多。昆明方言另外还有一个助词"法",它从构词语素和类词缀的"法"虚化而来,但还有一定词汇意义,其语法功能是构成"指代词+谓词性成分+法"构式。本文运用构式语法理论对这一构式进行分析。"指代词+谓词性成分+法"构式义可概括为:评价主体在某方面具备某种不同于一般的性质、状态或者能力。这一构式分又可以分为4类构式,这4种构式的构式义略有不同。这4类构式可分为8种句式。

关键词 "动词+法"名词性结构 "指代词+谓词性成分+法"构式 构式义分析 昆明方言

"法"是昆明方言一个十分特殊的语法单位,读为 $[fa^{31}]$。它的特殊之处不仅表现在语法性质上,而且体现在其分布方面,另外也体现在其功能方面。我们先看以下例句:

(1)他们这种吃法我从来有没见过。

(2)你喊叫我们挨把这些包藏起来,咋个怎么藏法?

（3）你想象不出来，他那种认真法。

（4）你冇见着，那点儿那里之脏法，你想都想不出来。

（5）那个包之装得得法，我那么多东西全全部部装进去都还有空。

（6）你们想象不出来我那下那时那种想家法，巴不得马上回家来。

从以上"法"中我们可以看出它们分布是有差别的，以下我们从其语法性质与分布以及构式语法的角度来描写分析它。

一　构词成分及类词缀"法"及其用法

"法"首先是一个构词成分，其次是一个类词缀。

（一）"动词性语素＋法"构成的合成词

昆明方言和北京话一样，"法"可以作为一个名词性构词语素构成"动词性语素＋法"的合成词。例如，"办法、想法、做法"等。其中的"法"已经与前面的语素凝固为一个词了。

（二）　动词＋法（类词缀）

"法"作为部分虚化了的名词性类词缀，在昆明方言中可以构成"动词＋法"名词性结构，这在北京话中也有，但在昆明方言中它的能产性更强，它是一个较为开放的组合方式，由它构成的结构非常多。这一结构的表义功能是表示进行某种行为的方法。例如，"吃法"是指吃的方法、"腌法"是指腌制食品的方法。许多单音节动词都可以加上"法"形成"动词＋法"的结构。例如：

吃法、装法、玩法、开法、写法、腌法、去法、整法、照法、调法、安法、熬法、摆法、帮法、绑法、包法、抱法、背法、比法、印法、编法、裁法、练法、梳法、栽法、杀法、站法、运法、长法、管法、洗法、喂法、学法、问法、打法、炒法、分法、追法、演法、转法、赚法、关法、晒法、下法、咳法、煮法、活法、读法、唱法、

变法

有的双音节动词也可以加"法"构成这一结构。例如：

> 研究法、污赖陷害法、整治法、参观法、化妆法、录音法、观察法、整理法

"动词 + 法"前面常常要加上"这种""那种"或其他限制性的定语，构成"这种/那种 + 动词性语素 + 法"结构。例如：

> （7）你那种问法问不出哪样什么来，你要讲究点儿方式方法。
> （8）你们这种练法会挨这些娃娃的嗓子练废掉的。
> （9）新疆维吾尔族的那种辫子咋个怎么编法？
> （10）像你这种装法那么多东西根本装不进去，你要挨把那些多余的包装去掉才装得下。
> （11）宣威火腿咋个腌法？
> （12）我想看看京戏演员咋个怎么化妆法。

我们说这种法是"类词缀"而不说它是"构词语素"，是由于由它构成的"X法"不是一个词。因为能与它组合的动词很多，它并没有构成新词，而是构成一个类似短语的结构，但它又不同于一般的短语，其中的"法"已经部分虚化了，有的"法"可以省略不说而语义没有变化。例如以上例（7）至例（12）中的"法"都可以省略不说出来，而语义并没有变化。

二 助词"法"构成的"指代词 + 谓词性成分 + 法"构式

（一）助词"法"

昆明方言另外还有一个助词"法"，这是一个比较特殊的"法"。这个"法"是从构词语素和类词缀的"法"进一步虚化而来的，但从语义上可以看出它们之间的渊源关系。助词"法"的语法功能主要是出现在

一个谓词性结构后面，它并没有完全虚化，还有带一定的词汇意义，多少带有"……样子"的意思。先看以下两个例句：

(13) 他那种屌蛋法_{他那种调皮呀}，有本事在教室门上置_放把扫把，治新老师的雀_{对新老师使坏}，老师一推门扫把就打着_在头上，逗了全班大笑起来。

(14) 我们老师之厉害得法_{我们老师太厉害了}，哪个_谁上课敢讲小话，他就拿粉笔头打哪个_谁，要么是让他站着_在后面听课。

(15) 你有见过这点儿的农民背柴那种背得法，一个小小姑娘，背的柴火比她的个子还要高。

(二) 构式分析

构式语法（Constructive Grammar）是在认知语言学基础上，由 Adele E Goldberg 和 Paul Kay 等在 20 世纪 90 年代提出的语法理论。这种理论源于 Filmore C. J 提出的"框架语义学"。Goldberg（1995）指出："C 是构式当且仅当 C 是一个形式——意义配对＜F_i，S_i＞，且形式（F_i）或意义（S_i）的某些方面不能从 C 的构成成分或从其他先前已有的构式中得到完全的预测，C 便是一个构式。"Goldberg（2006）进一步指出："只要形式或功能的某一方面不能通过其构成成分或其他已确认存在的构式预知，就被确认为一个构式。"构式语法的基本思想是"整体大于部分之和"，即"1＋1＞2"。本文尝试运用构式语法理论对昆明方言的特殊"X 法"所构成的句式进行分析。

助词"法"构成的构式可以分为 4 大类，这 4 大类可以构成 8 种句式。

(三) "指代词＋AP＋（得）＋法"构式

"指代词＋AP＋（得）＋法"其中的"指代词"包括两种类型。第一种是"指示语素＋代称语素"构成的指示代词类的，指示代词包括"那种、那份儿、那么、这种、这份儿、这么"等；第二种是代词"之"类的。构式中的"AP"代表形容词性成分，主要是形容词，其中的"得"读为［tə^{31}］，是一个结构助词，它常常省略。这样就形成"指代词

＋AP＋法"。

"指代词＋AP＋（得）＋法"已经形成一个构式，其构式义是表示主体具有某种主观高量的性质。即表示：发话人主观上认为某人或者某物具有超出一般的某种性质或状态。如："他儿子之聪明得法。"和"他儿子那份儿聪明法。"均表示发话人认为"他儿子超出一般的聪明"的语义。

"指代词＋AP＋（得）＋法"可以构成两种句式：

S1：NP/VP＋那种＋AP＋（得）＋法
S2：NP/VP＋之＋AP＋（得）＋法

上述两种句式的构式义是：发话人认为某人/某事（或干某事）具备很高程度的某种性质。

1. "NP/VP＋那种＋AP＋（得）＋法"句式

"指代词＋AP＋（得）＋法"构式主要充当谓语，这样就构成了"S1：NP/VP＋那种＋AP＋（得）＋法"。其中的指代词有"那种、那份儿、那么、这种、这份儿、这么"，老昆明主要用的是"那份儿"，而新昆明主要用的是"那种"。"S1"中主语大多数是指人的词语，在这一句式之后，常常要跟上一个或者多个分句，用来进一步说明主语在某一方面具备很高的某种性质。例如：

(16) 她那种猪傻法，人家挨把她卖掉都认不得，还在那点儿帮人家数钱①。

(17) 像你这份儿渣精法像你这种娇情的样子，哪个女的会喜欢你噢。

(18) 你晓不得我那天那种戳气生气法，做好一桌饭菜一个都不回来吃，原先说的好好的几个姑娘儿子都回来挨为他爹过生日，到后来一个二个个个都有事情，你说这种儿女养了整哪样干什么。

(19) 你这份儿娇气法，今后咋个出门噢。

"S1"中的主语也可以是表示事物、地点的名词性词语。例如：

---

① 例（19）中的"猪"是名词用作形容词，意义是傻。

（20）香港那种干净法，皮鞋穿几个月都不消_{不必}擦。

（21）那碗千张肉_{梅菜扣肉}蒸的那种芭*［b'ʌ⁴⁴］烂糊法，冇得牙齿的老妈妈都可以吃。

（22）你是冇见着过她们家那份儿讲究法_{你没有见过她家那种讲究的样子}，装修的之豪华得法_{装修得太豪华了}，家具都是外国进口的，那些摆设我们见都冇见过。

"S1"中的主语也可以是动词性词语，这样句子的构式语义就是表示"干某事具备很高程度的某种性质"。例如：

（23）开餐馆那种苦法，你是晓不得。

（24）在国外打拼那份儿孤独法，冇去过的人是体会不到的。

2."NP/VP＋之＋AP＋（得）＋法"句式

"指代词＋AP＋（得）＋法"其中的指代词可换成代词"之"，"之"读为［tʂʅ⁵³］。而当这一构式充当谓语时就构成了"S2：NP/VP＋之＋AP＋（得）＋法"。能进入"那种＋形容词＋法"的形容词都能进入这一构式。"S2"中的主语主要是表人的名词性成分，也可以是表示事物的名词性成分，这一句子后面可以跟一个或多个分句，进一步说明某人或某物在某一方面具备很高程度的某种性质。例如：

（25）那种人之操耐_{不仗义}（得）法，借自己的兄弟1 000块钱，还要算利息。

（26）他表面上看着起之正经（得）法，底下干的那些事你想都不敢想。

（27）他那种人之恶［u²¹²］俗_{恶心}（得）法，经常脸脚都不洗就去睡觉去。

（28）这点儿的水是从雪山上淌下来的，之扎冰凉（得）法，我们都根本不敢下去游_泳游。

（29）你莫瞧不起他们这些乡镇企业，他们的管理之正规（得）法，一般的国营企业都比不上。

"S1" 中的主语也可以是动词性词语,这样句子的构式语义就是"干某事具备很高程度的某种性质"。例如:

(30) 现在在昆明市中心买房之贵得法,每平方米要 1 万元到 1.5 万元,我们这些工薪阶层就莫想买。

(31) 过年过节去公园逛之挤得法,人挨人,肩碰肩。

3. "指代词 + AP +(得)+ 法" 构式中的 AP

"那种 + AP +(得)+ 法" 和 "之 + AP +(得)+ 法" 中的 AP 主要是形容词,据我们考察能进入这一构式的形容词比较多,述人的常用形容词大都可进入这一构式,表示颜色、事物特征的较常用的口语化形容词也可进入这一构式。据初步考察能够进入"指代词 + 形容词 + 法"的形容词有:

操耐、屌捣蛋、屌蛋、恶［u^{212}］俗、恶心、臁、阴、阴毒、沙、酥、戳气、高、老实、讨厌、简单、香、干脆、骄傲、腐败、巧妙、幼稚、矮、安静、白、长、短、多、干净、高兴、贵、好、黑、坏、挤、苦、困难、老、累、冷、亮、乱、麻烦、满、慢、忙、难、努力、胖、漂亮、便宜、轻、清楚、热、热闹、热情、认真、容易、少、深、舒服、疼、痛快、危险、小、辛苦、脏、整齐、笨、薄、差、诚恳、臭、聪明、粗、呆、淡、低、发达、肥、负责、复杂、富、干燥、怪、好听、好玩、红、厚、糊涂、花、慌、活泼、积极、激动、激烈、假、精彩、静、刻苦、空、蓝、懒、烂、老实、厉害、凉快、耐心、能干、普通、齐、奇怪、强、强大、轻松、穷、软、瘦、熟练、顺利、松、细心、详细、严格、严肃、硬、勇敢、用功、糟糕、专心、准、仔细、保守、逼真、惨、潮湿、丑、丑陋、粗心、大意、倒霉、得意、陡、毒、恶劣、费、疯、高级、欢喜、艰苦、艰难、简易、狡猾、精神、可惜、可笑、密切、难受、难听、朴素、谦虚、神气、淘气、调皮、顽固、窝囊、无聊、细致、小气、孝顺、严、严厉、幽默、冤枉、主动、辣、扎凉、骚、鬼、贱、憨、犟、狠、远、僵述人的形容词性的成语和俗语可作为 AP 进入"那种＋AP＋（得）＋法"和"之＋AP＋（得）＋法"构式中。这样就构成了"那种＋成语/俗语＋（得）＋法"和"之成语/俗语＋（得）＋法"。例如：

（32）他那种人有时候之一本正经（得）法，给你看了就像另一个人一样的。

（33）那几个当官的那天之装模作样（得）法，上面来视察的时候装出一副关心职工生活的样子，问寒问暖的。其实这些人从来就不关心职工的生活，大家反映了多少次要求修个洗澡堂，他们根本就不理。

（34）从那次着_被处分以后，他那种归阴伏法_{老实}（得）法，每天早早的来上班，从来不敢早退。

（35）她那个老倌_{丈夫}那种穷转饿算得法，样样都着他算完算尽掉_{她那个丈夫那种会算计，什么都被他算过来了。}

其中的成语或俗语的功能相当于形容词，因为它们均能被程度副词"太"修饰。能够进入这一构式的成语或俗语又如：

那种老奸巨猾得法、之遵纪守法得法、之假模假式得法、之老谋深算得法、那份儿精打细算法

4."指代词＋AP＋（得）＋法"构式的句法功能

"指代词＋AP＋（得）＋法"主要充当句子的谓语，也可充当补语。例如：

（36）她那天哭得之伤心得法，眼睛都哭肿掉。

（37）我那下_{那时}学得那份儿艰难法，你们一个都有见着过。

（四）"指代词＋V＋得ᵥ＋（得）＋法"构式

"指代词＋V＋得ᵥ＋（得）＋法"是由助词"法"构成的第二类构式，它是在动词之后加上一个特殊的动词"得"，充当前面动词的补语；

第二个"得"是结构助词,两个"得"语音形式一致,大多数情况下省略结构助词"得"。

"指代词+V+得$_v$+(得)+法"也包括两种类型,第一种是"指示语素+代称语素"构成的指示代词类的,指示代词包括"那种、那份儿、那么、这种、这份儿、这么"等;第二种是代词"之"类型的。

"V+得"已经成为一种构式,其构式义是表示做干某种事的能力强。具体来说能力强表现在时量、数量和程度三个方面,具体是哪方面与前面的动词的语义和语境有关①。"指代词+V+得$_v$+(得)+法"可以构成以下两种句式:

S3:NP/VP+那种+V+得$_v$+(得)+法
S4:NP/VP+之+V+得$_v$+(得)+法

这两种句式可以归纳为一种构式:NP/VP+指代词+V+得$_v$+(得)+法。其构式义是:某人干某事能力强。

1. "NP/VP+那种+V+得$_v$+(得)+法"句式

"那种+V+得$_v$+(得)+法"的句法功能就是充当谓语,主要就形成了句式"S3:NP/VP+那种+V+得$_v$+(得)+法"。句中的"那种"老昆明常常用儿化词"那份儿",新昆明则较多用"那种"等其他指示代词。句中的结构助词常常省略。例如:

(38)他老婆那种 ˹转得得法他老婆太会算计了,家首里的衣裳都要拿来单位上洗。

(39)他那份儿睡得得法他太能睡了,经常晚上睡十个钟头,中午还要睡两个钟头的午觉。

"那种+动词+得+(得)+法"中的动词都可以变换成昆明方言中特殊的"太V得(N)",其语义与"太V得"相近。以下例句中的a可以变换为b:

---

① 关于这个"得"的详见(丁崇明 2007)昆明方言的特殊"V得"及其句式,《汉语方言语法研究》(第二辑),华中师范大学出版社 2007 年版。

（40）a. 那些少数民族喝酒那份儿喝得得法，我们根本不是他们
的对手。

b. 那些少数民族太喝得酒了，我们根本不是他们的对手。

（41）a. 他那份儿吃得得法，一顿饭要吃五大碗饭。

b. 他太吃得了，一顿饭要吃五大碗饭。

（42）a. 她这个人那份儿款＊得得法①，一款＊起来就是四五个
钟头，别个别人都插不上嘴。

b. 她这个人太款＊得了，一款＊起来就是四五个钟头，别
个别人都插不上嘴。

2. "NP/VP＋之＋V＋得$_v$＋（得）＋法"句式

"之＋V＋得$_v$＋（得）＋法"的句法功能就是充当谓语，主要就形成
了句式"S4：NP/VP＋之＋V＋得$_v$＋（得）＋法"。"S4"的其他特点与
"S3"相同。例如：

（43）老王之游得法，每次都要游五千米。

（44）他之闇［ĩ⁴⁴］隐瞒得法，有本事结婚一年了，单位上的人
一个都不告诉。

（45）你之睡得法，一有空就睡，哪个老板会要你噢？

"S3"和"S4"中的主语可以是一个动词性的短语，而"指代词＋V
＋得$_v$＋（得）＋法"中的动词与主语中的动词常常是同一动词，或是离
合词中的前面的部分，这样便形成了一种特殊的拷贝动词句。例如：

（46）他喝酒之喝得得法，白酒喝个斤把两斤—斤左右或两斤，一点
儿事情都有得。

（47）我们宿舍那几个同学熬夜那份儿熬得法，经常两三点
才睡。

---

① 款＊［kuã̀］：（1）说，聊。例如：你跟他～～你去外面听着的新闻。（2）夸耀。例如：
他太爱～他儿子了。／他一天就是～他自己当年咋个怎么威风。

3. "NP/VP + 指代词 + V + 得$_v$ +（得）+ 法"构式中的动词

只有少数单音节动词能够进入"指代词 + V + 得$_v$ +（得）+ 法"结构中。根据我们的考察，常用动词中能够进入这一结构的动词有：

吃、喝、抽、吹、拉、拖、装、挖、挑、走、逛、跑、跳、站、坐、蹲、跪、翻、爬、背、睡、泡、讲、干、骑、写、玩、"转$_{算计}$"

能够进入"指代词 + V + 得$_v$ +（得）+ 法"中的动词绝大多数都是动作动词，这些动词绝大多数后面都可以加时量补语（""转$_{算计}$"是一个比较特殊的例外）。从句法语义方面分析，这一构式后面常常要出现从时量、数量或程度方面来说明叙述主体是如何"指代词 + V + 得$_v$ +（得）+ 法"的部分。例如：

(48) 我媳妇逛街之逛得法，逛个五六个钟头一点儿都不觉得累。

(49) 他抽烟之抽得法，一天要抽两包烟。

(50) 他是山区长大的，爬山之爬得法，那次我们一起去爬黄山，他一口气就爬到山顶，中途一口气都不歇，我们根本跟不上他。

(51) 那些女的在水首$_{水里}$之泡得法，可以泡上两三个钟头。

（五）"NP$_{有生}$ + 指代词 + 会 + VP +（得）+ 法"构式

由助词"法"构成的第三大类构式是"NP$_{有生}$ + 指代词 + 会 + VP +（得）+ 法"，其构式义为：某人很善于干某事。这一构式又包含着以下两种句式：

S5：NP$_{有生}$ + 那种 + 会 + VP +（得）+ 法
S6：NP$_{有生}$ + 之 + 会 + VP +（得）+ 法

上述两种句式中的VP可以是一个单个的动词，也可以是一个带宾语的动词性短语。例如：

(52) 他老婆之会做菜得法，保证给你吃了还想吃。

（53）他媳妇之会做家务得法，做饭、补衣裳、打扫卫生样样都来得干得好。

（54）他那份儿会吹法，死人都给你说成活人。

（六）"指代词+V_心理+O+（得）+法"构式

由助词"法"构成的第四大类构式是"指代词+V_心理+O+（得）+法"，其构式义是：某人对于某人或者干某事产生某种深度的心理活动。这一构式包含着以下两种句式：

S7：NP_有生+那种+V_心理+O+（得）+法
S8：NP_有生+之+V_心理+O+（得）+法

其中的"得"也可以不出现。可以进入这种结构的是以下心理动词：想、喜欢、爱、心疼、关心、担心、讨厌、相信、信任、迷钟爱。例如：

（55）你晓不得我在农村的时候那种想家（得）法，经常梦见回家。

（56）他那种喜欢你得法，你喜欢哪样他都一清二楚。

（57）他爹他妈那份儿他得法，他只要有一小点儿不舒服就喊他莫去上班了。

（58）王昆他女朋友之任他得法，样样每一件事情都跟他说，自己的存款全部都交给他。

（59）你是有见着到他之喜欢他那个儿子（得）法，一回家来就一直抱着他儿子。

（60）老王之讨厌他那个农村老婆（得）法，从来不跟她一起上街。

这两种句式中有的心理动词的宾语可以是谓词性的。例如：

（61）他媳妇之爱打扮（得）法，有时候一天要换三套衣服，还一天搽脂抹粉的。

（62）她那种喜欢抖草得瑟得法，只要她们家有哪样什么好事，一小下—会儿全院子的人都会认得_{知道}。

（63）她那个隔壁邻居那份儿爱盘弄是非得法，一天张家长李家
短的，太讨嫌了。

动词若是"喜欢"这类词，其谓词性宾语还可以是一个比较复杂的
短语。例如：

（64）他们之喜欢去旅游（得）法，一有空就自己开着车出去
玩去。

（65）他之喜欢跟他那些狐朋狗友一起搓麻将（得）法，搓起麻
将来整天整天的搓。

三　总结

"指代词 + 谓词性成分 + 法"构式分为 4 大类，这 4 大类可以构成 8
种句式，可以总结为下表：

表1　"指代词 + 谓词性成分 + 法"构式及所构成的句式及其构式义

	构式	句式	构式义
1	指代词 + AP + （得）+ 法	S1：NP/VP + 那种 + AP + （得）+ 法	某人/某事（或干某事）具备很高程度的某种性质
		S2：NP/VP + 之 + AP + （得）+ 法	
2	指代词 + V + 得_v + （得）+ 法	S3：NP/VP + 那种 + V + 得_v + （得）+ 法	某人干某事能力强
		S4：NP/VP + 之 + V + 得_v + （得）+ 法	

续表

	构式	句式	构式义
3	指代词 + 会 + VP +（得）+ 法	S5：NP_{有生} + 那种 + 会 + VP +（得）+ 法	某人很善于干某事
		S6：NP_{有生} + 之 + 会 + VP +（得）+ 法	
4	指代词 + V_{心理} + O +（得）+ 法	S7：NP_{有生} + 那种 + V_{心理} + O +（得）+ 法	某人对于某人或者干某事产生某种深度的心理活动
		S8：NP_{有生} + 之 + V_{心理} + O +（得）+ 法	

"指代词 + 谓词性成分 + 法"构式义可以进一步概括为：评价主体在某方面具备某种不同于一般的性质、状态或者能力。

这一构式后面常常要出现分句或后续句，用来进一步说明其主体是如何不一般的。也有的句子后面没有出现进一步解说的分句。在交际中可能会引起听话人发出追问，然后发话人会在应答句中进一步解说。例如：

（66）——那种泥石流之恐怖（得）法你是冇见过。
    ——咋个恐怖法？你挨_给我们讲讲！
    ——几个人才抱得过来的大树和几吨重的大石头都着_被冲下山来。

参考文献

丁崇明：《昆明方言的特殊"V 得"及其句式》，《汉语方言语法研究》（第二辑），华中师范大学出版社 2007 年版。

Adele E. Goldberg, 1995, *Constructions：A Grammar Approach to Argument Structure*. Chicago University Press,（《构式：论元结构的构式语法研究》，吴海波译，冯奇审订，北京大学出版社 2007 年版）。

Adele E. Goldberg, 2006, *Constructions at Word：The Nature of Generalization in Language*. Oxford University Press.

吴语绍兴柯桥话"一量（名）"短语研究

盛益民

（南开大学文学院）

摘　要　本文主要研究吴语绍兴柯桥话的"一量（名）"结构。柯桥话的"一量（名）"结构主要有两类解读：数量解读和指称解读。文章第三部分讨论了"一量（名）"结构的数量解读；第三、第四部分讨论了"一量（名）"结构的指称解读，"一量（名）"结构可以表达不定指、无指和类指。同时，文章在各部分中还讨论了"一量（名）"结构中数词"一"隐现的规律。

关键词　绍兴柯桥话"一量（名）"结构　数量解读　指称解读　隐现规律

一　引言

李艳惠、陆丙甫（2002）指出，"数量名"结构［原文叫"数目表达"（quantity expression）］具有双重性：一种是以数词为核心的数目短语，它表示的是数量，不具有指称性；另一种是不以数词为核心的指称性短语。我们把前一种称为"数量名"短语的数量用法，把后一种称为数量名短语的指称用法。吴语绍兴柯桥的"一量（名）"短语同样也存在着这两种不同的解读。

本文的指称（reference）系统主要是参考了陈平（1987）、张伯江（1997）、王红旗（2004）等以功能主义作为基础的分类系统，主要包括四组语义概念：类指（generic）和单指（individual）、有指（referential）和无指（nonreferential）、定指（identifiable）和不定指（nonidentifiable）、特指（specific，也叫"殊指""实指"）和非特指（nonspecific，也叫"非殊指""虚指"）。

"类指"指的是名词性成分的所指对象是一个类；如果所指不是一个类，那么就是"单指"。"有指"是名词性成分的指称对象是语境中的实体的指称（陈平 1987）；而如果名词性成分的指称对象不是语境中的实体，那么就是"无指"。而"定指 vs. 不定指"和"特指 vs. 非特指"这两组是有指的下位概念，是从不同角度对有指进行的分类："定指"和"不定指"是从听话人角度对有指进行的分类，如果说话人认为听话人能够识别事物的指称，那么说话人会选用定指的形式，反之则用不定指的形式；而"特指"和"非特指"是从说话人角度进行的分类，如果说话人自己能辨认事物的所指，那么就是特指的，反之就是非特指的。"定指"一定是"特指"，而"不定指"则有"特指"和"非特指"的区分。

根据陈平（1987）的研究，普通话的"一量（名）"结构可以表达不定指、类指和无指。柯桥话的"一量（名）"结构也有类似的指称功能。

下面分别从数量解读和指称解读两个方面讨论柯桥话的"一量（名）"短语。最后，总结"一量（名）"短语当中数词"一"的隐现规律。

二　"一量(名)"短语的数量解读

"一量（名）"短语做数量用法解读时，数词"一"基本上都不能省略。其表数量解读主要是有以下几种情况：

第一，当强调是数量"一"时，是典型的数量解读，此时数词"一"是句中的对比焦点，"一"不能省略。例如：

（1）要得＊（<u>一</u>）<u>本书</u>，弗是两本。要了一本书，不是两本。
（2）去得＊（<u>一</u>）<u>个</u>，弗是三个。去了一个，不是三个。

第二，当"一量（名）"短语用于数学计算时，也是典型的数量解读，例如：

(3) * (一) 个人吃三碗,十个人吃几碗? 一个人吃三碗饭,十个人
吃几碗饭?

(4) * (一) 镬饭够多少人吃? 一锅饭够多少人吃?

第三,当"一量(名)"结构用于对数量进行回答或者提问时,也是
句中的焦点所在,是数量解读。例如:

(5) A: 上外去得几个人? B: 去得 * (一) 个人。 A: 昨天去了几
个人? B: 去了一个人。

(6) 诺要多少东西? * (一) 件羊毛衫够弗够? 你要多少东西? 一
件毛衣够不够?

(7) 御黍玉米诺吃得 * (一) 蒲? 玉米你吃了一根?

第四,当"一量(名)"结构表达否极用法时,整个构式以否定最小
量"一"达到全量的否定,数词"一"是其中的语义核心,是数量解读。
例如①:

(8) 屋里头无有 * (一) 个人。 屋里没有一个人。

(9) 渠连 * (一) 句说话都弗话,就走哉。 他连一句话都没有,就
走了。

(10) 今年我是 * (一) 碰也碰弗来。 今年我是一碰都不能碰。

不过当"无有+'一'量名"之前已经确定范围了,那么"一"也
可以省略,例如:

(11) 伽家人家无有 (一) 个人弗吃药啦! 他们这户人家,没有一个人
不吃药!

(12) 渠做啯事体,无有 (一) 桩做弗好啯啦! 他做的事情,没有一
件做不好!

---

① 前两个例子中,数词"一"也可以省略,但此时"量名"结构是做无指解读,请参本
文"四"的具体论述。

第五，还有些成分能触发"一量（名）"短语进行数量解读。当"一量（名）"结构后加"来往左右""多些""半"等与数量有关的成分时，或者之前受到"究得只有""孤道才"等副词限定时，也只能做数量解读，例如：

（13）花生渠称得＊（一）斤来往。花生他称了一斤左右。

（14）渠买得＊（一）米多些布。他买了一米多布。

（15）渠要得＊（一）个半橘子去。他要去了一个半橘子。

（16）屋里头究得/孤道＊（一）个人。屋里只有一个人。

当"一量（名）"短语与别的数量结构连用时，能促发其数量解读，数词"一"不能省略，例如：

（17）瓜子＊（一）块洋钿＊（一）包。瓜子一块钱一包。

当用于"一＋量＋（名）＋生同一个整体"或者"一＋量＋（名）＋孤注一次性"等结构当中时，整个构式都与数量有关，只能做数量解读，例如：

（18）我作和渠是＊（一）个年级生略。我跟他是同一个年级的。

（19）亨那桩事体渠＊（一）卯孤注就弄好哉。那个事儿他一次性就办好了。

此外，比较句和数量分配结构等结构也容易促发"一量（名）"短语做数量解读，例如：

（20）＊（一）个人去么总还是不如两个人去咭。一个人去总不如两个人去。

（21）香烟＊（一）日吃＊（一）包。香烟一天吃一包。

（22）＊（一）卯次去＊（一）个人。一次去一个人。

（23）倷曼＊（一）个人背＊（一）袋米够哉。你们只要一个人背一袋米就行了。

三 "一量(名)"短语表不定指

表达不定指是"一量（名）"短语最主要的指称功能。下面先来讨论"一量（名）"短语的句法功能，然后讨论柯桥话特指不定和非特指不定的句法区别。

（一）句法功能

1. 直接做主语。"一量（名）"短语做不定指解时，也可以出现在主语的位置，这也就是"无定主语句"。关于普通话的无定主语句，主要有范继淹（1985），朱晓农（1988），邓思颖（2003），沈园（2003），王灿龙（2003），陆烁、潘海华（2009）等研究。研究表明，数量名短语充当主语的条件，主要是用于报道新信息的"新闻报道句"，柯桥话"一量（名）"短语充当主语的情况也类似。当"一量（名）"短语充当句子的主语时，数词"一"经常可以自由隐现，例如：

（24）（一）件衣裳拨被风吹得去哉。一件衣服被风吹走了。
（25）A：奈个哉？B：（一）只牛作阿兴撞得头。A：怎么了？B：一头牛把阿兴撞了一下。

2. 直接做宾语。本文按照朱德熙（1982）的看法，把动词之后的"一量（名）"短语看作动词的宾语。

吕叔湘（1984［1944］）、赵元任（1968）、朱德熙（1982）等文章都指出，普通话的"一量（名）"短语在用于动词之后时，可以省略数词"一"。柯桥话的不同之处在于，"一量（名）"用于宾语位置表示不定指时，很多情况下"一"是强制性不能出现的。

首先，是量词的属性。一方面是量词的音节数。杨德峰（1997）指出，普通话中，单音节量词前的"一"可以省略，而双音节量词前的"一"绝对不能省略。柯桥话的不管是单音节量词还是双音节量词，做宾语时都不能出现数词"一"。下面是柯桥话双音节量词的例子：

（26）渠驮渠驮拿得（＊一）畚斗稻谷进来。他拿了一畚箕稻谷进来。

（27）渠驮上外伽做得（＊一）面桶年糕。昨天他们做了一脸盆年糕。

另一方面，是量词的类别。杨德峰（1997）指出，普通话中，如果量词是度量衡、币值等表示数量的量词，除了"斤"，一般都不能省略"一"。而在柯桥话中，不管是哪一种类的量词，"一量名"做宾语时，都不能出现数词"一"，例如：

（28）渠背得（＊一）只书包弗晓得望何里去哉。他背着（一）个书包不知道往哪儿去了。［个体量词］

（29）阿兴讴得（＊一）班人来。阿兴叫了（一）帮人来。［集体量词］

（30）诺多驮（＊一）些去。你多拿（一）点走。［不定量词］

（31）诺去要（＊一）水桶面粉来。你去要一水桶面粉来。［临时量词］

（32）阿兴买得（＊一）两黄金归来。阿兴买了一两黄金回来。［单位词］

（33）我前两日去得（＊一）埭北京。我前几天去了趟北京。［动量词］

其次，是名词是否出现对"一"隐现的影响。杨德峰（1997）还指出，在普通话中，量词一般不能单独充当句法成分，所以"一量"结构一般都不能省略数词"一"。在柯桥话中，量词单独充当句法成分的能力要比普通话强很多，"一量"短语充当宾语时，"一"也不能出现。例如：

（34）渠有部汽车亨哉，我也想有（＊一）部。他有辆汽车了，我也想有一辆。

（35）脸盆有（＊一）只空起亨。有只脸盆空着。

（36）两个粽子吃得（＊一）个够哉。两个粽子我吃一个就够了。

（37）过年哉诺总要归（＊一）埭来咭。过年了，你总得回来一次啊。

最后，柯桥话的动词也可以带同源的动量宾语表示小量或尝试等语

义。这类结构当中"一"也绝对不能出现,例如:

> (38) 坐(﹡一)坐坐(一)坐、吃得(﹡一)吃吃了(一)吃
> (39) 收作(﹡一)收作收拾(一)收拾、商量得(﹡一)商量_{商量了(一)商量}

3. 受定语修饰。可以分为两种情况:一种情况是整个"一量(名)"短语受到定语修饰;另一种情况是其中的量词受到形容词修饰。下面分别讨论。

先来看整个"一量(名)"短语受到定语修饰的情况。杨德峰(1997)指出,普通话中,当"一量(名)"短语之前有其他修饰成分时,除了修饰成分是"这、那、哪、每"等时"一"可以省略之外,一般情况下"一"都不能省略。在柯桥话中,相同条件下"一"省略则要自由许多。

第一,当"一量(名)"短语受到部分副词性指示词"介这么/那么""实介这么/那么"修饰时,"一"基本上可以自由隐现,例如:

> (40) 介(一)杯还弗够唻!这么一杯还不够!
> (41) 渠也是实介(一)个人。他也是这么一个人。

而当"一量名"结构受到量化词、指示词等限定词修饰时,一般不能出现"一",加"一"是受普通话的影响。例如:

> (42) 每(^{??}一)搭埭户每一处地方
> (43) 益个(^{??}一)部这一辆、亨个(^{??}一)样那一样
> (44) 头(^{??}一)个人第一个人、头(^{??}一)排第一排
> (45) 上/下/前(^{??}一)个月上/下/前一个月

第二,"一量(名)"短语受到内涵性定语修饰时,如果没有定语标记"嗰","一"基本上可以自由隐现,例如:

> (46) 实个粗(一)桄线带!有这么粗的一根线!

（47）a. 我有呆呆大（<u>一</u>）碗饭好吃唻。<small>我能吃很大一碗饭。</small>

　　　b. 我饭有呆呆大（<u>一</u>）碗好吃唻。<small>我能吃很大一碗。</small>

如果有定语标记"嗰"，那么"一量"的省略则受限，而"一量名"则可以自由的隐现，例如：

（48）a. 我有蛮蛮好嗰（<u>一</u>）件衣裳拨诺买带。<small>我给了买了一件很好的衣服。</small>

　　　b. 我有蛮蛮好嗰*（<u>一</u>）件拨诺买带。<small>我给了买了一件很好的。</small>

再来看量词受形容词修饰的情况。陆俭明（1987）一文具体考察了普通话中数量词中间插入形容词的现象，普通话中能插入其中的形容词有"大、小、整、满、长、厚、薄"等七个。柯桥话中，只有"大、小、长"等少数几个形容词能于一量（名）"短语当中修饰量词。这种情况下，数词"一"不能省略，例如：

（49）*（<u>一</u>）大张纸头、*（<u>一</u>）小碗饭、*（<u>一</u>）长条丝瓜

4. 重叠。柯桥话中，数量结构有两种构形重叠，具体请参盛益民（2014）的讨论。

一种情况是不定量词"些""口""呷""歇"等重叠为"一 ClCl"形式表达小量。一般情况下，"一 ClCl"结构都不能省略其中的数词"一"，例如：

（50）事体*（<u>一</u>）些些都无有，诺匎管哉。<small>一点儿事情都没有，你不用管了。</small>

（51）饭究得*（<u>一</u>）口口哉，弗够伢两个吃。<small>饭只有一点儿了，不够我们两个吃。</small>

（52）渠等得*（<u>一</u>）歇歇工夫就归去哉。<small>他只等了一会儿工夫就回去了。</small>

不过，当副词性的指示词"实个""介"等修饰不定量词的重叠式时，数词"一"常常是可以自由隐现的，例如：

(53) 实个（一）<u>口口</u>饭劳什头。这么一点儿饭而已。

(54) 介（一）<u>些些</u>事体，何用作校长去话哩。这么点儿事情，何必去跟校长说呢。

另一种情况是"一 Cl 一 Cl"的状态化重叠。这种情况下，第一个"一"必须强制性地出现。而第二个"一"出现与否，则与量词的音节数有关：如果量词是单音节的，那么后一个"一"可以自由隐现，且口语中以不出现为常；如果量词是双音节的，那么后一个"一"则绝对不能省略。例如：

(55) 伽里只管<u>一埭</u>（一）<u>埭</u>啯去。经常一趟一趟地去他们家。

(56) 舌苔里<u>一点</u>（一）<u>点</u>白啯生满亨。舌头上长满了一点一点的白的。

(57) 小核桃<u>一畚斗</u> *（一）<u>畚斗</u>啯买啯。小核桃一簸箕一簸箕地买。

(58) 水诺要<u>一水桶</u> *（一）<u>水桶</u>啯挑。水你应该一水桶一水桶地挑。

5. 小结。从上述的讨论中可以看出，柯桥话"一量名"短语表不定指时，与普通话的不同之处在于：普通话没有数词"一"强制性不能出现的情况，而这种现象在柯桥话中非常常见。

柯桥话"一量名"短语表达不定指时，数词"一"的隐现规律可以列表 1 如下：

表1   "一量（名）"短语表不定指时"一"的隐现规律

	必须出现	不能出现	自由隐现
直接做主语	-	-	+
直接做宾语	-	+	-

续表

		必须出现	不能出现	自由隐现
受定语修饰	量词受修饰	+	−	−
	有定语标记"嘅"的内涵性定语	−	+（数量）	+（数量名）
	无定语标记"嘅"的内涵性定语	−	−	+
	外延性限定词	−	+	−
重叠	副词性指示词"实个""介"	−	−	+
	其他情况	−	−	+
		+	−	−

（二）特指不定与非特指不定的句法区别

普通话"（一）量名"短语表示不定指时，既可以做非特指解，也可以做特指解。（陈平 1987、徐烈炯 1995：255）因此，"我要到学校里去找（一）个人"这句话在普通话中是有歧义的：作特指解时，说话人知道自己要找的人是哪一个；例非特指解时，说话人不知道自己要找的具体是哪一个。

在柯桥话中，特指不定与非特指不定可以通过不同的句法位置来进行区分。如果是非特指不定，柯桥话一定要将名词提前充当话题（充当对比焦点除外）；而特指不定则可以不提前名词，整个数量名短语充当谓词的宾语。请比较下面的例子：

（59）A：诺拈啥西去？你去干什么？

　　　B1：我到学堂里去寻个人。我到学校里去找个人。[特指]

　　　B2：我到学堂里去人寻个来做生活。我到学校里去找个人来干活。[非特指]

当名词短语只能做非特指解读时，那么必须使用名词提前的话题结构。一方面，名词之前有形容词修饰时，整个结构一般只能做非特指解读，要用话题结构，例如：

（60）渠忒嗰无做哉，我要去好些嗰人寻个唻。他太没用了，我要去找个好点的人。

（61）诺拨我好个椅子驮把来。你给我拿把好的椅子来。

另一方面，当名词性短语由虚指的疑问词充当时，一定只能做非特指解读，因此，虚指的疑问词一定只能做话题而不能在宾语的位置，试比较下面的例句：

（62）a. 诺去啥西买些来。你去买点什么来。

b. *诺去买些啥西来。

（63）a. 诺啥个东西再吃些咚。你再吃点什么东西。

b. *诺再吃些啥个东西咚。

（64）a. 诺要么先海家去讴得个来。你要不先去叫个谁来。

b. *诺要么先去讴得个海家来。

当然，由于受到柯桥话焦点结构的句法制约，有些情况下即便是做非特指解，也不能将名词提前作话题。一种情况是，当数量名词短语中的名词被强调或者是句中的对比焦点时，不能话题化，例如：

（65）我要一个人，记牢，可拨我弄一梗木头。我要一个人，记着，别给我弄一根木头。

（65）我要寻个会些嗰人。我要找个能干点的人。

由于疑问词总是充当句中的自然焦点，所以其所在的短语即便是非特指的，也只能位于宾语位置，例如：

（67）a. 诺要去讴个奈介个人？你要去叫个怎么样的人？

b. ??诺要去奈介个人讴个？

柯桥话特指不定与非特指不定句法区分的问题比较复杂，容另文详细讨论。

四　"一量（名）"短语表无指和类指

（一）无指

陈平（1987）指出，"一量名"结构可以用在系词"是"之后、比喻结构等当中充当无指成分。在柯桥话中，如果是充当无指解读，那么只能用"量名"结构，口语中一般不能用"一量名"。例如：

（68）渠是（＊一）个老师。他是（一）个老师。

（69）我想当（＊一）个好人。我想当（一）个好人。

（70）渠做（＊一）只狗咯，乱咬人。他跟（一）条狗似的，乱咬人。

表示无指的量名短语也能用在表否极的全称量化结构当中，例如：

（71）屋里头连个人都无有。屋里连个人都没有。

（72）屋里头无有颗米啦！屋里没有颗米呢！

（73）无有个人话渠勿好唻！没有个人说他不好。

在柯桥话中，数量解读的"一量（名）"结构也具有否极用法，下面主要从句法和语义两个方面讨论两类结构表否极时的不同点。

首先，先来看句法上的差别，"一量（名）"的否极用法可以用于三种结构："连＋'一'量名＋neg＋Vp""'一'量名＋neg＋Vp"和"neg＋Vp＋'一'量名"，而量名结构只能用于"连＋量名＋neg＋Vp"和"neg＋Vp＋量名"这两种结构，试比较下面几组例句：

（74）a. 镬里头无有一颗米啦！锅里没有一颗米！

　　　b. 镬里头无有颗米啦！锅里没有颗米！

（75）a. 屋里头连一个人也无有。屋里连一个人都没有。

　　　b. 屋里头连个人也无有。屋里连个人都没有。

（76）a. 教室里一张桌床都无有。教室里一张桌子都没有。

　　　b. ＊教室里张桌床都无有。＊教室里张桌子都没有。

其次，再来看语义上的差别。石毓智（2001［1992］：41—44）、沈家煊（1999：§6）、郭锐（2006）等指出，在某个量级（scale）当中，对最小量的否定意味着对全量的否定。两类否极结构都是根据这个否定规律达到全量否定的。不过两类否极结构的量级并不相同。我们以“屋里头连一个人也无有”和“屋里头连个人也无有”为例讨论。在“一量名”短语的否极用法中，量级是以数量为基础的，可例句如下：

（77）一个人 < 两个人 < 三个人 < … < n 个人。

它是以否定最小的数量“一”达到对全量的否定。而在量名短语的否极用法当中，“量名”短语侧重于名词，量级可例句如下：

（78）人 < 其他事物。

这个量级是说话人根据常识主观设定的。在这个例子中，说话人认为在屋子里最应该有的就是“人”，“人”是量级中的最小量，如果否定了这个最小量，那么就否定了整个量级。从下面的后续句就可以看出两类结构的差别：

（79）a. 屋里头连一个人也无有，覅话两个哉。屋里连一个人都没有，更别说两个了。

b. 屋里头连个人也无有，覅话另外东西哉。屋里连个人都没有，更别说其他东西了。

（二）类指

普通话中可以用“一量名”这种形式表达类指。刘丹青（2002）指出用无定形式表类指是一种以个体转指类的转喻用法，目的是满足“针对个体宣扬普遍道理的交际需要”。

柯桥话的“一量名”结构也能在话题位置表达类指。“一量名”结构表达类指时，数词“一”可以自由隐现，例如：

(80)（一）<u>家人家</u>都是靠做出来咯咖。做阿三介嗰人，只对付吃嘞困，诺话家人家弄勿弄得好咾！—户人家都是靠做出来的。像阿三这样的人，只知道吃和睡，你说这户人家还能不能弄好啊！

(81)（一）<u>所学堂</u>顶尖重要嗰就是要有好嗰升学率。—所学校最重要的就是要有个好的升学率。

(82)（一）<u>间屋</u>诺说话无有装潢过，奈个好去蹲蹲哩！—间房子你要是没有装潢过，怎么能去住呢！

刘丹青（2002）指出，"一＋量＋NP"表类指和无定时句法上的重要差别：如果是表示类指，那么，之后可以加具有话题标记作用的语气词；而如果表示无定则不能带。上面这些例句都可以加话题标记"么"，可见确实都是表示类指的，例如：

(77')（一）<u>家人家</u>么，都是靠做出来咯咖。做阿三介嗰人，只对付吃嘞困，诺话家人家弄勿弄得好咾！—户人家呀，都是靠做出来的。像阿三这样的人，只知道吃和睡，你说这户人家还能不能弄好啊！

(78')（一）<u>所学堂</u>么，顶尖重要嗰就是要有好嗰升学率。—所学校呀，最重要的就是要有个好的升学率。

(79')（一）<u>间屋</u>么，诺说话无有装潢过，奈个好去蹲蹲哩！—间房子呀，你要是没有装潢过，怎么能去住呢！

普通话类指性的"一量名"结构只能用于表达说话人主观认识或态度意向的非写实句（刘春安 2003、陆烁 2009、白鸽 2013）。从以上的举例可以看出，柯桥话表示类指的"一量名"结构也有这方面的限制。

五　总结

本文主要讨论了吴语绍兴柯桥话"一量名"短语的功能以及数词"一"的隐现规律。

根据以上各节的讨论，我们可以把绍兴柯桥话"一量（名）"短语当中"一"的隐现规律大致可以列表如下：

表2   数词"一"隐现规律

		必须出现	不能出现	自由隐现
数量解读		+	−	−
指称解读	不定指	+	+	+
	无指	−	+	−
	类指	−	−	+

　　其中，做不定指解时，"一"可否省略的规律比较复杂。需要注意的是，大部分方言中"一量（名）"短语中数词"一"是可以自由隐现；而在绍兴柯桥话中，不少情况下数词"一"强制性不能出现。

　　从中也可以看出，柯桥话大致有用"一量（名）"表达数量解读，而用"量（名）"表指称解读的趋势。

参考文献

白鸽：《类指的跨语言研究》，中国社会科学院语言所博士学位论文，2013年。

陈平：《释汉语中与名词性成分相关的四组概念》，《中国语文》1987年第2期。

邓思颖：《数量词主语的指称和情态》，《语法研究和探索》（第十二辑），商务印书馆2003年版。

范继淹：《无定NP主语句》，《中国语文》1985年第5期。

郭锐：《衍推与否定》，《世界汉语教学》2006年第2期。

李艳惠、陆丙甫：《数目短语》，《中国语文》2002年第4期。

刘春安：《"一个"的用法研究》，中国社会科学院研究生院博士学位论文，2003年。

刘丹青：《汉语类指成分的语义属性和句法属性》，《中国语文》2002年第5期。

陆俭明：《数量词中间插入形容词情况考察》，《语言教学与研究》1987年第4期。

陆烁：《"一量名"主语的指称情况研究》，载邵敬敏、谷晓恒主编《汉语语法研究的新拓展（四）》，北京大学出版社2009年版。

陆烁、潘海华：《汉语无定主语句的语义允准分析》，《中国语文》2009

年第 6 期。

吕叔湘:《［1944］个字的应用范围》,附论单位词前一字的脱落,《汉语语法论文集》(增订本),商务印书馆 1984 年版。

沈家煊:《不对称和标记论》,江西教育出版社 1999b 年版。

沈园:《汉语中另一种"无定"主语》,《语法研究和探索》(第十二辑),商务印书馆 2003 年版。

盛益民:《吴语绍兴柯桥话参考语法》,南开大学博士学位论文,2014 年。

石毓智:《肯定和否定的对称与不对称》(增订本),北京语言大学文化大学出版社 2001 年版。第一版于 1992 由台湾学生书局出版。

王红旗:《功能语法指称分类之我见》,《世界汉语教学》2004 年第 2 期。

王灿龙:《制约无定主语句使用的若干因素》,《语法研究和探索》(第十二辑),商务印书馆 2003 年版。

徐烈炯:《语义学》(修订本),语文出版社 1995 年版。

杨德峰:《量词前数词"一"的隐现问题》,《中国对外汉语教学学会第五次学术讨论会论文选》,北京语言学院出版社 1996 年版。

张伯江:《汉语名词怎样表现无指成分》,《庆祝中国社会科学院语言研究所建所 45 周年学术论文集》,商务印书馆 1997 年版。

朱德熙:《语法讲义》,商务印书馆 1982 年版。

朱晓农:《句法研究中的假设演绎法:从主语的有定无定说起》,《华东师范大学学报》1988 年第 4 期。

Chao, YuenRen　1968　*A Grammar of Spoken Chinese.* Harvard University Press. 吕叔湘节译,《汉语口语语法》,商务印书馆 1979 年版。丁邦新译,《中国话的文法》,刘梦溪主编《中国现代学术经典——赵元任卷》,河北教育出版社 1996 年版。

山西方言的选择问句

史秀菊

（山西大学文学院）

提　要　山西方言疑问句应为二分系统，即特指问句和选择问句。选择问句又包括是非选择问、列项选择问和正反选择问。从语义方面看，［＋选择＋A/-A］是选择问共同的语义特征；从结构方面看，是非问句是所有选择问句的基础。另外，是非问与正反问在山西方言中呈互补分布，语气词"么"与否定词"没"（"无"）的语法化关系，以及部分方言点存在的正反问句"没"的脱落形式、否定词"没啦"的合音形式、"不"向"没"的扩展形式等，都说明传统意义上的是非问、正反问和选择问在语义和功能上具有相通性。

关键词　山西方言　疑问句　选择问句

一　山西方言疑问句分类概说

（一）现代汉语疑问句的传统分类为四分，即是非问、特指问、选择问和正反问（反复问）。但各类疑问句之间是怎样一种关系，各自在疑问系统中占怎样一个位置，历年来学术界的意见并不一致。邵敬敏（2010）对目前各家疑问句分类进行了总括，大致分为五类：

1. 吕叔湘是派生系统的代表。他把疑问系统分为特指问和是非问，是非问又派生出正反问和选择问。其系统图示如下：

2. 朱德熙是转换系统的代表。他认为陈述句和疑问句的区别关键在语调，只要把陈述语调变为疑问语调，就成为是非问句，再带入疑问词语，就成了特指问句，把陈述句的谓语部分变成并列的几项，就成了选择问句。这三类疑问句都是由陈述句转换来的。其系统图示如下：

3. 林裕文和陆剑明是结构系统的代表。两者又有分别：林氏认为，疑问句具有疑问代词、"是 A 还是 B" 选择形式、"X 不 X" 的正反对立形式、语气词与语调，疑问句内部的对立应建立在这四项特点的对立上。陆剑明则认为，特指问和选择问有两项重要的共同点跟是非问形成对立：是非问是由非疑问形式的语言成分构成，而特指问和选择问却都是由疑问形式的语言成分构成；是非问只能带语气词 "吗"，不能带 "呢"，而特指问和选择问则正好相反。其系统图示如下：

4. 范继淹是功能系统的代表。他认为除特指问句外，其他疑问句都是一种选择关系，因此是非问句是选择问句的一种特殊形式。他的出发点是语义解释。其系统图示如下：

　　5. 邵敬敏是选择系统的代表。他认为是非问和正反问本质上都是一种是非选择，关键是句子中出现的选择项是单项还是双项；而特指问和选择问都是若干的选择，关键是选择项是有定还是无定。因此，该系统的内部关系如下：

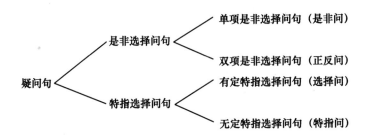

　　（二）从传统四类疑问句的分合关系来看，以上 5 种分类中：吕叔湘、朱德熙、陆剑明等人都把选择问和反复问（正反问）合在一类；范继淹虽然没有明确的分类，但显然他的"特指选择问"应当包括选择问和正反问；邵敬敏认为，疑问句的各类之间都是选择关系，并把正反问与是非问合并，把选择问与特指问合并。

　　刘丹青（2008）认为：选择问和反复问不是人类普遍存在的问句类型；反复问从形式上看像选择问句，从功能上看像是非问句（要求做出肯定或否定回答，可以用点头、摇头作答）。是用选择问形式表达是非问功能的一种问句，从历时看则是从选择问到是非问的一种中间过渡类型。

　　根据我们对山西全境方言的实地调查，正反问、选择问和是非问在功能和语义方面都具有相通性，的确应该合为一类。

　　（三）关于"反复问"或"正反问"术语的定名问题，我们看到以上五类中，有四类出现"正反问"或"反复问"说法，其中朱德熙叫作"反复问"，其他学者都叫"正反问"。根据我们对山西方言的考察，发现在一般语境（非强调、无附加感情色彩）中，山西方言都是"VP 不/没"问句，"VP 不/没 VP"这种最典型反复问句很少出现，VP 并无"反复"特征，所以我们觉得在山西方言中，叫"正反问句"更切合实际。

　　（四）从分类系统来看，据刘丹青（2008），人类语言普遍存在的疑问句基本功能类别有两种，一为是非疑问句（yes-no question）；二为特指疑问句（Wh-question）。以上 5 种分类中，吕叔湘、范继淹和邵敬敏基本上属于二分系统，其中吕叔湘和邵敬敏认为，是非问与特指问是相对的两大类；范继淹则认为，是非问与选择问是相对的两大类。

　　根据我们对山西全境方言的实地调查，发现二分系统符合山西方言的实际。特指问句独立为一类，用疑问代词作为疑问标记；选择问、正反问和是非问之间存在着有机的联系，三者之间应该是一种渊源和发展的关系。因为三者的共同语义特指都是［＋选择］，所以我们把这三类问句分别叫作列项选择问、正反选择问和是非选择问。图示如下：

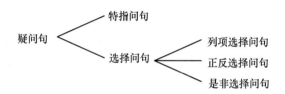

　　本文主要探讨山西方言选择问句系统分类的依据。

二　从语义方面看,［＋选择＋A/-A］是选择问句共同的语义特征

　　（一）如上所述，我们认为选择问是三个小类的合并，即列项问、是非问、正反问。这三个小类都具有［＋选择＋A/-A］的语义特征。所以我们认为：称作"是非问句"还是称作"选择问句"并没有本质的区别，因为三者在语义上都是选择关系——是非选择问是问者提出一个选项让对方回答"是"或"非"；列项选择问是提出并列的两项或多项供人选择其一；正反选择问句是提出正与反两项供人选择正或反。这三类问句的共同特点为：都是摆出一项或两项（列项选择还可以是多项）让答者选择回答，其答句可以基本相同。试比较：

　　　　临猗：这菜炒么？——炒（也）。　　　　　　（是非问）
　　　　朔州：这菜炒也炖也？——炒（也）。　　　　　（列项问）
　　　　昔阳：这菜炒也不（炒）？——炒（也）。　　　（正反问）

　　以上方言例句显示三种问句的答句可以完全相同。所以三者的不同只在于选项是单项还是多项；是并列的两项还是正反的两项。在表义上三者

的共同特点可概括为［＋选择＋A/-A］。

（二）其他学者从历时的角度对正反选择问和列项选择问句进行了考察，也发现两者在来源上和语义上都是相通的。

李思明（1984）认为，列项选择问是问者提出并列的而不是正反相对的两项或多项供人选择回答，如"事齐乎？事楚乎？"（孟子·梁惠王下）"你还说这些话，到底是咒我，还是气我呢？"（《红楼梦》·三二）；正反选择问句是问者提出相反的（是逻辑上的相反，而不是语言中的反义词）两项供人选择回答，如"你跟我去也不？"（《古今小说》·三）"你说可笑不可笑？'（《红楼梦》·三五）这两类选择问句都是摆出两项让答者选择回答，这种形式上的共同点决定了它们都是选择问句。它们在这个"大同"的情况下，还有"小异"。"小异'的主要形式标志是：正反选择问句必有一个（也只能有一个）否定词，而且否定词放在第一项的后面，否定的内容即第一项的内容；列项选择问句一般不出现否定词，只是借助于连接词语连接并列的两项。

傅惠钧（2006）认为，从可能性来说，具有反义关系、对义关系的内容，列项选择和正反选择两种句式都可以表达。比如说"好不好"，也可说成"是好，还是不好"。就看哪一种表达更符合交际的需要。而且，在古汉语中，正反的内容用列项选择问句的形式来表达的也时有所见，下面是转引傅惠钧（2006）的例句：

甲骨文中的例子：

癸酉卜贞：方其围，今夕抑？不执？余曰："方其围"。（《甲骨文合集》20411）（"抑""执"是语气词）

癸酉卜王贞：自今癸酉至于乙酉邑人其见方抑？不其见方抑？（《甲骨文合集》799）

《战国策》中的例子：

子以秦为将救韩乎？其不乎？（韩策）
欲破王之军乎？其不邪？（赵策）

东汉《太平经》中的例子：

"人当贞邪？不当贞？"（37）

"今人当学为善邪？不当邪？"（158）

"今欲有可乞问，甚不谦，不知当言邪？不邪？"（70）

以上列项选择问的例句中，有的已非常接近正反问了，可看成是列项问向正反问过渡的一种形式。据傅惠钧考察，在早期近代汉语中，此类列项问也还常见，在元明时期已基本上为正反问所取代了。

祝敏彻（1995）在考察列项选择问句和正反选择问句的历史发展后认为，上古是列项选择问句形式多，正反选择问句形式少，近代则相反，是正反选择问句形式大量增多，而列项选择问句形式用得较少。这不仅说明列项选择问句和正反选择问句之间可以相互转换，而且也说明正反选择问句是更简洁的句式，符合语言的经济原则。

刘丹青（2008）说："反复问从形式上看像选择问句，从功能上看像是非问句（要求作出肯定或否定回答，可以用点头、摇头作答）。"（第2页）因此，这三个小类从语义特征上具有共同特点。

三　从结构方面看，是非问句是所有选择问句的基础

在前文"一"中我们看到，朱德熙认为，疑问句的基础是陈述句，把陈述句的语调变为疑问语调就成为是非问句。选择问句中的三个小类在形式上的区别标志是：是非问只有一个选项，列项问和正反问都有两个选项；是非问一般为陈述句语序，可以是肯定句也可以是否定句，正反问则一定有否定词，否定词一定在第一项的后面，否定的内容即第一项的内容；列项选择问句一般不出现否定词，但常常借助于连接词语连接并列的两项。在山西方言中有些方言点列项选择问句的连接词"还是"可以省略，这样，列项选择问句和正反选择问句的完整式之间在形式上基本相同，不同的是意义上是并列还是反正。

宋金兰（1996）认为，从疑问句产生和发展的历史来看，列项选择问句是由是非问句派生的。"A-part，B-part"句式带有脱胎于是非问句的鲜明印记，这种句式其实就是由两个是非问句组合而成的，完全沿袭了是

非问句的语法形式。严格说来，这种选择问句尚未真正从是非问句中独立出来，可以看作选择问句的一种初级形式。由此推知，"A-part，B-part"句式当是汉藏语选择问句的古老句式。

从先秦文献的列项选择问句我们能看出，每一个选项都能独立存在，例如：

(1) 孟子曰："敬叔父乎？敬弟乎？彼将曰：'敬叔父。'"(《孟子·告子章句上》)

(2) 不知周之梦为蝴蝶与？蝴蝶之梦为周与？(《庄子·齐物论》)

(3) 谓门弟子曰："吾何执？执御乎？执射乎？吾执御矣。"(《论语·子罕》)

(4) 雍门司马前曰："所为立王者，为社稷邪？为王立王邪？"王曰："为社稷。"(《战国策·齐策六》)

(5) 属之于子乎？属之于我乎？(《史记·孙子吴起列传》)

所以，早期的列项选择问句就是两个是非问句的组合，随着这种句式的成熟和发展，逐渐产生了连接词，把两项选择连接起来，又由于语言的经济原则，正反两个选项的后一项往往省略否定词后面的内容，使得省略式正反选择问句得以发展和成熟。

四　是非问与正反问在山西方言中呈互补分布

邵敬敏(2010：211—220)把是非问句分为中性问和诧异问以及低平调的求证问。诧异问和求证问都不是严格意义上的有疑而问。真正的有疑而问的疑问句即中性问句——问话人事先没有确定的答案，纯粹是对所不了解的事实提问，想从对方那里得到答案。

考察山西方言的中性问句，我们发现官话区和晋语区呈互补分布：官话区正反问很不发达，只有是非问；晋语区则只有正反问，没有是非问，普通话的是非问形式在晋语区都是诧异问，而且一般没有句末语气词，也就是说，山西晋语区没有以"吗"为标记的是非问。

（一）是非问只存在于官话区

典型的是非问句是陈述句的语序附着疑问句的语调或疑问语气词构成，普通话的是非问句末都可以用语气词"吗"标记。

1. 山西晋语区方言是非问句很不发达，陈述语序的疑问句要么是诧异问，要么是求证问，诧异问如：

大同：哎？↗你没听说？↗

朔州：你么听说过？↗

五台：你没唠听说过？↗

朔州：你么听说过？↗

太原：是？↗｜你还想去？↗

介休：你不知道？↗

昔阳：就ₜ你？↗你沾体行吗？↗

兴县：不是？↗｜你不知道？

临县：就你？↗

长子：你还想去？↗

襄垣：就你？↗你行？↗

这种诧异问往往不带语气词，靠较高的升调来表达诧异的语气。如果带语气词，则往往是求证问，例如：

大同：你真想去呢？→

朔州：你还想去哩啊？→｜你不想去兰？→

五台：你还想去咧？↗｜你不想去啦？↗

五寨：你还想去去哩啊？→｜你莫过不想去兰？→

岚县：你还想去啊？→｜你想去哩哇？→｜你不想去啊→｜你没啦去哇？→

交口：你还想去咧？→你不想去啦？→｜你没啦去哇？→

昔阳：你还想去哩？↗｜你不想去啦？↗｜你没有去哇？→

陵川：你还想去吧？→｜你不想去啦？→｜你没囔去吧？→

襄垣：你还想去了？→你不想去啦？→你没哪去哇？→

求证问在山西方言中多为平调，少数是升调，但升调的高度明显没有诧异问高。所带语气词都与普通话的"吗"不对应，相当于普通话的"吧"或"了₂"。因此，晋语区没有严格意义上的是非问句。

2. 典型的是非问句只在官话汾河片大量存在。例如：

蒲县：你吃饭么你吃饭吗？｜你吃饭了么你吃了饭了吗？｜你听上了么你听见了吗？

吉县：你听得啦么？｜你吃饭啦么？

洪洞：吃略饭地去，行么？

浮山：你去过北京亘？｜吃了饭再去，能行亘？｜夜儿个下雨啊亘？

闻喜：吃啊么？｜吃去么？｜睡去么？｜睡啦么？｜你听着（了）曼/么？

河津：这事你知道么？｜今个他能来么？

临猗：你听得啦么？｜你买菜啦么？｜你有车票么？｜这是你乃书么？

万荣：能拿动么？｜还有么？你吃啦么？｜这花儿香么？

运城：拿得动么？｜你吃啦么？

新绛：拿得了么？/能拿了么？｜吃了饭再去行么？｜你吃了（饭了）么？

官话区中性问句末一般必须有语气词，否则就是诧异问的语气。语气词大都是"么"，读音为〔mə⁰〕或〔mo⁰〕，部分方言同时存在曼〔mæ⁰〕或亘〔maŋ⁰〕的读音（"么"表示同音替代），这些读音的语气词都相当于普通话的"吗"。

（二）正反问主要存在于晋语区

正反问句可根据否定词是"不"还是"没"分为未然与已然两类。这与其他方言相同，不再赘述。

1. 官话区的正反问很不发达，只残存着正反问中的"没"字句。"V（Part）没 V（Part）"的说法在整个官话区的使用很有限，是一种有标记形式，即常常受到语境的限制，在强调的语境中才使用，一般语境中多使用是非问形式。试比较：

　　　　　　　　　　强调语境　　　　　　　　　　　　　一般语境

蒲县：你睡_{ʂu33}没睡？（新派）／

你睡啊没睡？（老派）　　　　　　　　　你吃啊么？睡啊么？

吉县：吃没吃啦？睡没睡啦？　　　　　你吃啦么？你睡啦么？

闻喜：吃没吃？　　　　　　　　　　　　你吃啦么？你睡啦么？

临猗：吃啊没吃？睡啊没睡？　　　　　你吃啊么？睡啊么？

　　以上闻喜方言"V 没 V"只限于"吃没吃"这种最常用句式，其他问句一般只能用"V 啦么_{现在时}"或"V 去么_{过去时}"句式表达，如"睡啦么_{睡了吗?}""睡去么（刚才）_{睡过了吗?}""来啦么_{来了吗?}""来去么（刚才）_{来过了吗?}"等。官话区方言多如此。

　　官话区基本没有正反问句中的"不"字句。

　　2. 正反问是晋语区主要的传疑形式。如前所述，山西方言晋语区一般没有是非问，官话区的是非问句在晋语区多用正反问。正反问句的形式可以概括为以下 6 类：

　　（1）V（Part）不 V（Part）

　　（2）VP（Part）不／没 VP（Part）

　　（3）V（Part）不／没（Part）

　　（4）VP（Part）不／没（Part）

　　（5）V 不 VP（Part）

　　（6）VP（Part）不 V（Part）

以上 6 类中，晋语区使用频率最高的是（3）、（4）两类。

　　而（1）类仅限于口语中使用频率最高的部分单音节动词，如"吃、睡、走、说"等词。例如：

　　大同：你吃不吃啦？｜你要不要啦？

　　浑源：你吃不吃？｜睡不睡？

五台：你吃不吃？｜睡不睡？

岚县：吃不吃？｜你睡不睡？

临县：你吃不吃嘞$_{lei33}$了$_{lə}$？｜睡不睡嘞$_{lei33}$了$_{lə}$？

交口：你吃不吃？｜睡不睡咧？／睡不睡嘞？｜你洗咧不洗？

太谷：你吃不吃嘞？｜睡不睡嘞？

介休：你<u>吃</u>啊$_{tʂʅ24}$不<u>吃</u>啊？｜你睡不睡也？

昔阳：你吃也不吃？｜你吃不吃？｜你洗也不洗？｜睡也不睡？

陵川：你吃不吃嘞？｜洗不洗嘞？｜睡不睡嘞$_{lə}$？

襄垣：你吃不吃？｜洗不洗？

沁县：你吃不吃？｜睡不睡？

长子：你吃不吃？｜你睡不睡？

而（2）、（5）、（6）类在晋语区使用频率很低，只在语用层面使用（如强调、责问等语境，这里不再举例说明）。也就是说，晋语区的正反问句是以"不"和"没"结尾的句式为主，即以（3）、（4）类为主。例如：

浑源：你吃饭咧不_{你吃饭}吗？｜吃饭也不_{快吃饭}了吗？｜你听见了没$_{məo}$？

朔州：你吃饭不？｜你睡觉不？｜你听见<u>兰</u>没｜你睡着<u>兰</u>没？

原平：你吃饭啊不？｜你听见了没？

五寨：你吃饭（哩）不？｜你听见<u>兰</u>没？｜你买菜<u>兰</u>没？

五台：你吃饭也不？｜你听见了没咾？

平定：你吃饭也不？｜你听见啦有没？

岚县：你吃饭咧不？｜你听见了没啦？｜你吃喽饭咧没啦？

兴县：你吃饭也不？｜你听见咧没？

临县：你吃饭也不？｜你听见嘞<u>没</u>啦$_{ma}$？｜你吃唠饭嘞$_{lei}$没啦？

交口：你吃饭咧不？｜你吃饭嘞不？｜你听见啦没啦咧？

孝义：你吃饭咧不咧？｜你听见啦没啦咧？

汾阳：你吃饭咧不咧？｜你听见啦<u>没啦</u>$_{ma312}$咧？

文水：你吃饭不哩？｜你吃饭哩不？｜你听见唰么啦？

太谷：你吃饭也不嘞？｜你听见咧没<u>唧</u>了？

介休：你吃饭不？｜你听见了没啦？

徐沟：你吃饭不嘞？｜你吃饭嘞不？｜你听见了没哏？

昔阳：你吃饭也不你是否吃饭？｜你吃饭也不哩你现在吃不吃（饭）？｜你听见啦没有？

襄垣：你吃饭不？｜你听着了现在时没哪？｜你听着啦现在时哪？｜听着来过去时没哪？

长子：你吃不吃（饭）？｜你听着了没哪？

陵川：你听着了没囊？｜你吃饭嘞不？｜你吃饭了没囊？

沁县：你吃饭了不？｜洗涮了不？｜你听见了没啦 mu31 na24 ? /n̩ 31 na24

以上事实充分说明，山西方言的是非问句和正反问句表义基本相同，在地域上处于互补分布中。

五　晋语区的"没"与官话区的"么"具有渊源关系

（一）晋语区正反选择问句的"没"与官话区是非问句的"么"读音相同

如前所述，是非问和正反问在官话区和晋语区呈互补分布。我们注意到，晋语区正反问句末的"没"的读音常常与官话区中性问句末的语气词"么"音同或音近。试比较：

晋语区：	官话区
浑源：吃啦没 məʔ^{53}？	闻喜：吃啊么 mə^0？
朔州：你吃兰没 məʔ^0？	吉县：你吃啦么 mə^0？
五寨：他买菜了没 mə^0	万荣：他买菜啦么 mo^0？
原平：你有车票也没 mə^0？	运城：你有车票啦么 mə^0？
兴县：你听见咧没 mə^0？	临猗：你听得啦么 mə^0？

以上方言的否定词如果处于句中（为动词或副词），大都读入声 [məʔ]，处于句末时多数方言因弱化而丢掉入声韵尾，与语气词"么"读音完全相同，只有少数如朔州方言句末仍读促化形式。

以上晋语区的"没"字句和官话区的"么"字句在表义功能方面已

经基本相同，只是晋语区的人当被问及句末的［mə⁰］是何意时，大都会回答是否定词"没"，而官话区的人则告知是一个无意义的语气词"么"，二者的区别仅限于此。

（二）是非选择问句末的语气词"么"应是"没"（"无"）语法化的结果

关于"么"的来源，学界多数人认为来自"无"，首先提出这一观点的是王力先生（1980：452）："'麼'是从'无'演变来的，'无'的上古音是 miwa，它的文言音和白话音是分道扬镳的：文言音逐渐变为轻唇（mǐua→mǐ wu→vǐ wu→vu→wu），白话音则保留着重唇 m 而丧失了韵头。广州的'冇'（mou），上海的'嘸没'（m̩ mə˧），北京的'没有'（mei iou 即'无有'），都是由上古的 mǐua 变来的。"王力在这里明确提出："麼"就是"无"，"没"也是"无"，"麼""没"的共同来源都是"无"，而且王力先生还说"麼"是"否定词"（1980：458）也就是说，语气词"麼"是由否定词"麼"逐渐虚化而来的。

冯春田（2000）也认为，由于"无"字处于句末，是非问在一定程度上可以代替正反问（就意义而言），所以"无"就容易虚化，结果是表示相反问的"无"演变为语气词，它所在的正反问句也就变为了是非问句。这种虚化和句式的变化大概是始自初唐，"无"此时发生变化的直接证据就是它因虚化而发生音变，字形也由"无"而改写作"麼"，五代时期的禅宗文献《祖堂集》里写作"摩"，宋代以后，禅宗文献里写作"么（麼）"，其他文献多作"么"，也有的用"末"。近代语料里有很多"么"写作"没"的例子，如：

（1）是甚没人？（《李陵变文》，a88 页）

（2）问："离念是没？"答："离念是不动。"（《大乘五方便》第2270 页）

（3）莫道是乱军，便是六丁黑煞，待子甚摩？（《西厢记诸官调》卷二）

（4）前世为什没不修行？今日还来恼乱我。（《佛说阿弥陀佛讲经文》，a462 页）

　　山西方言晋语区正反选择问句末否定词"没$_{m}$。"和官话区是非选择问句末语气词"么"应该正是"无（没）"虚化前与虚化后的两个不同阶段的反映。从前文可以看出，晋语区的"吃啦没mə?"和官话区的"吃啊么mə?"等例句，在表意功能方面基本相同，唯一的区别就是晋语区的人感觉句末［mə］是否定词，而官话区的人感觉是句末语气词。值得注意的是，少数方言点被调查者已经感觉［mə］是一个语气词了，例如五台片的五台和朔州方言，当被问及"你听见了mə"的［mə］是表示否定还是表示语气时，被调查者有的回答"么"，有的回答"没""么"皆可。

　　语法化的重要标志是句法成分的重新分析。我们认为，山西方言正反选择问句"VP没?"的"没"最初是一个否定词，但随着语音的虚化，其表示否定意义的实意也逐渐模糊，因此就有了既可以理解为否定词，又可以理解为语气词的过程，最后表示否定的实意彻底消失，［mə］就只是表示语气意义，完成了虚化的全过程。其语法化路径应该是：

$$没 mə?/mʌ? \rightarrow 没 mə/么 mə \rightarrow 么 mə$$

　　根据意义的虚实判断，［mə］在官话区已经完成了语法化过程；而在晋语区，其语法化过程在有的方言点已经进入重新分析阶段（既可以理解为"没"也可以理解为"么"），而在大多数方言点，语法化则刚刚开始，只是语音开始弱化，表否定的实意并没有消失。

　　但是，如前所述，晋语区句末为否定词的非完整式正反选择问句既有"VP没"，也有"VP不"，而在官话区，这两类正反问句都表现为"VP么"。我们认为，当"没"虚化为"么"后，就开始向表示未然意义的"不"字句扩张，这符合语法化的程度越高，其分布的范围就越广的规律。

　　杨永龙（2003）认为，"吗"（山西方言的"么"笔者注）是在"VP无"格式中语法化的，整个过程可以从两个方面观察：一是"无"语义泛化，与句法功能的扩展有关；二是"VP无"句式的主观化，与表达功能的扩展有关。山西方言由"没"到"么"也正是这样一个过程。

（三）晋语区正反选择问句末"没"的脱落形式

晋语区正反选择问句末的"没"的虚化还表现为在有的方言点"没"的脱落。这种现象主要出现在上党片方言中，这里以长子和襄垣两个方言点为例。

1. 长子方言相当于普通话"没有"的说法是"没哪"（与晋语区其他片的"没啦"相当），在正反选择问句末，既可以说成"没哪"，也可以脱落"没"只说"哪"。例如：

> 你吃咾饭啦没哪？ ＝你吃咾饭哪哪？
> 他买菜（啦）没哪？ ＝他买菜哪哪？

"哪哪"是"啦没哪"脱落"没"的形式，"没"脱落后，"啦"受到"哪"的感染，声母发生了同化，就成了"哪哪"。以上脱落形式和非脱落形式可以自由替换。

2. 我们调查了襄垣县的夏店镇付村方言和夏店镇的西北阳村两个村庄，这是两个相毗连的村庄，同一个县，同一个乡镇，又是相连的两村在正反问句末有两种不同的表达方式。

西北阳村正反问句末用"没哪"，与上述长子的否定词基本一致。而付村则只用"哪"，"没"完全脱落。试比较：

西北阳村	付村
你有车票没哪？[①]	你有车票哪？
你听着了没哪？	你听着了哪？
你买票来没哪？	你买票来哪？
他去啦没哪？	他去了哪？
他上课来没哪？	他上课来哪？

---

① 上党片部分方言省略"没"的两个"哪"之间或一个"哪"之后，往往会有一个近似 n 自成音节的延音，如"你吃咾饭哪哪？"的"哪哪"读音为 $[na^0 n^0_: na^0]$；"你有车票哪？"的"哪"读音为 $[n^0_: na^0]$。说明这些方言"没"脱落时间并不长，其时值仍被保留着。

我们注意到，"没"脱落以后的问句就与是非选择问句没有了区别："你有车票哪？"可以理解为普通话的"你有车票吗？"这两句都是用陈述句的语序和结构加上疑问语气词来传疑。刘丹青认为"汉语的反复问本质上是一种是非问"（2008：9），山西方言的"没"演变为"么"以及"没"脱落只保留语气词的这一语言事实证明了这一论断的正确性。

（四）晋语区正反选择问句末"没啦"的合音形式"吗"

晋语区大多数方言的否定词为"没啦"（上党片部分方言为"没哪"，前面已经提及），相当于普通话的"没有"。"没啦"的"啦"是一个黏着成分，这些方言中"没"一般不能独立运用，即使处于状语位置也必须说"没啦"。例如：

交口：兀家他没啦买菜。
临县：你没啦听说啊？
盂县：人家兀两块（人）就没啦红过脸。
长子：你没哪去？
陵川：你就没啦吃饭？

我们发现，山西方言晋语区部分方言"没啦"已经开始合音，读一个与普通话"吗"基本相同的音。例如：

大同：他走啦没啦/没啦$_{mʌʔ0}$？
临县：吃来没啦/没啦$_{ma0}$了？
汾阳：你听见啦没啦/没啦$_{ma312}$咧？
盂县：他去咧没啦/没啦$_{ma412}$？

这些方言中，"没啦"的合音形式还没有完全替代非合音形式，两者处于自由替换阶段。

值得注意的是，官话区没有发现"没啦"的说法，晋语区只说"没"不说"没啦"的方言点，句末否定词"没"与官话区的"么"基本同音；但晋语区说"没啦"的方言，"没"的弱化形式却是合音形式"吗$_{ma}$"。也就是说山西方言中，官话区语气词没有读 [ma] 或近似音的，

晋语区没有"没啦"说法的方言中语气词也没有［ma］或近似音。所以
［ma］在山西方言中只是"没啦"的合音形式。

（五）"不"向"没"的扩展

我们在晋语区吕梁片的临县方言中发现了否定词"不"相当于"没"
的用法。值得注意的是，这种用法在临县也只局限在部分乡镇。例如，我
们调查了临县城庄镇郝家湾村和大禹乡大禹沟村，其中城庄镇郝家湾村在
非完整式的正反问句末用"没啦"，大禹乡大禹沟村则用"不"，两句意
义完全相同。试比较：

城庄镇郝家湾村	大禹乡大禹沟村
你有票了没啦?	你有票了不?
买了票了没啦?	买上票了不?

邵敬敏（1996）曾发现，现代汉语中有一种"VP 不"，却出现在应
该"没"出现的语境中，不能解释为"VP 不 VP"的非完整式。邵敬敏
认为，这种句子可能另有来源，并推测这是由古汉语"VP 否（不）"一
类的用法经过近代汉语的"一种遗留格式"。临县这种用法的句式也许就
是上古"VP 否（不）"说法的残存。不过，我们认为，临县这种局部说
法更像"不"字句向"没"字句的扩展。刘丹青认为，"不"扩展至
"没"，表明"不"的性质已由否定词语法化为是非问助词，突破了原来
的时体限制，其表现跟普通话"吗"的来历相同。（刘丹青 2008，14 页）
这个规律应该同样适用于"没（么）"向"不"的扩展。

总之，山西方言的疑问句系统首先可以分为特指问和选择问，选择问
句中又包含了列项选择问、正反选择问和是非选择问，三者在语义、结构
和功能方面都具有相通性。另外，是非问与正反问在山西方言中呈互补分
布，语气词"么"与否定词"没"（"无"）的语法化关系以及部分方言
点存在的正反问句"没"的脱落形式、否定词"没啦"的合音形式、
"不"向"没"的扩展形式等，都说明传统意义上的是非问、正反问和选
择问在语义和功能上具有相通性。

参考文献

丁力：《现代汉语列项选择句研究》，华中师范大学出版社 1998 年版。

范继淹：《是非问句的句法形式》，《中国语文》1982 年第 4 期。

傅惠钧：《明清汉语正反问的分布及其发展》，《古汉语研究》2004 年第 2 期。

傅惠钧：《关于正反问历史发展的几个问题》，《古汉语研究》2006 年第 1 期。

傅惠钧：《略论近代汉语"vnegVP"正反问》，《语言教学与研究》2010 年第 5 期。

黄正德：《汉语正反问句的模组语法》，《中国语文》1988 年第 4 期。

李思明：《正反选择问句中否定词发展初探》，《安庆师范学院学报》1984 年第 1 期。

刘丹青：《语法调查研究手册》（沈家煊主编《西方最新语言学理论译介》之一），上海教育出版社 2008 年版。

李艳：《句末"没"从否定副词到疑问语气词的渐变》，《深圳大学学报》2010 年第 4 期。

邵敬敏：《汉语方言疑问范畴比较研究》，暨南大学出版社 2010 年版。

宋金兰：《汉藏语选择问句的历史演变及类型分布》，《民族语文》1996 年第 1 期。

王力：《汉语史稿》，中华书局 1980 年版。

吴福祥：《从"VP-neg"式反复问句的分化谈语气词"么"的产生》，《中国语文》1997 年第 1 期。

邢向东：《陕北晋语沿河方言的反复问句》，《汉语学报》2005 年第 3 期。

杨永龙：《句尾语气词"吗"的语法化过程》，《语言科学》2003 年第 1 期。

袁毓林：《正反问句及相关的类型学参项》，《中国语文》1993 年第 2 期。

张安生：《宁夏同心话的选择性问句——兼论西北方言"X 吗 Y"句式的来历》，《方言》2003 年第 1 期。

朱德熙：《汉语方言里的两种反复问句》，《中国语文》1985 年第 1 期。

朱德熙：《"V-Neg-VO"与"VO-Neg-V"两种反复问句在汉语方言里的分布》，《中国语文》1991 年第 5 期。

朱冠明：《关于"VP 不"式疑问句中"不"的虚化》，《汉语学报》2007
    年第 4 期。

祝敏彻：《汉语选择问、正反问的历史发展》，《语言研究》1995 年第
    2 期。

认同与拥有[*]

——陕西关中方言的亲属领属及社会关系领属的格式语义

唐正大

（中国社会科学院语言研究所）

提　要　陕西关中方言亲属及社会关系领属结构的特点可以概括为：其基本格式或基本构成要素是"复数—并置"，即领者（possessor）为人称代词复数形式，领者和属者（possessed）之间直接并置，无"的"等其他连接成分；其核心语义是"认同/依存"，而非典型的"领有"；随着血缘、亲疏、辈分高低的递减，可出现一些边缘化格式，例如带"的""（的）个"的格式，相对于基本格式，这种格式的语义要素中，"认同/依存"减弱，"拥有/支配"增强；只能有"认同/依存"语义的领属结构在句法上的依存性强，而可有"拥有/支配"语义的领属结构在句法上的独立性有所增强。

关键词　关中方言　亲属领属　复数—并置　"认同/依存"　"拥有/支配"

---

* 本文得到中国社会科学院创新工程项目"汉语口语的跨方言调查与理论分析"和"汉语方言和中国境内少数民族语言的语音与语法调查研究"资助。本文初稿曾在复旦大学"语言的描写与解释"研讨会宣读，与会学者刘丹青、龚群虎、陈振宇等教授提出了宝贵意见；《语言科学》审稿专家的修改建议尤为重要。作者一并致谢，并自负文责。

作为语法范畴的领属格 (genitive case)，具体语言不一定有。而作为语义概念的领属 (possession) 则具有一定的普遍性。领属包含两个基本要素：领有者 (possessor，本文简记为领者) 和隶属者 (possessed 或 possessee/possessum，简记为属者) (Seiler 1983：72。郭继懋 1990)。语言都需要用一定的手段表达这个概念，连接领者和属者成分。

从语义角度看，典型的领属一般具有的特征是：领者为人，生命度等级最高；属者为具体事物，生命度等级低；领者对属者有使用权；两者空间距离较近；领者长期领有属者，等等。(刘丹青 1983；Heine1997：39)

汉语同样也有多种表达领属的方式，粗略地说，有名词短语式和谓语式。名词短语式和汉语广泛使用的 [修饰语—名词结构] 模式 (简记为 Mod-N) 基本一致，即一般用 "的" 或其他定语标记 (这、那) 来连接领者和属者，领者是修饰语成分，属者是核心词。

谓语式主要有两种："领者有属者" 和 "属者是领者的"；另外，"属者属于领者 (为/归……所有)" 是语义上最为对等的领属表达，但不常用于口语。

世界语言关于领属的语义类型有多种分类，最常见的就是 "可让渡领属 (alienable possession)" 和 "不可让渡领属 (inalienable possession)"，在很多语言中这两种语义对立往往也有形式上的对立。汉语名词短语式领属结构对这种语义对立并不敏感。但与谓语式领属比较，还是可以看出一些对立。

例如，对于典型的不可让渡领属，就很难用谓语式表达，而用名词短语式就可以：

表1　不可让渡领属在名词短语式表达和谓语式表达中的不平衡现象

名词短语式	谓语式 I	谓语式 II
老李的体型	*老李有体型	*体型是老李的
老李的肠胃	*老李有肠胃	*肠胃是老李的
老李的弟弟	老李有弟弟	*弟弟是老李的
老李的三弟	*老李有三弟	*三弟是老李的
老李的胳膊	老李有胳膊	*胳膊是老李的
老李的右臂	*老李有右臂	*右臂是老李的

　　这种不平衡现象不难解释。汉语"有"字领属句对于属者有更多的语义限制，通俗地讲，就是"有什么"的限制，这一点可参看刘丹青（2011）；此外，不可让渡领属中的属者在光杆状态下一般都不能获得独立指称（autonomous reference），而是强烈要求修饰语出现。而只有Mod-N型的领属结构满足了修饰语的要求。简单地说，不可让渡性和依存性有一定的正比关系。例如，即使同为关系名词："弟弟"比"三弟"独立性强，依存性弱；"胳膊"和"右臂"同样如此。这也体现在谓语式Ⅰ和谓语式Ⅱ的区别上；谓语式Ⅱ"属者是领者的"更不易说，是因为属者不但没有独立指称，而且还被放在了对独立指称要求更高的主语位置。

　　本文主要关注关中方言中的名词短语式亲属关系领属。

　　亲属关系领属是领属范畴中的重要部分，在一般的理论框架中被认为属于不可让渡领属。而在亲属关系领属内部，不同汉语方言往往有着不同程度的分化。关中方言这种内部分化层次比较丰富，分化条件多样。

　　属者在语义上是"关系名词"（刘丹青，1983。Dahl 2001：201）的一种。这种情况下，作为修饰语的领者和其他类型的修饰语不同，不能省略，一定意义上可以看作核心名词的补足语（complement）。

　　另外，关系名词在语义上高度依赖修饰语（唐正大，2006）；因此，以关系名词为核心名词的领属结构具有高度的整体性。

　　在亲属领属中，有几个参项对领属结构和领属标记的使用具有敏感性，例如：领者是代词还是名词；属者与领者的长幼次序、亲密程度；等等。在这样的参项之下，不同方言会有不同的表现。下面拟从这几个参项出发，描写关中方言的名词短语式亲属领属。

一　领者为人称代词、属者为长辈或平辈血缘亲属

（一）基本式：复数—并置、不能带"的"

　　这里的"长辈"属者包括辈分高于领者的所有嫡系、支系亲属，"平辈血缘亲属"主要指兄弟姐妹，无论长幼。这种情况下，单数形式的"我［ŋɤ⁵¹］""你［n̠i⁵¹］""他［tʰa⁵¹］"都不能出现在领者的位置。这个

位置必须是这些人称代词复数形式的简单式："我们［ŋɤ²¹］""你们［n̩i²¹］""他们［t'a²¹］"（下划线表示二者已经合音，调值变为 21，并以此与单数形式 51 调区分）；此外，领者和属者直接并置（juxtapose），其间不能加入其他领属标记。示例如下：

(1) a. <u>我们</u>［ŋɤ²¹］妈<u>你们</u>［n̩i²¹］外爷<u>他们</u>［t'a²¹］二舅<u>他们</u>［t'a²¹］三姐。

b. *我［ŋɤ⁵¹］（的）妈 *你［n̩i⁵¹］（的）外爷 *他［t'a⁵¹］（的）二舅 *他［t'a⁵¹］（的）三姐。

c. *<u>我们</u>［ŋɤ²¹］的妈 *<u>你们</u>［n̩i²¹］的外爷 *<u>他们</u>［t'a²¹］的二舅 *<u>他们</u>［t'a²¹］的三姐。

可以看出，(1a) 式是唯一合格的形式，(1b) 式和 (1c) 式在普通话中完全可以说，而在关中方言中都不能说。

我们把关中方言的这种形态—句法限制简记为"复数—并置"。

关中方言中，人称代词的复数还有一种形式，即在声调屈折后再加上"的"："我们［ŋɤ²¹］的""你们［n̩i²¹］的""他们［t'a²¹］的"。不妨称之为复数形式的复杂式，主宾语位置上的复杂式与简单式并无大的不同（分别如例 2a、2b），但领有者位置上的复杂式则优先理解为带"的"的领属结构；这种情况下，甚至可以套叠，第一个"的"为复数的一部分，第二个"的"为领属标记（例 2c）：

(2) a. <u>我们</u>［ŋɤ²¹］（的）没去。

b. 把这个不给<u>他们</u>［t'a²¹］（的）。

c. <u>你们</u>［n̩i²¹］园子<u>你们</u>［n̩i²¹］的园子<u>你们</u>［n̩i²¹］的的园子

关于复数形式的来源等问题，此不展开。

另外需要说明的是，"兀个［u ɤ⁵¹］"是由基本指示语素"兀［u⁵⁵］"和量词"个［k ɤ］"的合音形式，兼作远指指示代词和第三人称代词（唐正大，2005）。尽管"<u>兀个</u>［u ɤ⁵¹］"可以无标记地指称第三人称单数，但不能用于亲属领属，即既不能直接和属者并置，也不能在领者和属者之间加"的"，而是需要由第三人称代词的复数形式"他们［t·a²¹］"介引：

（3）a. ＊兀个［u ɣ⁵¹］妈   a'. ＊兀个［u ɣ⁵¹］的妈

b. 兀个［u ɣ⁵¹］   b'. ＊兀个［u ɣ⁵¹］的
他们［t·a²¹］妈   他们［t·a²¹］妈

以上几种表达形式，只有（3b）可以说。这和领者为指人名词的情况一致。从所有上述情况看，可以这样概括和推论：

（4）关中方言长辈、平辈血缘亲属领属表达中，领者人称代词无论其所指为单个或多个，都必须为复数形式，其后紧跟属者名词，两者之间不加其他标记。这使得整个领属表达多少有些词汇化、整体固化的性质。

（二）属者名词的高度依存性

在本节讨论的亲属领属结构中，属者作为关系名词家族的主要成员，在语义上缺少独立性是不足为奇的，这一点普通话和各方言并无多大不同。但关中话的特点在于，表达属者的形式在句法上也缺少独立性。除了上文提到的不能直接在"的"后外，还可有如下对比测试：

（5）话题链中的领有者零形回指测试：

＜普＞他［i］很有背景，［i］父亲是县长，［i］舅舅是书记。

＜关＞兀个［u ɣ⁵¹］有背景呢，＊（他们［t·a²¹］）爸是县长，＊（他们［t·a²¹］）舅是书记。

（6）并列结构删略测试：

＜普＞你大姐和［i］二姨都嫁给了有钱人。

＜关＞你们［ɲi²¹］大姐跟＊（你们［ɲi²¹］）二姨都给给有钱

人咧。

(7) 宾语中的领有者零形回指测试：

<普> 我 ［i］很想念［i］外婆。

张明 ［i］给［i］二舅买了一件衬衫。

<关> 我想 * （我们 ［ŋɤ²¹］）外婆得很。

张明给 * （他们 ［tʻa²¹］）二舅买了个衬衫。

以上结构中，关中方言领者代词的复数形式均不能删略。

长辈及平辈属者名词作中心语只有一种情况可以独立，不带人称代词复数形式，那就是：说话者和听话者共同领有该长辈/平辈。这也可以看作"咱"的省略（"#"表示不合原意）。

(8) 把（咱）二哥呢？

　　——（咱）二哥到山上挖草去咧。

(9) a.（听说双方的爷爷）张明给爷买咧个棉袄。

　　b.（张明的爷爷或其他非听者的爷爷）#张明给爷买咧个棉袄。

这明显和普通话不同：普通话中"张明给爷爷买棉袄"是有指称歧义的，而在关中方言中不可能有歧义——只要属者名词前没有领者出现，则必然指即听说双方共同的亲属。

（三）领、属之间的"个"与"指示词＋个"：领属与指称

上面所说的长辈/平辈亲属名词在作为属者时缺少独立性，并不完全绝对。细究起来，不同亲疏、关系类型的长辈名词之间还是存在一些微小的形态句法差别。具体说，在并置的情况（无领属标记）下，上述所有长辈属者名词前都必须是人称代词复数形式；但当领属标记为"个［kɤ］"时，这种区别就表现出来了：

（10）长辈第一层次：父母。不能用"个"。

*我们［ŋɣ²¹］个妈 *你们［n̠i²¹］个爸

（11）长辈第二层次和平辈：其他。可用"个"，人称代词是复数形式。

我们［ŋɣ²¹］个叔你们［n̠i²¹］个伯

原因很简单：关中方言中，"领者 + 个 + 属者"这种格式的语义可以分解为"领者的多个属者中的一个"，如"张明个碗"就指"张明的某个碗"，同样"我们［ŋɣ²¹］个叔"就相当于"我的/我们的若干个叔中的一个"，其指称性质是"不定指—实指"（indefinite specific），并带有"部分"的色彩。

父母不仅是长辈亲属中最亲密的社会关系，更具有唯一性，而"叔""伯"这些长辈却可以不止一个，这个常识（common sense）反映在关中方言领属结构的形态句法中。

由唯一性特点可以推知，这种格式也不能用于带排行的亲属（带排行就意味着是唯一的），情况的确如此：

（12）*我们［ŋɣ²¹］个二叔 *你们［n̠i²¹］个三伯 *他们［tʰa²¹］个四婆

以上必须用基本式表达，即"复数—并置"。

以上为不定指。如果需要表达定指，则领者和属者之间需要用"定指指示词 + 个"来连接，有三种情况：近指 + 量词及其合音形式"这个［tʂʅ⁵⁵kɣ］/这个［tʂɣ⁵¹］"、远指 + 量词及其合音形式"兀个[u⁵⁵kɣ]/兀个［uɣ⁵¹］"、远指 + 量词"那个［lɛ⁵⁵kɣ］"。但无论定指还是不定指形式，当属者为父母时，都不能有这个格式。

（13）*我们［ŋɣ²¹］这个/这个妈 *你们［n̠i²¹］那个爸

（14）我们［ŋɣ²¹］这个/这个妗子你们［n̠i²¹］兀个/兀个爷他们［tʰa²¹］那个舅爷

但不同于单用"个"作领属标记，"定指指示词＋个"后可以出现带排行的长辈名词：

（15）我们［ŋɣ²¹］这个/这个大妗子你们［n̠i²¹］兀个/兀个碎
　　　爷他们［t'a²¹］那个三舅爷

这个时候，整个领属结构更像是一个同位结构（appositive），或者介于同位结构与定中结构之间。

（四）小结

本节描写的是关中方言定语领属结构中，领者为人称代词，属者为长辈或平辈的情况。在这种情况下，领者人称代词必须为复数形式，无论其所指为一个还是多个。属者名词缺少语义和句法上的独立性。整个结构倾向于固化，表现在以下几个方面：

第一，领—属两者之间基本完全用并置的形式，排斥泛化定语标记"的"。

第二，除极个别情况外，光杆形式的属者名词几乎不能出现在各种句法结构中，需要作为领者的人称代词（复数形式）作限定词。这里不妨称之为"限定词强制性"。

第三，与属者名词同，领者人称代词的独立性也很弱。表现为，领者人称代词加上定语标记（领属标记）后，仍然不能独立指称整个名词短语，不同于英语（Your father is younger than mine）和普通话（说起父亲，你的比我的年轻几岁）。从这个意义上讲，作为领者的人称代词具有一定的词缀化（affixication）倾向，具体说，如同用在关系名词上的前缀（prefix）。

总之，关中方言的这种长辈、平辈亲属领属中，领者和属者之间的依存性很高。可简单概括为：复数—并置。

本节讲到的领属中，对于"父母"的领属有更多的句法限制，属于亲属领属的第一层次。

二　领者为人称代词、属者为晚辈、非血缘平辈等

以下结构中，领者依然是人称代词。

（一）基本式：复数—并置
1. 配偶。同样，在领属两者并置的情况下，也要求领者代词为复数形式。先看配偶的情况：

（16）单数形式：＊你［n̠i⁵¹］婆娘/媳妇妻子　＊他［tˈa⁵¹］老汉/外头丈夫

（17）复数形式：你们［n̠i²¹］婆娘/媳妇妻子他们［tˈa²¹］老汉/外头丈夫

2. 晚辈。在"复数—并置"这个构式下，晚辈同配偶等非血缘平辈并无不同：

（18）单数形式：＊我［ŋɤ⁵¹］儿子　＊他［tˈa⁵¹］孙女
（19）复数形式：我们［ŋɤ²¹］外甥他们［tˈa²¹］侄儿

总之，当属者为晚辈或者配偶等非血缘关系平辈时，其基本式仍然使用"复数—并置"构式。这也是所有亲属领属结构的最无标记构式。

（二）属者名词依存性减弱，独立性增强
我们之所以将长辈/血缘平辈与晚辈/非血缘平辈区分开来，是因为前者中领者和属者的整合度、各自的依存性都大于后者。后者在形态句法特征上出现了一些独立性端倪，下面仍使用上文"一"中"（二）"中的测试框架，可以发现与第一部分的不同。以下例句中，括号中的人称代词复数形式中部分可出现，也可不出现，但以不出现稍显优：

（20）话题链测试：

　　a. 张明是个福蛋蛋，（<u>他们</u>［tʻa²¹］）儿子是县长，（<u>他们</u>
　　　　［tʻa²¹］）女子是大学老师。
　　b. 翠花这女子命不好，（<u>他们</u>［tʻa²¹］）外头丈夫叫人把腿给打
　　　　断咧。

（21）并列结构测试：

　　a. <u>你们</u>［n̠i²¹］外甥跟（<u>你们</u>［n̠i²¹］）侄女都考上大学咧。（无
　　　　括号中内容时有歧义）
　　b. <u>他们</u>［tʻa²¹］婆娘跟（<u>他们</u>［tʻa²¹］）娃都转成城镇户口咧。

（22）宾语测试：

　　a. 我想（<u>我们</u>［ŋv²¹］）儿子/婆娘/外孙得很。
　　b. 张明把（<u>他们</u>［tʻa²¹］）女子女儿/婆娘/孙子送到乡下去咧。

　　可以看出，当属者为晚辈或非血缘关系名词时，可以获得一定的句法
独立性，即可不需要前加复数人称代词；或者说，光杆形式的属者名词通
过零形式和后置于领者的语序就可以恢复（restore）与"先行词"之间的
领属关系。这里的先行词就是领者，可以以话题、主语、并列结构的前项
等形式出现。
　　这种允许"零形回指"（zero anaphor）的情况表明，晚辈和非血缘平
辈关系名词有一定的特殊性。普通话中，各种尊卑关系的亲属领属基本上
都可以通过这种零形回指测试。这样看来，关中方言的特点可以概括为：
<u>当属者为长辈或血缘关系平辈时，属者和领者之间高度固化，属者名词高
度依附，领者代词复数化和词（前）缀化。</u>
　　这种独立性也投射在概念领域：关中方言的亲属概念域中，长辈—
晚辈、血缘—非血缘的对立更为凸显。晚辈及非血缘关系亲属向着独立实
体的方向迈进了一小步。同时，领者对属者的"领有/拥有"的意识增强
强；反映在句法上，领者代词对属者名词在赋予指称上的统制力更强。

　　而长辈—血缘平辈领属不同，关中方言人更倾向于将属者看成整个指称的概念核心，领者更像是依附性成分。

（三）领者代词的独立性也有所增强，但仍限制较多

　　当属者为晚辈或非血缘关系时，不仅属者名词在句法上的独立性有所增强，领者位置的代词也有了一定的灵活性和独立性。先看一组例子：

　　　　（23）单数代词：a. 我〔ŋɤ^{51}〕/你〔n̠i^{51}〕/他〔t'a^{51}〕的儿子
　　　　　　　　　　　　b. 我〔ŋɤ^{51}〕/你〔n̠i^{51}〕/他〔t'a^{51}〕的婆娘
　　　　　　　　　　　　c. ？/＊我〔ŋɤ^{51}〕/你〔n̠i^{51}〕/他〔t'a^{51}〕的外头丈夫
　　　　　　　　　　　　d. ？我〔ŋɤ^{51}〕/你〔n̠i^{51}〕/他〔t'a^{51}〕的侄女
　　　　（24）复数代词：a. 我们〔ŋɤ^{21}〕/你们〔n̠i^{21}〕/他们〔t'a^{21}〕的儿子
　　　　　　　　　　　　b. ＊我们〔ŋɤ^{21}〕/你们〔n̠i^{21}〕/他们〔t'a^{21}〕的婆娘
　　　　　　　　　　　　c. ＊我们〔ŋɤ^{21}〕/你们〔n̠i^{21}〕/他们〔t'a^{21}〕的外头丈夫

　　可以看出，以上两种类型的领属并非像长辈领属中那样排斥"的"的使用，甚至不完全排斥单数人称代词；同时，也可以用复数人称代词再加"的"。当然，对于此类中的配偶而言，特异之处有两点：

　　第一，复数代词带"的"后，语义透明，只能表多个领有者，所以不用于配偶领有，如（24b、24c）。

　　第二，即使是单数代词带"的"，用于男性对女性配偶的领有时可以说，而不太能用于女性对男性配偶的领有，如（23b、23c）。

　　对于晚辈的领有有两个特点：

　　第一，单数代词带"的"只能用于对子女的领有，一般不用于对其他旁系晚辈的领有（对比23a、23d）。

　　第二，复数代词带"的"表示的领属关系中，语义透明，即领有者

为多个，只能用于"共同领有（joint possession）"，而不能用于"分配性领有（distributive possession）"，如（24a）中的"我们［ŋɤ²¹］的儿子"只能指夫妻双方"共有"的一个/多个儿子，而不能是其他情况下"各有"的。

当然，这种形式使用的语境特异性，即多用于强调对"属者"的领有，因此重音落在领者代词上，这种重音模式和基本式（重音在属者名词上，领者类似前缀，不大可能带重音）相反。若用于无标记语境，则不能说（如26）：

（25）a. 我［ŋɤ⁵¹］的娃我再不管，那谁管呀。
　　　b. 这是我们［ŋɤ²¹］的女子，又不是你们［n̠i²¹］的。
（26）a. *我［ŋɤ⁵¹］的娃/我们［ŋɤ²¹］的娃明儿就到北京念书去呀。
　　　b. 我们［ŋɤ²¹］娃明儿就到北京念书去呀。

另外，从例（25b）可以看出，能带"的"的亲属领属结构，也可以省略核心词（即属者）而成为"的"字结构。例（26a）中，焦点敏感算子"就"显示出，本句的焦点必须是时间状语"明儿明天"，因此领有代词不可能成为焦点，则不能用带"的"的格式。

"共同领有"和"分配性领有"是领属范畴中一个重要的类型学参项。关中方言在表达"分配性领有"时高度受限；相应的，缺少"父亲母亲、兄弟姐妹"等这样的集合名词。也不能表达下面这样的典型分配性领有：

（27）<普>这个班有二十多个学员，他们的父亲都是当官的。
　　　<关>*这个班里有二十多个学员呢，他们［tʰa²¹］爸都是当官的。
（28）<普>张明和李亮的妈妈明天会来。（有3个歧义）
　　　<关>#张明跟李亮他们［tʰa²¹］妈明儿来呀。（无歧义：张明和李母）

当然，关中方言也需要表达分配性领有关系，但领有者后面需要加上

"这些人/兀几个"等构成同位结构，再带上"复数—并置"构式：

（29）这个班里有二十多个学员呢，这些人他们［tˈa²¹］爸都是当官的。

（30）张明跟李亮这两个人他们［tˈa²¹］妈明儿来呀。

但即便是"张明跟李亮这两个他们妈"也摆脱不了歧义：既可以表"共有"，也可以表"各有"。所以，真正无歧义的"各有"表达只能有下面的"分配"形式：

（31）张明他们［tˈa²¹］妈跟李亮他们［tˈa²¹］妈……

（四）"个"与"指示词＋个"

上节讨论"个"作为领属之间连接成分时，涉及属者是否有唯一性。例如，对于长辈第一层次即父母的领属，不能使用"人称代词＋个＋父/母"。对于晚辈的领属，情况基本与长辈相同。比如，对于配偶的领有，如果用"个"连接，就预设了"非一夫一妻制"的存在，这在目前的常识背景下是诡异的。

（五）小结与思考

当属者为晚辈或非血缘平辈时：

第一，"复数—并置"仍是最无标记的领属结构，可以适用于各种句法、语义条件。这一点与属者为长辈或平辈的情况相同。

第二，和长辈/平辈属者名词相比，晚辈属者名词获得了更多的句法独立性，表现在，当领者代词作为先行词和属者名词隔开时，后者可以以光杆形式出现。

第三，可以出现单数人称代词＋"的"，但条件是：一般仅用于对于子女和女性配偶的领属，而且用于强调"拥有"关系时。也可以出现复数人称代词＋"的"，但仅限于对于子女的领有，且用于强调"拥有"关系时。

这样看来，领属之间是否有"的"大体对应于两者之间是否具有显著的"拥有"关系。如文首所说,典型的拥有(possession)应该同时具有一定的支配性。而对于亲属、尤其长辈亲属的"拥有"并不典型,因为领者无法决定、选择、支配属者;这反映在句法上,就是排斥"的",而"的"却是典型领属结构的重要标记。基于此,我们可以提出亲属领属的另一组对立:

(17) 认同/依存——拥有/支配

不妨假设,亲属领属的核心语义要求是"认同/依存",这是构成亲属领属的必要条件。而"复数—并置"是"认同/依存"的无标记形式,说"我们〔ŋɣ²¹〕爷""他们〔tˈa²¹〕娃",属者是关系名词,领者具有词(前)缀性,两者相互依存。而"拥有/支配"语义被抑制。

"认同/依存"在各种亲属领属关系中广泛存在,是语义基础;此外,有限的"拥有/支配"语义体现在对于晚辈和诸如配偶的平辈领属方面。其内部的微小差异往往都可以从"拥有/支配"的强弱得到解释。上文说到,"我〔ŋɣ⁵¹〕的儿子"可以,"?我〔ŋɣ⁵¹〕的侄儿"不好;"我〔ŋɣ⁵¹〕的婆娘"可以,"?我〔ŋɣ⁵¹〕的外头(丈夫)"不好;这因为"儿子"比"侄儿"更容易"被拥有"和"被支配",男性对于女性的"拥有"和"支配"也强于反过来的情况。

三 亲属领属的语义—句法配对模式

上文讨论表明,当领有者为多个时,复数代词作领者只能表达"共同领有",不能表达"分配性领有"。如需表达后者,复数代词后需加上"这些人、那几个"等量化成分。

实际上,分配性领属是两个集合之间的模糊映射,领者和属者之间的关系是模糊、松散的,也就是说"认同/依存"的语义已经减弱。由于"认同/依存"是关中方言亲属领属的必要条件,违反它是"致命的",因此分配性领属不能用这一格式表达。

表2所反映的语义—句法配对模式主要在领属格式内部,主要趋势是,领者对属者的认同、属者对领者的依存程度越高,则形态句法上就

越整一，主要表现在排斥"的"的使用；领者对属者的拥有/支配程度越高，则形态句法上对于"的"的排斥减弱，独立性相对增强。另外，属者名词所指是否具有独一性，主要反映在对于"个"的排斥和使用上。

表2　亲属领属中的语义—句法配对之一：`认同·拥有·独一`—`有无"的"`

语义 句法 属者角色	领者视角				属者视角
	共同领有		独有	分配性领有	可有多个
	复数—并置	复数 + '的'	单数 + '的'	复数 ± 的	+ "个"
父母	○	×	×	×	×
其他长/平辈	○	×	×	×	○
子女	○	○	○	×	○
其他晚辈	○	×	×	×	○
男性配偶	○	×	○	×	×
女性配偶	○	×	×	×	×

注：　▢ 拥有/支配性的强弱；　▢ 认同/依存性的强弱；　▢ 是否有独一性。

这种常识世界里的长幼、亲属关系与领属结构中的"认同/依存—拥有/支配"的对立，以及句法上的整一—松散三者之间表现出的平行性关系，可以看作像似性的一种表现形式。而这里的高度像似性也是关中方言领属结构的一个类型特点。

句法对于语义、进而对于常识世界的反应也体现在领属结构外部，表3对这些句法限制进行概括。

表3 亲属领属中的句法—语义配对之二：认同·拥有—先行词—零形回指测试

语义＼属者＼句法		先行词—零形回指允准结构			
		话题链	并列结构	动/介词宾语	
认同性最强 拥有性最弱	父母	×	×	×	句法高度依存
	其他长/平辈	×	×	×	
认同性减弱 拥有性增强	子女	○	○	○	
	其他晚辈	○	○	○	支配性增强
	男性配偶	○	○	○	
	女性配偶	○	○	○	

四 属者为社会关系名词：与亲属领属的投射关系

社会关系领属往往是亲属领属的隐喻与投射，后者中的长辈、平辈、晚辈往往最自然地投射为前者中的上级、平级、下级。

但关中方言的特点是，该投射不是与上述等值的“垂直投射”。

同亲属领属一样，“复数—并置”仍是社会关系领属的核心手段和基本形式，但其“末端”已不能覆盖所有的社会关系［如下例（33）c］。下例（33）中，a、b 均是关中方言中能且只能说的形式，即同样排斥“的”的使用。

(33) a. 上级：我们［ŋɤ^{21}］/你们［ȵi^{21}］/他们［tʻa^{21}］领导/经理

b. 平级：我们［ŋɤ^{21}］/你们［ȵi^{21}］/他们［tʻa^{21}］同事/朋友

c. 下级：*我们［ŋɤ^{21}］/你们［ȵi^{21}］/他们［tʻa^{21}］下级/部下

看来，下级并不能与亲属领属中的晚辈对等。对于下级领属，只能用“的”，领者代词同时失去了词（前）缀性，获得了语义上的透明性，单数即表示拥有者为一个，复数表示拥有者为多个：

（34）a. 单数——一个：我［ŋɤ⁵¹］/你［n̠i⁵¹］/他［tˢˊa⁵¹］的下
　　　　　　级/部下

　　　b. 复数——多个：<u>我们</u>［ŋɤ²¹］/<u>你们</u>［n̠i²¹］/<u>他们</u>［tˢˊa²¹］
　　　　　　的下级/部下

　　看来，对下级的领属其典型特点是拥有和支配，而不是认同和依存，
因此也与文首所说的典型领属结构具有一致性。从生命度的角度来看，关
中方言将社会关系中的下级基本上排除在亲属领属范畴之外。或者说，所
有亲属及社会关系中的上级、平级人员都被划在高生命度的"人"的类
别中，而下级则被归入"物"的类别。这种"物化/非人化（objectiva-
tion/anti-personification）"策略①在和修辞学和语言类型学中并不鲜见。尤
其在亲属领属的类型学研究中，"物化/非人化"等级是一个很有价值的
参项。这个参项在汉语方言的形态—句法中，多表现为亲属领属结构是否
必用、可用、不用某种特定结构，以区别于典型领属结构。粗略地看，普
通话的非人化等级较高，关中方言的非人化等级最低。领者对于低生命度
属者的领有，反映在句法上，就是需要用"的"。如图1所示：

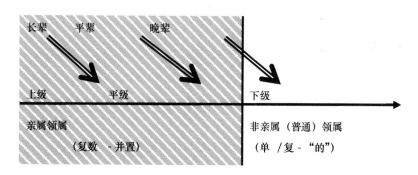

图1　亲属领属与社会关系领属投射

　　从第"（三）"部分可知，亲属领属的句法—语义配对中，"亲—疏"
和辈分、地位的"高—低"是两对起作用的因素。这两对因素可以组成
一个四分表。下表4中，"○"表示可以用亲属表达构式"复数—并置"，
"×"表示不可以：

---

　　①　关于生命度与"非人化"策略，得益于匿名审稿人的重要提醒。

表4   亲—疏、高—低因素的共同作用

	高	低
亲属	○	○
非亲属	○	×

五　亲属或社会关系领属、领者为名词

（一）基本构式："—家—"的出现

"复数—并置"是一切人际关系领属的核心成分。即使在领者为名词的时候，人称代词的复数形式还是几乎不可缺少。

当领者名词出现的时候，关中方言的亲属和社会关系领属表达可以有三种格式：名词—复数—并置式、领者名词和属者名词之间加"的"式、领者名词和属者名词之间加"家"式。如表5所示（下面的名词仅限单数名词，"家"读辅音消失弱化形式［ia］）：

（35）

表5   领者为名词时的语义—句法格局

	名—复数—并置	名—的—属	名—家—属
长/血缘平辈	○	×	×
配偶/晚辈	○	○	○
上级	○	×/○*	×
平级	○	○	×
下级	×	○	×

注：这里的"上级"内部不同关系的领属中用"的"和不用"的"的情况，本文不展开。

例句分别如下：

（36）

名—复数—并置	名—的—属	名—家—属
张明他们［t'a²¹］爷	*张明的爷	*张明家爷
张明他们［t'a²¹］哥	*张明的哥	*张明家哥

续表

名—复数—并置	名—的—属	名—家—属
张明他们［tˑa²¹］婆娘/儿子	张明的婆娘/儿子	张明家婆娘/儿子
张明他们［tˑa²¹］领导/经理	张明的领导/＊经理	＊张明家经理
张明他们［tˑa²¹］朋友/同事	张明的朋友/同事	＊张明家朋友/同事
＊张明他们［tˑa²¹］下级	张明的下级	＊张明家下级

从上表 5 可以看出，除了"复数—并置"这种基本格式可以继续使用在大多数社会关系领属中以外，还表现出以下特点：

第一，当领者是名词的时候，亲属关系中的长辈/血缘平辈仍无法用"的"联系领、属者，仍必须使用"复数—并置"格式，再与该名词并置。但对于晚辈和非血缘平辈的领属，已经可以比较自由地用"的"了，这说明指人名词和代词在生命度上的微小差别也反映在领属结构上，即指人名词对于属者的"拥有/支配"性更强。

第二，领者名词与上级、平级属者之间可以用"的"连接，而相应的领者人称代词不行，这也可以看出领者名词对于属者的"拥有/支配"性更强。

"家"也可以连接领者名词与属者，但高度有标记：只能用于家族/家庭内领有，且只能用于对配偶或晚辈的领有。用"家"连接的领属结构的格式语义也是，凸显"拥有/支配"性，相当于"家庭所有"。需要补充说明的是，"名—家—属"还可以用于对家有财产类领属，如"张明家地""张明家簸箕""张明家煎饼摊子"。

而相比之下，长辈和血缘平辈既不能为某个人、某些人所"拥有/支配"，也不能为家庭所"拥有/支配"，只能用复数形式的人称代词对其进行"认同"。

（二）量词、指示成分作为领属连接词

除上文说的"复数代词、的、家"等可以出现在领者和属者之间的连接成分外，还可以有"个、这个/兀个"等，如果将这些连接成分都列出来，就可形成如下的格局和分工（"●"表示使用某个或某几个连接成分，是组合关系；"○"表示使用某个或某几个连接成分时所适合的属者，每次只能有一个），见表 6。

表 6　领者为名词的亲属领属结构"领者 + 连接成分 + 属者"格式的各种组合情况一览

领者	连接成分					适合的属者							
	他们	家	的	个	这个	父母	长辈	平辈	晚辈	配偶	上级	平级	下级
	●					○	○	○	○	○	○	○	
		●							○	○			
			●						○	○	○?	○	○
				●			○	○			○	○	○
					●					○			
	●			●			○	○			○		
张明	●				●	○	○	○			○		
		●	●							○	○		
		●		●						○			
		●			●					○	○		
		●	●	●						○			
		●	●		●					○	○		
			●	●					○	○	○	○	○
			●		●				○	○	○	○	○

　　表 6 中 14 种不同的组合形式,基本反映了关中方言指人名词作领者时的亲属领属、社会关系领属格式的全貌。不难看出,最无标记、最基本的格式仍然是有复数人称代词出现、领者和属者直接并置,即"名词—复数代词—属者"以及"名词—复数代词—指量组合—属者",其他都要受到更多的限制。

六　简单结论和余论:认同的视角

　　简单概括一下关中方言亲属领属的基本特点:

　　第一,亲属领属的基本格式或基本构成要件是"复数—并置",核心语义是"认同/依存";

第二，随着血缘、亲疏、辈分高低的递减，可出现一些边缘化格式，即带"的"格式，其语义可以表示为"拥有/支配"。

第三，人可以和几乎所有其他人"认同/依存"，但却不能"拥有"一切其他人。

第四，只能有"认同/依存"类领属表达在句法上的依存性也强，而可以有"拥有/支配"类领属在句法上独立性有所增强。

本文讨论亲属领属时多次使用"认同"这个概念，并将其与"领有"（possession）对立。这是因为不少汉语方言存在用人称代词复数形式作为亲属关系的领者的现象。而复数形式代表的是集体认同，即任何亲属关系名词都需要一个集体来认同和定位，这样，任何亲属关系都可以归入"我们、你们、他们"三个族群之中，所以不妨将这种类型称作"集体认同"（collective identification）。

就总体趋势而言，汉语很多方言都采取一定的形态句法手段，将亲属领属从普通—典型领属中区分出来。其中，最具共性的手段就是"并置"，即直接将领属双方并立在一起，排斥用于典型领属的泛用定语标记，或以其为高度有标记的格式。例如，严格排斥泛用定语标记的如吴语绍兴方言（盛益民等，2013）、江淮官话海安方言（张亚军，2013）等，以并置为常、有定语标记为罕见或有特定意义的如广州方言（单韵鸣，2013）、闽语惠安方言（陈伟蓉，2013）、莆仙方言（吴建明，2013）、官话光山方言（王芳，2013）、冀州方言（白鸽，2013）等。

和"并置"手段相比，领者限用或优先用人称代词的"复数"形式这一手段其广泛性要小很多，但由于在不同方言中"不约而同"地使用，所以也不容小觑。例如，上面提到的两种闽语、江淮官话、吴语等，冀州方言则表现出第一、第二人称与第三人称的对立，前两者要求用复数形式，后者单、复数分工。而广州方言、光山方言等则不要求用复数形式表单数意义。

关于领属结构的特殊性，前人多从"关系名词""可/不可让渡性"等语法、语义概念的角度讨论。我们认为，汉语方言中，属者的"人—物"对立的重要性大于"关系—实体"的对立，因为"关系名词"并不仅限于亲属称谓名词，其他所谓"有价名词"（如"意见""方式"）等也是关系名词，但不会使用特定的领属构式。另外，"认同—拥有"对立的重要性大于"可让渡—不可让渡"的重要性，这一点在引言中已经提及。因此，可以将属者的"人—物"对立作为世界语言领属范畴研究的重要语义参项之一。在这个参项之下，世界语言领属结构可以分为"人化（personification）"和"非人化（anti-personification）"两种，两者之间有一个连续统，可以用本文介绍的其他次要参项来加以分化。很明显，关中方言是"人化"领属结构语言的极端例证，其"非人化"处理只发生在"下级＋非血缘"的下级领有上。而普通话的"非人化"程度要高很多。英语、法语等部分印欧语言"非人化"更强：几乎不区分对人和对物的领有。

参考文献

白鸽：《冀州方言的领属范畴》，《语言研究集刊》（第十辑），上海辞书出版社 2013 年版。

陈伟蓉：《惠安闽南方言的领属结构》，《语言研究集刊》（第十辑），上海辞书出版社 2013 年版。

郭继懋：《领主属宾句》，《中国语文》1990 年第 1 期。

刘丹青：《亲属关系名词的综合研究》，《语文研究》1983 年第 4 期。

刘丹青：《有字领有句的语义倾向和信息结构》，《中国语文》2011 年第 2 期。

单韵鸣：《广州话的领属结构，语言研究集刊》（第十辑），上海辞书出版社 2013 年版。

盛益民、陶寰、金春华：《吴语绍兴方言的定语领属》，《语言研究集刊》（第十辑），上海辞书出版社 2013 年版。

唐正大：《关中方言第三人称指称形式的类型学研究》，《方言》2005 年第 2 期。

唐正大：《汉语限制性和非限制关系从句解释条件的研究》，《语法研究与探索（十三）》，商务印书馆 2006 年版。

王芳：《光山方言的领属结构》，《语言研究集刊》（第十辑），上海辞书出版社 2013 年版。

吴建明：《莆仙化的人称领属语》，《语言研究集刊》（第十辑），上海辞书出版社 2013 年版。

张亚军：《海安方言中人称代词充当定语的领属结构》，《语言研究集刊》（第十辑），上海辞书出版社 2013 年版。

Dahl, Osten and Maria Koptjevskaja-Tamm. 2001. Kinship in grammar. In Baron, Irène, Michael Herslund, Finn Sørensen (eds.) *Dimensions of Possession.* pp. 201 – 226. John Benjamins Publishing Company: Amsterdam/Philadelphia.

Heine, B. 1997. *Possession: Cognitive sources, forces, and grammaticalization.* Cambridge: Cambridge University Press.

Seiler, H. 1983. *Possession as an operational dimension of language.* Tubingen: Gunter Narr.

湘语益阳方言的处置式

夏俐萍

（中国社会科学院语言研究所）

提　要　益阳方言的处置式可以使用处置标记“把”“捉哒”“拨哒”，也可以使用代词复指式。处置式的宾语通常是有定的，一般要加有定标记“阿”，少量处置式可以使用无定标记，体现施事对受事强影响性的特点。处置式与受事前置式关系密切，两者的不同在于，处置式强调施事对受事的强施动性，受事前置式强调受事的话题性。

关键词　处置式　处置标记　有定　话题性

益阳方言属于湘语长益片益沅小片（鲍厚星、陈晖 2005）。本文讨论益阳言处置式的特点。除无特别说明，本文语料取自笔者母语——益阳市赫山区泥江口镇方言。

处置式通常也叫“把”字句，由介词“把”“将”将宾语提到动词前面，表示一种处置意义。普通话的处置式常用“把”字引出被处置的对象，所以又称作“把”字句。对于“把”字句而言，有两个重要的消极限制：第一，宾语必须是有定性的；第二，动词必须代表一种“作为”，一种“处置”（吕叔湘，1984）。尽管不少“把”字句都可以看成主动宾式的变式，但仍然有大量的“把”字句并不能还原为主动宾式。朱德熙（1982）就指出，其实跟“把”字句关系最密切的不是主动宾式，而是受事主语句。张伯江（2001）也指出，被字句和把字句跟普通“主动宾”句比较，都是“强影响性”和“弱施动性”为特点。益阳方言的处置式十分发达，一方面，某些不带明显处置意义的句子也用上了处置式；另一方面，处置式表现出与受事前置式相互转换的特点，这可能与话题的显赫性有关。

一　结构类型

益阳方言处置式类型从结构上看，既有介词型处置式，也有代词复指型处置式，还有介词加代词复指型处置式，不同的结构类型所使用的范围和频率不一样。其中，介词型处置式使用最为广泛，单纯代词复指型处置式使用得最少。

（一）介词型处置式

充当处置标记的介词有三个，分别是"把""捉哒"和"挼哒"。

1.（S）＋把＋NP＋VP。"（S）＋把＋NP＋VP"是使用最多的一种处置结构，是一种典型的"把"字句。"把"在有给予动词、约量词和处置介词的用法。例如：

（1）把一本书把他 一本书给他。
（2）他喂哒炮把只鸡 他喂了十几只鸡。
（3）他把阿杯子打烂哒 他把杯子打烂了。

"把"字句中，当主语为第二人称时，通常可以省略主语，句子多表示祈使意义，即说话者要求施事做某事。例如：

（4）把阿衣服洗咖唠 把衣服洗了。

"把"字除了采用"（S）＋把＋NP＋VP"格式，还有两种格式：一是"被"字句和"把"字句混用，即"P＋捱得＋S＋把＋NP＋VP"，"捱得"是被动标记，表示受事遭受某施事的处置，造成了部分影响，可以看成部分处置义。例如：

（5）他捱得他俚妈妈把阿脚打折哒 他被他妈把脚打折了。

（6）他捱得阿石头牯把阿牙齿碰跌哒_{他被石头把牙齿碰掉了。}

"把"字句的另一种格式是"（S）+把+NP+一V起"，通常用于描写人的动作、姿态、神情等状态，常用于背景句，后一分句通常是对这种状态的评论或总结。例如：

（7）他把阿眼镜一戴起，亘把势蛮有学问一样_{他戴着副眼镜，好像很}_{有学问似的。}
（8）他把阿二郎腿一跷起，一点规矩都不懂_{他跷着个二郎腿，一点规}_{矩都不懂。}

普通话中的"把"字句也有"把+NP+一V"的句式，例如"他把眼睛一瞪，对着我说……"，这种句式主要表示短时意义，而"（S）+把+NP+一V起"不能表示短时意义，只能表示状态意义（见译文），这种状态意义是可以持续的，而不是短时的。当表示短时意义时，益阳方言也有跟普通话一致的"S+把+NP+一V"，也通常用于背景句，表达短时意义，后一分句表示接下来的动作，或者是对这种短时状态的评论说明。例如：

（9）他把阿眼珠一□［ku⁴⁵］，阿人都吓跌_{他把眼睛一瞪，吓死人了。}
（10）他把阿脚一拖，就走咖哒_{他把脚一踩，就走了。}

在益阳市区，"把"同时可以用作处置标记和被动标记，当"把"字后面为人称代词或人名时，"（S）+把+NP+VP"会有歧义，即可理解为处置式，也可以理解为被动式（崔振华，1998）。例如：

（11）尔就把他骂几句算哒_{你将他骂几句算了/你给他骂几句}算了。

例（11）中，"把"既可以充当处置标记，也可以充当被动标记而具有歧义。但在笔者母语中，"把"一般不单独充当被动标记，而是与间接题元标记"得"搭配为"把得"，例如上句当被动意义时说成"你就把得他骂几句算哒"，从而与处置式的"把"字句区分。

2．（S）＋捉哒＋NP＋VP。"捉"在益阳方言不单独使用，要跟实现体标记"哒"结合，有"抓住、握住"的意思，例如"捉哒箇根棍子莫□pan⁴⁵哒抓住这根棍子别摔倒了"。"捉"在古代也表示"握住"的意思。在《说文解字》中释为"握也"；在《世说新语》里有"不敢复近思旷傍，伊使人捉杖打人，不易"。"捉"作为广义处置式，与"把"一样，都只见于入唐以后的文献（吴福祥，2003）。

益阳方言的"捉哒"作为处置式标记，往往表示施事对受事产生一种消极影响。例如：

（12）阿猫捉哒阿鱼吃咖哒猫把鱼吃了。

（13）他捉哒他俚娘气得要死他把他妈妈气得要命。

（14）阿公司捉哒他开除哒公司将他开除了。

施事对受事处置产生的积极影响，一般不用标记"捉哒"，只用标记"把"。

（15）他领导捉哒他降咖一级领导把他降了一级。

（16）？他领导捉哒他升咖一级领导把他升了一级。

"捉哒"使用的频率不如"把"字句，但也可以与被字句套用以及用于"一V（起）"结构，前者表示施者对受者的消极影响，后者表示状态。例如：

（17）他捱得他俚娘捉哒阿脚打折哒他被他妈妈把脚打折了。

（18）他捉哒眼珠一□［ku⁴⁵］起，吓死人他把眼睛瞪着，吓死人了。

（19）他捉哒阿眼珠一□［ku⁴⁵］，就走咖哒他把眼睛一瞪，就走了。

3．（S）＋搂哒＋NP＋VP。"搂"做动词，表示"按住"的意思。例如，益阳方言中有句俗语"搂哒阿石头牯打浮漱抱着石头游泳"。"搂"《广韵》：七伦切，推也。左传云："搂卫侯之手。又子寸切。""搂"与实现体标记"哒"结合成"搂哒"，除了"按住"的意思外，还有强迫某人干某事的意思。例如：

(20) 他不想去，他俚妈妈捹哒他去他不想去，他妈妈逼着他去。

"捹哒"同时可以用作为处置式标记，但虚化的程度很低，句末的动词只限于"打、骂"之类的动词。例如：

(21) 尔不听话，捹哒尔打一餐死的你要不听话，把你狠狠地打一顿。

(22) 阿路冇搞得好，他捹哒我骂得要死事情没办好，他把我骂得要死。

"捹哒"不能与被动句套用，同时也不用于"一 V（起）"结构，只能说是语法化程度不太高的处置式标记。在益阳市区，"捹"还可以用作被动标记，例如"阿鱼捹阿猫吃咖哒"（崔振华 1998，徐慧 2001）。在泥江口镇方言，"捹"没有被动标记的用法。

（二）介词加代词复指式

介词加代词复指处置式，指使用处置标记的同时使用代词"他"复指宾语，加强处置作用。益阳方言的介词加代词复指式有一个显著特点，受事为有定成分，要位于句首，带有定标记"阿"。"把"字后面原来的受事采用代词"他"进行复指，"他"可以表示单数也可以表示复数，但不能省略。从生命度等级"第一/第二人称代词 > 第三人称代词 > 其他人类名词短语 > 动物名词短语 > 无生命名词短语"的序列来看，位于句首的受事成分一般是后面两类，不大可能出现类名词短语，排斥使用人称代词形式。例如：

(23) 阿衣服我把它洗咖哒衣服我把它洗了。

(24) 阿书尔都把它放得阿桌子高处唠书你把它们放到桌子上吧。

(25)？剑伢唧我把他打咖一餐小剑我把他打了一顿。

(26)*尔他把尔气得要死你他把你气得要命。

无定受事宾语位于句首构成介代复指处置式较少，但也可以见到零星的用法，主要突出施事的强施动性。例如：

（27）一包烟他一阵唧就把它吃完哒_{一包烟他只一会就把它抽完了}。
（28）一块西瓜一口就把它吃咖哒_{一块西瓜一口就把它吃了}。

介词加代词复指式既可以表示位移处置，也可以表示结果处置。但一般表示施者有目的的处置，不表示无目的的处置，也一般不用于消极结果的处置意义。例如：

（29）？阿杯子我把它打烂哒_{杯子我把它打烂了}。
（30）阿衣服找把它洗素利干净哒_{衣服我把它洗干净了}。

在介词加代词复指式中，还有一种特殊的形式，即重复处置标记"把"，第一个"把"字后面用受事，第二个"把"字后面使用代词复指。这一类代词复指式既可以表达位移处置，也可以表达结果处置，包括消极结果意义的处置。

（31）我把阿衣服把它放得阿桌子高处哒_{我把衣服放到桌子上了}。
（32）尔把阿碗把它打烂哒呀_{你把碗打破了呀}。

像"把门关严他"这种介代呼应型处置式，在汉语方言中分布十分广泛，甚至是某些方言唯一使用的处置式类型（辛永芬，2011）。但在益阳方言中，只有将有定受事提前，或处置标记重叠才可以使用介代呼应型，不能使用"把阿门关严他"这种类型。

（三）代词复指式

这里的代词复指式是指不用处置介词"把、捉"等的单纯代词复指。同样要求有定受事成分置于句首。在祈使句中，有定受事成分之后通常用话语标记"尔只"表明说话者的立场。例如：

（33）箇只鸡尔只杀咖他_{他这只鸡把它杀了}。
（34）箇点柴火尔只放得他到箇里_{这些柴火把它们放到这里}。

在陈述句中，表示结果处置和位移处置，动词后一般带标记"得"，形成"P+（S）+V得+他+到NP"，如果表示过去的处置，句末要用已然体标记"哒"。例如：

> （35）箇件衣服我拿得它到铺上哒 这件衣服我拿到床上了。
>
> （36）哦只鸡尔赶得它到头屋里去唠 那只鸡你赶到客厅去吧。
>
> （37）哦点茶我吃咖它哒 那些茶我喝了它。

汉语方言的单纯代词复指处置式一般都是将有定受事位于句首，例如上海：侬地板拖拖伊。但广州话的受事宾语可以直接位于动词之后，再加代词"佢"复指。例如，饮晒啲啤酒佢啦（麦耘，2003）。益阳方言不可以使用"吃咖箇点啤酒它"的说法，只能说"箇点啤酒吃咖它"。

二　语义类型

吴福祥（2003）论证汉语处置式的产生与演变经历了"连动式 > 工具式 > 广义处置式 > 狭义处置式 > 致使义处置式"这样一个连续发展的过程。从处置式的语义类型来说，可以分为"广义处置式""狭义处置式"和"致使义处置式"。这三种处置式在益阳方言中广泛存在，但当处置标记为"捹哒"只能用于狭义处置式。处置标记"把"和"捉哒"可用于几种不同语义类型的处置式，下文的例句以"把"字句为主，必要时涉及"捉哒"句。

（一）广义处置式

广义处置式的题元结构是一个双及物式，述语动词所表示的动作涉及两个题元成分。广义处置式包括处置（给）、处置（作）以及处置（到）几种类型。这三种不同类型的广义处置式在益阳方言中都普遍存在。例如：

> （38）我把箇支笔送得他哒 我把这支笔送给他了。
>
> （39）他把阿韭菜当成阿大蒜哒 他把韭菜当成大蒜了。
>
> （40）尔慢点把阿衣服放得阿柜子里唠 你待会把衣服放到柜子里啊。

（二）狭义处置式

狭义处置式的题元结构是一个及物式（吴福祥，2003）。谓语动词所表示的动作只涉及一个题元成分。这类处置式谓语动词的题元成分一般就是"把"字后面的受事，或者是句首的有定受事成分。例如：

（41）把阿衣服洗咖把衣服洗了。

（42）把阿黑眼镜一戴起，亘把势蛮有学问一样把眼镜戴着，就像很有学问似的。

（43）我今朝把阿衣服洗得素素利利的哒我今天把衣服洗得干干净净了。

狭义处置式的动词虽然只涉及一个题元角色，但绝不能是光杆成分，例（41）不能说成"把衣服洗"。动词后面要带时体标记或补语标记。如果表示祈使等未然的意义，句末不能用"哒"，如果表示已然意义，句末必须加已然体标记"哒"。

（三）致使义处置式

这类处置式中介词"把/将"的宾语语义上不是动词的受事，而是它的当事或施事；整个格式具有一种致使义（吴福祥，2003）。致使句处置式的主语可以是生命度高的人称代词或指人名词，也可以是生命度低的物体，也可以是一个小句。例如：

（44）尔会把我气死去你会把我气死的。

（45）阿声音把阿狗吓跑哒声音把狗吓跑了。

（46）尔讲话把他吓醒哒你说话把他吓醒了。

上述例句中"把"字后的宾语都不是动作的受事，而是施事，例如"气死去"的施事不是"尔"而是"我"，"吓醒"的当事是"他"而不是"尔"。这类致使义处置式中，由于"把"字后面的宾语通常是施事或当事，"把"字后面宾语的生命度通常比主语的生命度高。这是跟狭义处置式不同的地方，狭义处置式的主语往往比"把"字宾语的生命度要高。例如：

(47)? 我把箇只猫吓得要死我把这只猫吓得要命。

(48) 箇只猫把我吓得要死这只猫把我吓得要命。

(49) 我把箇只猫赶跑哒我把这只猫赶跑了。

(50) 箇只猫把我赶跑哒这只猫把我赶跑了。

例（47）、（48）是致使处置式，句子主语"箇只猫"比"我"生命度低，例（48）句子很自然，而例（47）很不自然。而例（49）、（50）是狭义处置式，前者主语"我"比"箇只猫"生命度高，句子自然，反之例（50）则很不自然。

三　动词及宾语特点

（一）动词的特点

前面的例句已经显示，处置式中的动词既可以是双及物动词，也可以是及物动词和不及物动词。赵元任（1979）指出，王力说处置式的动词都含有处置意味。但是除非用最广泛的意义来理解"处置"，否则是不能包括的。像前文谈到的处置式中的"把NP一（V）起"句式以及致使义处置式中的动词都不带处置意味。此外，并不是所有的动词都能进入处置式。能进入处置式的典型动词都是自主性的活动动词，非自主性动词以及状态动词一般都不能进入处置式。例如：

(51)* 我把他看见哒我把他看见了。

(52)* 我把他相信哒我把他相信了。

处置式中的动词不能是光杆形式，除了表示短时意义的"一V"中的动词可以是光杆形式之外，一般处置式的动词后面必须带有体标记、补语或数量成分。

(53) 把阿作业做*（咖）我把作业做完了。

(54) 我把阿衣服收*（进来哒）我把衣服收进来了。

（55）尔去把箇只路搞*（一家伙）。你去把这事情做一下。

（二）"把"字后宾语的特点

处置式中"把"字后面的宾语，通常来说是有定的。"把"字后的有定宾语也可以位于句首，形成介语代词复指处置式（如上）。有定宾语必须带有定标记"阿"或指示词，如果没有"阿"或"指示词"，句子显得很不自然。例如：

（56）尔去把*（阿）衣服洗咖再来。你去把衣服洗了再来。
（57）我把*（阿）书看咖哒。我把书看完了。

"把"字后面的宾语常常是有定的。吕叔湘（1984）认为，"把"字后面带无定宾语，例如"我把个事儿忘了""我把个人打了"，这种例外是难得遇见的。但还有一种似是而非的情形，"把"字后头的宾语的确带一个"个"字，但不一定表示后面名词的无定性，例如"把个苟老爹气得有口难分"。像"一面将一个锦匣递过去"这样真正有点像无定的例子，吕先生认为，仍然可以看成有定的。朱德熙（1982）也指出，"把"字的宾语在意念上总是有定的。在益阳方言中，处置词后面的宾语通常是有定的，但如果宾语前有"一只"修饰的话，也可以表达无定以及无指等概念。这时往往表现出施事对受事强影响性的特点，并且往往具有消极意义。例如：

（58）他把一只蚊子打死跌。他把一只蚊子打死了。
（59）尔把一只箇好个碗打烂哒啊。你把一只这么好的碗打破了呀。
（60）他冇把一只路搞好过。他没做好过一件事。

例（58）中的"一只蚊子"是无定，"蚊子"可以在现场，也可以不在现场，因此适宜看成真正的无定受事。例（59）中的"一只"虽然是无定，但后面的宾语应该是谈话双方熟悉的"某一只碗"，并且"一只"后面有修饰性成分"箇好的"，更加强了有定性的理解。例（60）中的"一只"重读，表示通指，只能用于否定句中，这里的"一只"相当于英语"anything"。

此外，"把"字后面的宾语也可以是类指性成分，类指性成分之前的标记"阿"，跟有定标记同形。带类指宾语的处置式以评论性的句子为主。例如：

（61）阿旧社会不把阿人当人看_{旧社会不把人当人看。}
（62）箇号考试制度把阿学生害哒_{这种考试制度把学生害惨了。}

值得提出的是，在益阳方言的处置式中，有定的专有名词前面一般不能用"一个"或"个"修饰，因此上文提到的"把个荀老爹气得有口难分"这种类型的句子在益阳方言中一般不说。例如：

（63）哦只路把个明伢唧气得要死_{那件事把个小明气得要命。}

"把"字后的宾语一般为动作的有定受事，但在致使处置式中，"把"字后的宾语一般是动作的当事，例如"把他急得要死"就是"他气得要死"。赵元任（1979）和张伯江（2000）都提到过"把"字后面的宾语是动作的施事的句子。如例（64）：

（64）那次运动把个娘娘死了。

上例（64）中的"娘娘"在语义上施事而不是受事。但益阳方言的这类句子只能说成"哦次运动把一只娘娘害死哒"，"死"只能用作补语而不能用作动词，"娘娘"仍然是后面动作的受事而不是施事。

陶红印、张伯江（2000）提到"把"字的宾语具备两种原型施事的特点，也就是"自立性"和"位移性"，自立性是指事物先于行为而存在，不能是行为的结果或者随着行为的进行而成为事实的东西。益阳方言的处置式对于"把"字宾语的自立性并没有太多的要求。下面的句子在益阳方言中都很自然而且很常用。例如：

（65）明年要把阿屋起起_{明年要把房子建好。}
（66）把阿沙发、窗帘都买起哒_{把沙发、窗帘都买好了。}

（67）阿侦察员把阿敌人发现哒侦察员把敌人发现了。

（三）否定处置式

处置式的否定结构一般是在"把"字前面加否定词，陈述处置句用"冇"表示对已然事件的否定，但句末不能再加已然体标记"哒"，跟一般陈述式的否定式相同。祈使处置句加"莫"表示对未然事件的否定。但评论性的处置式一般不用来否定。例如：

（68）我冇把阿衣服洗咖我没洗衣服。

（69）尔莫把阿水倒咖哒你别把水倒了。

（70）箇号考试制度（*冇/*莫）把阿学生害死哒这种考试制度没把学生害了。

致使处置式中有一类特殊的否定形式，虽然形式上是否定的，但表达的意义仍然是肯定的，表达当事者强烈的感情色彩，有点类似于反问句。例如：

（71）箇只路冇把我气得吐血这件事没把我气得吐血！

（72）他哦只路尔怕冇把我搞死他那件事没把我害死。

也有个别处置式的否定成分放在"把"字的后面，一般只见于广义的处置式。这种结构的否定词仍然可以提到"把"的前面，意义不变。例如：

（73）他把我冇当人看他没把我当人看。

（74）我怕他把尔冇放起阿眼珠里头我只怕他没把你放在眼睛里。

四　相关的主动宾式和受事前置式

朱德熙（1982）指出，其实跟"把"字句关系最密切的不是"主—动—宾"句式，而是受事主语句。吕叔湘（1984）指出，"把"字句初起的时候也许是没有特殊用途的一种句法，但是它在近代汉语里应用得如此之广，主要是因为有一些情况需要把宾语挪到动词之前去。第一宾语必须是定性的，第二动词必须代表一种作为、一种处置。"把"字句式比普通主动句式要占点优势。陶红印、张伯江（2000）指出，"把"字的宾语更多地具备受事特征，这就是过去人们说"把"的作用是"提宾"的依据。但"把"字的宾语却具有两种原型施事的特征"自立性"和"位移性"。益阳方言中，广义处置式、狭义处置式以及致使义处置式表达陈述意义时，都可以将有定受事置于句首充当话题，后面的主谓成分是对整个话题的评论。致使义处置式要转换成受事话题句时，话题成分不是"把"字后面的宾语，仍然是句子的主语。处置式也可以变成主动宾句式。例如：

（75）我把箇支笔送得他哒～箇支笔我送得他哒～我送得箇支笔得他哒我把这支笔送给他了。

（76）他把阿衣服洗咖哒～阿衣服他洗咖哒～他洗咖衣服哒他把衣服洗了。

（77）箇只路把我气死哒～箇只路我气死哒～箇只路气死我哒这件事把我气死了。

　　处置式与受事话题句以及主动宾句虽然在某种条件下可以相互转换，但语用上还是有区别的。主动宾式属于一般的陈述。受事话题句主要在于突出受事，后面的陈述是对受事的评论，受事可以经常用于提问，例如阿衣服呢？——阿衣服我洗咖哒。处置式突出的不是受事，而是施事，强调施事对受事施加了某种动作，用为提问的成分常常是施事，例如"何作个把阿衣服洗咖哒啊？——他把阿衣服洗咖哒。

　　由于处置式更加强调施事对受事的处置，因此在祈使句中，当说话者要求听话者干某事时，一般会采用处置式（主语可省），而不是受事前置式或主动宾式（例句中的"＞"表示更常用）。例如：

（78）（尔）把阿衣服洗咖唠＞阿衣服洗咖唠＞尔洗咖衣服唠把衣服洗了。

（79）尔莫把阿水倒咖哒＞阿水尔莫倒咖哒＞尔莫倒咖水哒别把水倒掉了。

参考文献

鲍厚星、陈晖:《湘语的分区》(稿),《方言》2005 年第 3 期。

陈山青、施其生:《湖南汨罗方言的处置式》,《方言》2011 年第 2 期。

崔振华:《益阳方言研究》,湖南教育出版社 1998 年版。

吕叔湘:《汉语语法论文集》(增订本),商务印书馆 1984 年版。

麦耘:《广州话以"佢"复指受事者的句式》,《第八届国际粤方言研讨会
　　论文集》,中国社会科学出版社 2003 年版。

陶红印、张伯江:《无定式"把"字句在近、现代汉语中的地位问题》,
　　《中国语文》2000 年第 5 期。

吴福祥:《再论处置式的来源》,《语言研究》2003 年第 3 期。

夏俐萍:《益阳方言"阿"的多功能用法探析——兼论由指称范畴引发的
　　语义演变》,《中国语文》2013 年第 1 期。

辛永芬:《豫北浚县方言的代词复指型处置式》,《中国语文》2011 年第
　　2 期。

徐慧:《益阳方言语法研究》,湖南教育出版社 2001 年版。

张伯江:《论"把"字句的句式语义》,《语言研究》2000 年第 1 期。

张伯江:《被字句和把字句的对称与不对称》,《中国语文》2001 年第
　　6 期。

赵元任:《汉语口语语法》,吕叔湘译,商务印书馆 1979 年版。

朱德熙:《语法讲义》,商务印书馆 1982 年版。

四川中江双凤方言的一些语流音变现象

阳　蓉

（西南科技大学文学与艺术学院）

提　要　本文考察西南官话中双凤话的轻声。考察结果显示：轻声有两种表现，一是短调，一是长调（与阴平、阳平合流），都是自主变调，与前字调无关。轻声与词汇结构、语法结构相关。

关键词　双凤话　轻声

中江位于四川省中部，介于成都与绵阳之间，隶属德阳市。中江话属于西南官话的川西片，本文所记的双凤话主要是指双凤乡高坝村的方言，为笔者的母语。从 2001 年起，笔者多次调查记录双凤话。发音人欧阳明，男，1932 年生，初中文化，一直生活在双凤乡高坝村。

一　双凤话的声韵调

（一）声母 21 个，包括零声母在内

p 布步倍保百北白	pʰ 怕盘皮盆泡	m 麻米妹门麦	f 花飞灰湖华费	v 乌闻微问午
t 多赌带道都党	tʰ 拖徒桃天田		l 怒路吕李六	
ts 资早罪招争章	tsʰ 雌初抽仇丑虫		s 数四事伸瘦顺	z 日绕然认若闻
tɕ 件酒九娇精经	tɕʰ 秋钱囚枪穷	ȵ 女年严嬢	ɕ 须希西先详休	
k 果高街贵角缸	kʰ 夸跪敲开靠	ŋ 矮咬雁岸硬	h 河活航红冯风	
ø 延远而药				

（二）韵母 34 个，包括自成音节的 ［m̩、n n̩］

ï 资诗师知日	i 以地旗雨女吕急	u 故赌怒路出六绿
a 马爬茶夹白 洒萨家白	ia 加夏亚夹家	ua 瓜蛙挂话刮
e 蛇色舌北白黑割白	ie 姐野靴雪接铁月	ue 国郭白 阔或
ɚ 而儿耳二		
o 河合割郭活落	io 却虐略药欲确	
ai 盖开解白	iai 介解	uai 怪帅
ei 倍背杯妹		uei 贵推
au 饱保桃烧绕	iau 条焦	
ou 斗丑收	iou 流秋	
an 三盘肝	ian 检减连圆	uan 官关酸船暖
en 增争根庚硬蒸		uen 闰温分门
in 云运林		
aŋ 刚党	iaŋ 枪讲	uaŋ 光床
oŋ 翁风红同	ioŋ 穷雍勇胸	
m̩□ 应答词	n̩□ 不	

（三）声调 4 个

阴平	44	诗通分三飞鹤白鹤
阳平	21	时同坟十读佛
上声	53	始桶粉体软暖
去声	213	事痛份近厚大

二　双凤话的轻声

　　语流音变是一种普遍的现象，如变调、轻声和儿化，普通话及很多汉语方言中都有。

　　关于西南官话，之前认为没有轻声。袁家骅："轻声在北京话里占有很重要的地位……轻声在西南官话里就不那么重要了。北京话必须区别'本事'（重重，'电影本事'）和'本事'（重轻，'他有本事'），'练习'（重重，交了'练习'）和'练习'（重轻，'练习写字'）；四川话里它们却无语音区别，辨义完全靠上下文语境。四川话里的语助词、连词等都不读轻声。"[1] 或者认为西南官话中有变调和轻声的方言很少。李如龙："从外部因素来说，现代官话方言中，北边、东边的'中心区'普遍连读音变（变调、轻声、儿化）较多，南部的西南官话变调和轻声则相对较少，变调往往只见于叠音词，有些点有儿尾，只有少数点有儿化现象。"[2]190 其实，也不尽然，迄今为止，发现有轻声的西南官话就有贵阳方言、毕节方言（明生荣，1997）[3]、湖南石门方言（易亚新，2007）[4]、四川成都方言（魏刚强，2000）[5]、达县、西昌方言（陈章太、李行健 1996：1364）[6]、彭州方言（杨绍林，2005）[7]、镇龙方言（向道华，2000）[8]、昆明方言（卢开礴，1990）[9]等。

产生语流音变的原因很多，情况也比较复杂，在不同的语言和方言里所反映出来的形式特点也不尽相同。向道华（2000）："镇龙方言有轻声，轻声与阴平、阳平合流。"[8]

双凤话的两字组连读时有好些要变调，分为前字变调和后字变调。前字变调很少，后字变调是双凤话中最主要、最典型的变调（本文只讨论后字变调）。从变调形成的中和调看，双凤话后字变调存在轻声，其表现形式有两种情况，一是与北京话轻声相似，都是"轻而短"的调；二是与镇龙方言相似，表现为长调，与阴平、阳平合流。

先来看看双凤话轻声的几种表现。

（一）语音表现

轻而短	将军 名词，指头衔 tɕiaŋ⁴⁴tɕin⁴	法器 名词，道士做法事时用的器具 fa²¹tɕʰi¹
作业 tso²¹n̠ie¹	热菜 偏正结构 ze²¹tsʰai¹	
44（与阴平合流）	高头 kau⁴⁴tʰou²¹⁻⁴⁴	姨娘 i²¹n̠iaŋ²¹⁻⁴⁴
	女婿 n̠i⁵³ɕi⁵³⁻⁴⁴	地下 ti²¹³ɕia²¹³⁻⁴⁴
21（与阳平合流）	嫂嫂 sau⁵³sau⁵³⁻²¹	姐姐 tɕie⁵³tɕie⁵³⁻²¹
	顶顶 tin⁵³tin⁵³⁻²¹	吃耍要饭 tsʰɿ²¹sua⁵³sua⁵³⁻²¹fan²¹³

（二）词汇表现

叠音亲属称谓词。

44 + 44	公公 koŋ⁴⁴koŋ⁴⁴	爹爹 tie⁴⁴tie⁴⁴	姑姑 ku⁴⁴ku⁴⁴　　哥哥 ko⁴⁴ko⁴⁴
21 + 21Q	爷爷 ie²¹ie²¹⁻⁴⁴	伯伯 pe²¹pe²¹⁻⁴⁴	婆婆 pʰo²¹pʰo²¹⁻⁴⁴
	娘娘 姑姑n̠iaŋ²¹⁻⁴⁴ n̠iaŋ²¹⁻⁴⁴		
53 + 213	祖祖 tsu⁵³tsu⁵³⁻²¹	嫂嫂 sau⁵³sau⁵³⁻²¹	姐姐 tɕie⁵³tɕie⁵³⁻²¹
	宝宝 pau⁵³pau⁵³⁻²¹		
213 + 213	太太 曾祖父，曾祖母 tʰai²¹³tʰai²¹³⁻⁴⁴		舅舅 tɕiou²¹³tɕiou²¹³⁻⁴⁴
	弟弟 ti²¹³ti²¹³⁻⁴⁴		妹妹 mei²¹³mei²¹³⁻⁴⁴

非叠音亲属称谓词。

亲爷 $tɕ^hin^{44}ie^{21-44}$　　亲娘 $tɕ^hin^{44}ȵian^{21-44}$　　媳妇 $ɕi^{21}fu^{213-44}$　　　　姨娘 $i^{21}ȵian^{21-44}$

女婿 $ȵi^{53}ɕi^{213-44}$　　大爷_{大伯}$ta^{213}ie^{21-44}$　　大娘_{大伯之妻}$ta^{213}ȵian^{21-44}$　　舅母 $tɕiou^{213}mu^{53-44}$

方位词。

高头 $kau^{44}t^hou^{21-44}$　　屋里 $vu^{21}li^{53-44}$　　床上 $ts^huaŋ^{21}saŋ^{213-44}$　　地下 $ti^{213}ɕia^{213-44}$

外头 $vai^{213}t^hou^{21-44}$

双音节的方位词也有部分不变调的，如天上 $t^hian^{44}saŋ^{213}$、路上 $lu^{213}saŋ^{213}$。三音节的方位词一般不变调，如桌子上 $tso^{21}tsʅ^{53}saŋ^{213}$、田里头 $t^hian^{21}li^{53}t^hou^{21}$、屋里头 $vu^{21}li^{53}t^hou^{21}$。

趋向动词。

进来 $tɕin^{213}lai^{21-44}$　　　　出来 $ts^hu^{21}lai^{21-44}$　　　　进去 $tɕin^{213}tɕ^hie^{213-44}$

出去 $ts^hu^{21}tɕ^hie^{213-44}$　　　回去 $huei^{21}tɕ^hie^{213-44}$　　　转去 $tsuan^{53}tɕ^hie^{213-44}$

过去 $ko^{213}tɕ^hie^{213-44}$

助词。双凤话有两个助词"的""得"虚化以后部分与阴平合流，部分与阳平合流。

的

44（与阴平合流）　我的 $ŋo^{53}ti^{44}$　　你的 $ȵi^{53}ti^{44}$　　他的 $t^ha^{44}ti^{44}$　　大家的 $ta^{213}tɕia^{44}ti^{44}$

21（与阳平合流）　红的 $hoŋ^{21}ti^{21}$　　吃的 $ts^hʅ^{21}ti^{21}$　　看牛的 $k^han^{213}ȵiou^{21}ti^{21}$

　　　　　　　　　明明_{人名}的 $min^{21}min^{21}ti^{21}$

得

44（与阴平合流）　莫得 $mo^{21}te^{44}$

21（与阳平合流）　穿得 $ts^huan^{44}te^{21}$　　吃得 $ts^hʅ^{21}te^{21}$　　要得 $iau^{213}te^{21}$　　去得 $tɕ^hie^{213}te^{21}$

量词"个"调值为 44（与阴平合流）。

哪个 $la^{53}ko^{213-44}$　　　　这个 $tse^{213}ko^{213-44}$　　　　那个 $la^{213}ko^{213-44}$

后缀：双凤话的后缀比较多，如"～头"（如"搞头""苦头""堆头""赚头"）、"～子"（如"树子""烟子""耳子_{木耳}""体子_{身体}"）、"们""～儿"［独立的音节］（如"狗儿""猫儿""刀儿""娃儿"）、"～儿"（儿化）（如"汤圆儿""豆芽儿""豆瓣儿"）、"～倒"（如"默倒""阴倒""紧倒""估倒"）、"～起"（如"默起""稳起""欧起""嘿起"）、～巴（如"觙巴儿""肋巴""牙巴""脸巴儿"）、"～家"（如"女人家""弟兄家""热天家"）、"～气"（如"硬气""小气""苏气""嫩气"）。其中，做名词后缀的"头""子""儿"（包括"儿"尾和"儿"化）部分要变调，如：

头

44（与阴平合流）　锄头 tsʰu²¹ tʰou²¹⁻⁴⁴　　木头 mu²¹ tʰou²¹⁻⁴⁴　　骨头 ku²¹ tʰou²¹⁻⁴⁴

　　　　　　　　石头 sʅ²¹ tʰou²¹⁻⁴⁴

21（保持原调）　榔头 laŋ²¹ tʰou²¹　　先头 ɕian⁴⁴ tʰou²¹　　甜头 tʰian²¹ tʰou²¹

　　　　　　　　想头 ɕiaŋ⁵³ tʰou²¹

（此处"榔头 laŋ²¹ tʰou²¹""甜头 tʰian²¹ tʰou²¹"等词的后缀"~头"应该说意义还没完全虚化，严格来说还算不上词缀，所以没发生变调。）

子

21（与阳平合流）　那年子 la²¹³ ȵian²¹ tsʅ⁵³⁻²¹　　这回子 tse²¹³ huei²¹ tsʅ⁵³⁻²¹

　　　　　　　　新娘子 ɕin⁴⁴ ȵiaŋ²¹⁻⁴⁴ tsʅ⁵³⁻²¹　　贼娃子 tsuei²¹ va²¹ tsʅ⁵³⁻²¹

53（保持原调）　金子 tɕin⁴⁴ tsʅ⁵³　　桌子 tso²¹ tsʅ⁵³

　　　　　　　　斤斤子 tɕin⁴⁴ tɕin⁴⁴ tsʅ⁵³　　两两子 liaŋ⁵³ liaŋ⁵³ tsʅ⁵³

们

44（与阴平合流）　你们 ȵi⁵³ men⁴⁴　　我们 ŋo⁵³ men⁴⁴　　他们 tʰa⁴⁴ men⁴⁴

21（与阳平合流）　老师们 lau⁵³ sʅ⁴⁴ men²¹　　学生们 ɕio²¹ sen⁴⁴ men²¹　　农民们 loŋ²¹ min²¹ men²¹

儿尾：双凤话有一部分后缀带"儿"的词，"儿"是一个独立的音节，我们把自成音节的后缀"儿"称为"儿尾"。"儿尾"部分变调读轻声，部分不变保持原调，如

44（与阴平合流）　娃儿 va²¹ ɚ²¹⁻⁴⁴　　丽儿人名 li²¹³ ɚ²¹⁻⁴⁴　　裤儿 kʰu²¹³ ɚ²¹⁻⁴⁴

　　　　　　　　帽儿 mau²¹³ ɚ²¹⁻⁴⁴

21（保持原调）　杰儿人名 tɕie²¹ ɚ²¹　　鹏儿人名 pʰoŋ²¹ ɚ²¹　　字儿人名 i⁵³ ɚ²¹

　　　　　　　　狗儿 kou⁵³ ɚ²¹

部分"儿"尾有表"小"的色彩，无"儿"尾则不表"小"，如"锅儿、鹅儿、鸭儿、刀儿、鱼儿、羊儿"。

"儿"尾词有强烈的口语色彩，通常用于日常交际，在正式场合或书面语中，一般不用"儿"尾词。

儿化：双凤话也有儿化词，书面上也用"儿"来记录，为了区别于自成音节的"儿尾"，我们采用较小的字号来记录。双凤话的儿化词一般是多音节名词，其末尾音节发生儿化。儿化词部分读轻声，部分不读轻声保持原调，如

44（与阴平合流）绿豆儿 lu²¹ tɚr²¹³⁻⁴⁴　　舌头儿 se²¹ tʰɚr²¹⁻⁴⁴　　指拇儿 tsʅ⁵³ mɚr⁵³⁻⁴⁴

　　　　　　　　石头儿 sʅ⁵³ tɚr²¹⁻⁴⁴

保持前音节调值　汤圆儿 tʰaŋ⁴⁴ iar²¹　　蒜苗儿 suan²¹³ miar²¹　　肚脐眼儿 tu²¹³ tɕi²¹⁻⁴⁴ iar⁵³

　　　　　　　　推屎泡儿 tʰuei⁴⁴ sʅ⁵³ pʰar²¹³屎壳郎

有些词，儿化后表"小"，不儿化没小称色彩，如。

石头儿 sʐ²¹tər²¹⁻⁴⁴　　瓦片儿 va⁵³pʰiar⁴⁴　　坛坛儿 tʰan²¹tʰər²¹⁻⁴⁴　　棍棍儿 kun²¹³kuər²¹³⁻⁴⁴

凳凳儿 ten²¹³tər²¹³⁻⁴⁴）

从以上例子可以看出双凤话的儿化词，从音节形式上来看，双音节和多音节的都有，从语法类别来看，多为名词。

双凤话的后缀"儿"（包括"儿尾"和"儿化"），部分与普通话一样有添加细小、喜爱色彩的功能，如"鹅儿²¹⁻⁴⁴"；指毛茸茸的小鹅，"石头儿 ər²¹⁻⁴⁴"指小石头。但是没有使非名词语素名词化的功能，如北京话的"尖形—尖儿名"。从上述例子，我们可以概括出双凤话后缀"儿"的两个功能，一是成词的功能，如"鸭—鸭儿"，另一是赋予一个词口语的色彩；如"指拇—指拇儿"。

其他：

叠音词

原调44	抽⁴⁴抽⁴⁴	⁴⁴串⁴⁴	墩⁴⁴墩⁴⁴	偏⁴⁴偏⁴⁴靠墙搭建的小屋
原调21	圆²¹圆²¹⁻⁴⁴	盘²¹盘²¹⁻⁴⁴	盒²¹盒²¹⁻⁴⁴	砣²¹砣²¹⁻⁴⁴
原调53	宝⁵³宝⁵³⁻²¹	块⁵³块⁵³⁻²¹	坎⁵³坎⁵³⁻²¹	铲⁵³铲⁵³⁻²¹
原调213	洞²¹³洞²¹³⁻⁴⁴	链²¹³链²¹³⁻⁴⁴	皱²¹³皱²¹³⁻⁴⁴皱纹	坝²¹³坝²¹³⁻⁴⁴坝子

非叠音词：

衣裳 i⁴⁴saŋ²¹⁻⁴⁴	衣裳 i⁴⁴saŋ²¹⁻⁴⁴	高粱 kau⁴⁴liaŋ²¹⁻⁴⁴	包谷 pau⁴⁴ku²¹⁻⁴⁴
石榴 sʐ²¹liou²¹⁻⁴⁴	瞌睡 kʰo²¹suei²¹⁻⁴⁴	牙齿 ia²¹tsʰʐ⁵³⁻⁴⁴	牙齿 ia²¹tsʰʐ⁵³⁻⁴⁴
热和 ze²¹ho²¹⁻⁴⁴	头发 tʰou²¹fa²¹⁻⁴⁴	月亮 ie²¹liaŋ²¹⁻⁴⁴	名字 min²¹tsʐ²¹³⁻⁴⁴
凉快 liaŋ²¹kuai²¹³⁻⁴⁴	凉快 liaŋ²¹kuai²¹³⁻⁴⁴	黄鳝 huaŋ²¹san²¹³⁻⁴⁴	螃蟹 pʰan²¹hai²¹³⁻⁴⁴
耳朵 ɚ⁵³to⁵³⁻⁴⁴	豆腐 tou²¹³fu⁵³⁻⁴⁴	叫唤 tɕiau²¹³fan²¹³⁻⁴⁴	叫唤 tɕiau²¹³fan²¹³⁻⁴⁴
院坝 ian²¹³pa²¹³⁻⁴⁴	记性 tɕi²¹³çin²¹³⁻⁴⁴	灶眼 tsau²¹³ian⁵³⁻⁴⁴	菜园 tsʰai²¹³ian²¹⁻⁴⁴

惯用语：

由复音语素构成的多音节惯用语常常变调读轻声，部分与阴平合流，部分与阳平合流，如

拖拖鞋 tʰo⁴⁴tʰo⁴⁴hai²¹	鞋帮帮 hai²¹paŋ⁴⁴paŋ⁴⁴
布襟襟 pu²¹³tɕin⁴⁴tɕin⁴⁴	泡泡肉 pʰau²¹³⁻⁴⁴pʰau²¹³⁻⁴⁴zou²¹³
窝凼凼 o⁴⁴taŋ²¹³taŋ²¹³⁻⁴⁴	绵绵雨 mian²¹mian²¹⁻⁴⁴i⁵³
墨墨蚊 me²¹⁻⁴⁴me²¹⁻⁴⁴ven²¹	鸡咯咯ₘₐ tɕi⁴⁴ko²¹ko²¹⁻⁴⁴
毛毛菜 mau²¹mau²¹⁻⁴⁴tsʰai²¹³	药面面 io²¹mian²¹³mian²¹³⁻⁴⁴
光胴胴 kuaŋ⁴⁴toŋ⁵³toŋ⁵³⁻²¹	手爪爪 sou⁵³tsau⁵³tsau⁵³⁻²¹
草笼笼 tsʰau⁵³loŋ²¹loŋ²¹⁻⁴⁴	膀箍箍 pʰaŋ⁵³kʰu²¹kʰu²¹⁻⁴⁴

纸条条 tsɿ⁵³tʰiau²¹tʰiau²¹⁻⁴⁴   病壳壳 pin²¹³kʰo²¹kʰo²¹⁻⁴⁴

粪舀舀 fen²¹³iau⁵³iau⁵³⁻²¹   祸砣砣 ho²¹³tʰo²¹tʰo²¹⁻⁴⁴

瘦筋筋 sou²¹³tɕin⁴⁴tɕin⁴⁴   碰碰车 pʰoŋ²¹³pʰoŋ²¹³⁻⁴⁴tsʰe⁴⁴

也有一些构成三音节的复音语素不变调或可变可不变的,如

节节草 tɕie²¹tɕie²¹tsʰau⁵³   脚肚肚 tɕio²¹tu⁵³tu⁵³⁻²¹   或 tɕio²¹tu⁵³tu⁵³

折折伞 tse²¹⁻⁴⁴tse²¹⁻⁴⁴san⁵³   或 tse²¹tse²¹san⁵³

剩脚脚 sen²¹³tɕio²¹tɕio²¹⁻⁴⁴   或 sen²¹³tɕio²¹tɕio²¹

(三) 语法表现

双凤话轻声变调的主要类型体现在以下几个方面。

1. 叠音变调。

在双凤话里大多数叠音名词后字都要变调,如前文所举例子。

2. 儿化变调

儿化变调是由双凤话特殊的儿化音引起的,"儿"与前一音节融合构成儿化词,儿化音节的调值有两种情况:一种是保持原音节的调值,如"肚脐眼儿 tu²¹³tɕi²¹⁻⁴⁴iar⁵³""推屎泡儿 tʰuei⁴⁴sɿ⁵³pʰar²¹³屎壳郎";另一种是"儿"的变调吞并了原音节的声调,如"绿豆儿 lu²¹tər²¹³⁻⁴⁴""瓦片儿 va⁵³pʰiar²¹³⁻⁴⁴"。这一点与普通话儿化很不相同。"普通话里儿化音节的声调决定于原音节的声调,'儿'的声调失落。"[4]如"鸟儿"普通话念"ni-aur²¹⁴"。

3. 后缀变调

这里说的后缀是"头、子、们、儿"等。"头"作为后缀,有两种情况,第一,构成方位名词;第二,构成表示非方位的附加式名词。这两种情况都有部分变调部分不变调,如"高头 kau⁴⁴tʰou²¹⁻⁴⁴""椰头 laŋ²¹tʰou²¹"。

由"子、儿"做后缀构成的名词,也是部分变调部分不变调,如"车磙子 tsʰe⁴⁴kuen⁵³tsɿ⁵³⁻²¹""金子 tɕin⁴⁴tsɿ⁵³""丽儿人名 li²¹³ɚ²¹⁻⁴⁴""鱼儿 i²¹ɚ²¹⁻⁴⁴""杰儿人名 tɕie²¹ɚ²¹""狗儿 kou⁵³ɚ²¹"。

由"们"构成的名词,末音节的调值有两种:一种为阴平,如"我们 ŋo⁵³men⁴⁴";另一种为阳平,如"老师们 lau⁵³sɿ⁴⁴men²¹"。

4. 助词变调

双凤话中"的""得"等助词有时候读阴平,如"我的 ŋo⁵³ti⁴⁴""莫得 mo²¹te⁴⁴",但大多时候读阳平,如"红的 hoŋ²¹ti²¹""吃得 tsʰɿ²¹te²¹",

读哪种调目前还没发现明确的规律，但应该是和北京话的性质一样，属于变调中的轻声。

5. 别义变调

在双凤话里部分"儿"尾和"儿"化变调有表小称的色彩，如"鹅儿$^{21-44}$""石头儿 tər$^{21-44}$"，与非"儿"尾和"儿"化词有意义上的区别，既有"儿"尾和"儿"化别义，也有变调别义。除此之外，还有个别其他词语具有通过变调区别词义和词性、表明结构关系等语法功能。如

大爷 ta^{213}ie^{44} 伯父 ≠ 大爷 ta^{213}ie^{21} 不好劳动、傲慢任性的男子

奶奶 lai^{53}lai$^{53-21}$ 祖母" ≠ "奶奶 lai$^{53-44}$lai$^{53-44}$ 乳房，乳汁"。

将军 tɕiaŋ^{44}tɕin^4 名词，指头衔 ≠ 将军 tɕiaŋ^{44}tɕin^{44} 动词

法器 fa^{21}tɕʰi^1 名词，道士做法事时用的器具 ≠ 发气 fa^{21}tɕʰi^{213} 动词，发脾气

对头 tuei^{213}tʰou^1 名词，关系不融洽的人 ≠ 对头 tuei^{213}tʰou2^1 动宾结构，意思是方法、线路等正确

作业 tso^{21}ɳie^1 ≠ 作孽 tso^{214}ɳie^{21}

热菜 ze^{21}tsʰai^1 偏正结构 ≠ 热菜 ze^{21}tsʰai^{213} 动宾结构

为了考察清楚这些词的区别，我们用 Cool Edit Pro V2.1 录音软件对其录音，然后用 Praat5304 - win32 语音分析软件对其分析，发现以上"≠"左边的词后音节念得比较轻也比较短，而"≠"右边的词后音节都念得比较重也比较长。这些词的变调倒是与北京话轻声"轻而短"的声学性质一致。

别义变调在双凤话里不多。

还有一些规律不明确的变调，变调后读轻声的词语，如"衣裳 i^{44}saŋ$^{21-44}$、牙齿 ia^{21}tsʰʅ$^{53-44}$、凉快 liaŋ^{21}kuai$^{213-44}$、叫唤 tɕiau^{213}fan$^{213-44}$、逗 动词 tou^{55}、一个月 i^{21}ko^{213}ie$^{21-44}$"。

上述几种变调并不是单纯的语音上的连读变调，因为这些变调常出现在一些二字组中，而且常发生在"子、头、儿"等词缀或叠字组中，是与词义关系很密切的一种变调，属于"词汇变调"。其语音特征与词义、语法关系密切。因此，可以总结出双凤话轻声的语义功能是：能区别词义和结构关系，做词缀、虚词等的形式标记。

三　双凤话轻声与普通话轻声的异同

"北京话的轻声,从声学角度来看,给人的明显的声感是音高幅度的压缩和持续时间的缩短,其次是音强的减弱。"[10]4

林焘、王理嘉:"汉语方言大多存在轻音现象,只是范围和数量有很大差别。"[11]182

向道华认为,四川镇龙方言有轻声,轻声与阴平、阳平合流[8]。笔者的母语双凤话大多也是这种情况。其实,不管轻声的表现形式如何,都与北京话轻声有同样的本质属性。当然,除了基本属性相同之外,双凤话的轻声和北京话的轻声的声学表现并不是完全相同的,主要表现为:双凤话轻声的调值受制于本调,且很少短调,大多是与单字调相似的"长调",表现为与阴平合流或与阳平合流。而北京话轻声的调值决定于前字,依前字声调的不同而表现为 [3、2、4、1] 四个"轻而短"的调。双凤话轻声很少有改变声、韵母音色的伴随现象,而北京话轻声常伴有声、韵母的音质的弱化,如北京话"我的 uo^{214} də^4""姐姐 tɕie^{214} dʑiɛ^4";双凤话读为"ŋo^{53}ti^{44}tɕie^{53}tɕie^{21}"。正如李树俨(2005)所言:"各方言轻声的声学表现并不都是跟北京话一样……是不是轻声,不能拿北京话轻声的声学表现作简单的比附。"[12]因此,我们不应该在轻声的音高、音强与时长上拘泥于北京话的轻声表现,应该看到在汉语方言中轻声在语音上的不同表现形式,以便更全面、更深入地研究轻声。

四　结论

与普通话的轻声别义一样,双凤话中的轻声变调也不是单纯的语音音变,而是一种与词汇、语法有关的音义变调,是语音形式和语义功能的结合体,研究轻声得与词汇、语法联合起来进行。

参考文献

陈章太、李行健: 《普通话基础方言基本词汇集》,语文出版社 1996 年版。

李如龙:《汉语方言研究文集》,商务印书馆 2009 年版。

李树俨：《汉语方言的轻声》，《语文研究》2005 年第 3 期。

林焘、王理嘉：《语音学教程》，北京大学出版社 1992 年版。

卢开磏：《昆明方言志》，《玉溪师专学报》1990 年第 2 期。

鲁允中：《轻声和儿化》，商务印书馆 2001 年版。

明生荣：《毕节方言的几种语流音变现象》，《方言》1997 年第 2 期。

魏钢强：《调值的轻声和调类的轻声》，《方言》2000 年第 1 期。

向道华：《论镇龙方言轻声与阴平、阳平合流》，《外交学院学报》2000 年第 3 期。

杨绍林：《彭州方言研究》，巴蜀书社 2005 年版。

易亚新：《湖南石门方言的轻声与变调》，《湖南文理学院学报》（社会科学版）2007 年第 7 期。

袁家骅：《汉语方言概要》（第二版），语文出版社 2001 年版。

四川木里汉语方言的词缀"家"

曾小鹏

（西南科技大学文学与艺术学院）

提　要　本文根据调查材料分析四川木里汉语方言中的词缀"家"，并将其与其他四川方言中的"家"作了对比分析。

关键词　词缀　家　木里汉语方言

一　有关说明①

　　木里藏族自治县隶属于四川省凉山彝族自治州，是我国仅有的两个藏族自治州。位于四川省西南边缘。地理坐标在东经100°3′至101°40′北纬27°40′至29°10′。东邻冕宁、九龙两县，南连盐源、宁蒗、丽江三县，西接稻城、中甸两县，北通理塘、雅江、康定三县。全县有藏族、彝族、汉族、苗族、蒙古族、纳西族、壮族、布依族、傈僳族、回族、白族、羌族、满族、锡伯族、傣族等15个民族，县政府设乔瓦镇，距州府西昌254公里。

　　自战国时期秦人入蜀以来，木里县境一直都是盐源的属地，1953年才脱离出来独立建县。尽管长期隶属盐源，由于木里政教合一的政体形式，其行政管辖权长期集中于"木里大喇嘛"，汉区的政令不能行于木里，普米语是通行的语言，民主改革之后，木里汉语才逐渐成为社会通

---

　　①　木里情况介绍参考了《木里藏族自治县志》有关材料。

用语。

历史上的几次汉语方言调查，木里汉语均未纳入调查范围。李蓝经过翔实的田野调查，将木里汉语划定在西南官话的川西片（李蓝，2009、2010）。

二　木里汉语方言中的"家"

下表以普通话、成都话、盐源话和木里话进行比对，看看作为语素的"家"，木里汉语词汇与其他方言的关系[①]。

普通话	成都话	木里	盐源
败家子	败家子	败家子	败家子
管家	管家	锅庄娃子	管家
孙子	家孙儿	孙子	孙子
（同姓同宗的人）	家门儿	家门儿	家门儿
亲家	亲家	亲家	亲家
冤家	冤家	冤家	冤家
人家	别个	人家（别个）	人家（别个）
外祖母（外婆）	家家	外婆	家婆
姥姥家	外婆屋头	外婆家	家婆家
婆家	老人婆屋头	婆家	婆家
娘家	娘家	娘家	娘家

总体来看，木里话受成都话的影响较大，更由于地域的原因，和盐源话有着紧密的联系。木里和盐源地处西南偏远山区，和成都话比起来，某些词汇反而更接近普通话，比如"人家、婆家"等。此外，少数民族长期杂居的局面，当地汉语也吸收了不少其他语言的成分，如"锅庄娃子"

---

① 成都话取自《成都话方言词典》，木里、盐源来自我们的田野调查。

是木里汉语受彝族称谓的影响。

以上木里词汇中的"家"都是作为实语素①并参与构成合成词的。木里口语中，还有不少的语素"～家"参与句子表意，李蓝对此亦有简略描述（李蓝，2010）。对于这些"～家"的性质，学者们有不同的看法（王云路2005、冯春田2000、张一舟等2001），这里暂且抛开性质的辨别，仍依吕叔湘的称法通称"语尾"成分，结合木里方言中的例句，分析它的有关用法。

第一种，"地名＋家"，表示某一地方的人。如：

木里家、成都家、西昌家。如果在前面加上"我们"，成"我们＋地名＋家"复指短语，就有明显的强调作用，如"我们木里家"，就表示"我们木里这个地方的人怎么怎么样"的意思。

第二种，"族称名＋家"，表示某一民族的人。如：

藏家、苗家、纳西家等。

显然，前面两种情况从大的范围来看是可以看成一个类别的，即都是对人群的一种划分，李蓝先生把这两种"～家"看成类指标记（李蓝2010）。木里汉语类指标记"家"还不限于这两种。

第三种，"指人的名词＋家"，表示某一类人。如：

（1）娃儿家莫管大人家的事。

（2）弟兄家分啥子你我嘛。

还有比如，姑娘家、婆娘家、男人家等，很多指人的名词都可以出现在这种结构的"～家"前面。汉语普通话和很多方言中都有这种用法，只不过普通话里能进入这种结构的指人名词要少一些。

既然是对人的一种分类，而且是依据某一标准形成的，自然在词汇系统中就会形成一些对称形式，如以男女性别的对立为标准的：姑娘家—男娃儿家；以年龄段的：娃儿家—大人家—老人家等。

和成都话一样，木里方言中还有一个"～家家"，其分布与"指人的名词＋家"一样，但只用于长辈、上级对晚辈和下级说，含有教育、责

---

　　① 关于"家"作为实语素的判定标准，参看吕叔湘著、江蓝生补《近代汉语指代词》中"们和家"一节。

备之意，比如

（3）姑娘家家不听话，天天跟我对倒起（对着）干。

这个重叠不见于其他方言，普通话里也没有这种用法。
第四种，"某些时间名词＋家"，表示在某个时间的时候，如：

（4）成天家找不着你。
（5）他们夏天家才来。
（6）坨坨肉热天家好卖些。

木里方言中能进入此种结构的时间词还有：冬天家、冷天家等少数几个，和成都话比起来，木里少了"春天家、秋天家、往回家（以往）"，成都话没有"热天家、冷天家"。之所以木里方言几乎不用"春天家、秋天家"，其实也与这里特殊的气候条件有关，木里属暖温带半湿润季风性气候，呈现出干湿分明、雨季集中的特点，一年可以分作冬半年（头年11月至翌年4月）和夏半年（5至10月）两个季节，冬半年天气晴朗，降水极少，平均气温4.2℃，形成明显的干季；夏半年受湿热的西南气流控制，湿热多雨，平均气温16.9℃。而且，这里早晚温差大，冬半年的大太阳烤得人受不了，夏半年的夜晚一定要盖厚厚的棉被。木里由于这种四季变化不明显、一天冷热交替的自然条件，需要从成都话中筛选出符合自己需要的词汇进入到交际中。

这种形式有两个特点：一是"～家"前面的时间名词，主要是表季节的词。这些词加了语尾"家"之后，一般起强调过去的作用；二是"～家"的形式都是泛称，不用于特指（张一舟等，2001）。

三　语尾成分"～家"的性质

现代汉语的语素"家"一般出现在词（语）尾，是构词的成分。汉语经过长期的发展，跟很多词根语素一样，一些"家"也逐渐词义泛化，成为黏附在词根上的成分。汉语词缀的存在毋庸置疑，但对其呈现的特征，以至如何判定等问题，还未达成共识。前贤在界定词缀时所侧重的方面也会不同，有的侧重意义是否虚化，有的强调构词的位置是否固定，还有的侧重语音的轻声，等等。根据特征和程度的不同，词缀和词根之间再细分出"类词缀"。

上述四种木里方言中的语尾成分"～家"中，第一、第二种尽管词义比较虚，但还是能在结构中承担了"……的人"的词汇意义，与前面的"地名、族称名"形成限制的偏正关系，所以应当看成实语素，不是词缀。

第三种"～家"起强调这一类人的作用。有学者认为这类名词附着"～家"以后，理性意义和词性都没有改变，只是构成一个词的不同形式，不宜看成词缀，而是一个构形词缀（张一舟等，2001）。我们认为，词义除了理性意义之外，色彩义也是附着在一起的重要部分。尤其是其重叠式"～家家"，更只用于强调大人对晚辈的训斥语气，去掉这些语尾成分，尽管还能成话，但这种强调的语气也消失了。而构形功能的词尾是起改变词的语法功能的，这一点和词缀完全不同。马庆株先生在判定词缀的范围上有一个"是否构成新词位"的标准（马庆株，1995），后缀"～家"改变了原词的词义，产生了起强调作用的新词义，而且"～家"的黏附性、构词能力都很强，应该是一个词缀。

第四种"～家"表"……的时候"之义，意义显得更虚，去掉这个语尾"～家"，句子的意思没什么变化。前面谈到各家尽管对词缀判定的标准不够统一，但有一条却基本达成了共识，那就是一类词缀在参与构词时具有定位性。但是从方言的情况来看，这并不是绝对的。比如，在卓资方言中，方位名词可以加准后缀"家"，比如上家、下家、里头家、底下家（王葛林，2011）。而在山东武城方言中，这个"家"就只能作为前缀出现在方位名词前，如：

> 别老望家下看，下边有吗？（别老是朝下看，下边有什么）
> 往家里边去，洞口没有吗。（望里面走，洞口没什么可看的）

如果说卓资和武城是分属两种方言，不能说明词缀"家"不具有非定位性的话，木里方言中也有这种类似的情况。在县城的摊贩中，我们发现"家"可由"热天家、冷天家"移到前面而成"热家天、冷家天"，如例句（6）也可以说成：坨坨肉热家天好卖些。但是其他如"成天家、夏天家、冬天家"中的后缀不能移位。

我们从成都话的儿尾发现了类似的例子。重庆和成都方言中，有儿化名词和儿尾名词的区别（范继淹，1962），儿化不自成音节，如"花生儿"［xua ser］，儿尾自成音节，如"猫—儿"［mau-ər］。成都话的儿尾有一种插到合成词中间的情况，如刀—儿匠（屠户）、羊—儿疯（羊癫风）等。其中原因在于，川渝方言的儿尾都只能附着在单音节的语素后面，如豆—儿、娃—儿，不能出现在双音节或多音节词之后，即不能有"刀匠—儿、羊疯—儿"的组合。此外，川渝方言中没有"匠—儿、疯—儿"之类的搭配，但是却有"刀—儿、羊—儿"之类的组合，这使我们有理由推测这种儿尾中置的来源，即刀-儿>刀-儿+匠>刀-儿匠。

木里方言中的"热家天、冷家天"可能遵循着成都儿尾类似的演变路径，即热家、冷家>热家、冷家+天>热家天、冷家天，当"热天、冷天"逐渐凝固成词后，"家"被挤出来，成了名词的后缀，只在部分木里人中遗留下"热家天、冷家天"的形式。木里方言历史上是否有过在形容词"热、冷"之后的词缀"家"，需要更深入的调查。大约到宋代，汉语出现了表示"般样"义的"家"用在形容词、数量词语之后，组成"×+家（价）"结构，修饰后面的名词成分，如：

　　左做左不着，右做右不着，空放着这们个勤力俭用、能干家的婆娘。（《醒世姻缘传》54回）
　　这几个贼汉们，一日吃三顿家饭，每日家闲浪荡做甚么？（《朴通事》316页）
　　状元娘子去许多价时，应是到京里，（《张协状元》）

汉语文献中"形容词+家"的组合，或可为木里方言中的"热家、冷家"的可能提供些旁证。

张一舟等论证过成都话中插到合成词中间的儿尾不是中缀的问题，因为中缀既不前附，也不后附，而成都话的中置儿尾都是附着在前一个语素上的，如刀儿匠、帽儿头等。木里中置的"家"也一样前附成：热家天、冷家天。木里方言中这种可以自由移位的词缀"家"，显然也不符合词缀定位性的特征，结合以上不同方言的比较，我们或可看到，伴随着意义的不断虚化，汉语中的词缀在与词根组合时，其位置从一开始并不都是一成不变的，也许也经过了由不定位到定位的过程。

参考文献

范继淹：《重庆方言名词的重叠和儿化》，《中国语文》1962 年第 9 期。

冯春田：《近代汉语语法研究》，山东教育出版社 2000 年版。

李蓝：《西南官话的分区》（稿），《方言》2009 年第 1 期。

李蓝：《四川木里汉语方言记略》，《方言》2010 年第 2 期。

罗韵希等：《成都话方言词典》，四川社会科学出版社 1987 年版。

吕叔湘：《近代汉语指代词》，江蓝生补，学林出版社 1985 年版。

马庆株：《现代汉语词缀的性质、范围和分类》，《中国语言学报》六期，
　　商务印书馆 1995 年版。

木里藏族自治县志编纂委员会：《木里藏族自治县志》，成都人民出版社
　　1995 年版。

王葛林：《试论卓资方言里的名词性准后缀"家"》，《剑南文学》2011 年
　　第 7 期。

王力：《中国现代语法》，商务印书馆 1985 年版。

王元路、郭颖：《试说古汉语中的词缀"家"》，《古汉语研究》2005 年第
　　1 期。

张一舟、张清源、邓英树：《成都方言语法研究》，巴蜀书社 2001 年版。

川北方言中的副词"便"

张俊之

（西昌学院文学院）

提　要　本文根据四川广元、巴中的语言材料讨论川北方言的副词"便"，认为其主要用法是表示动作、结果或状态未如期发生或出现。这是一种少见于其他汉语方言的特殊用法。

关键词　川北方言　副词　便（不）

一　引言

苏轼有诗《吉祥寺花将落而述古不至》："今岁东风巧剪裁，含情只待使君来。对花无信花应恨，直恐明年便不开。"末句之意，当是这花明年不会开了，但川北人理解相反，认为这花明年会开，只不过时间上会很晚，会让人等得不耐烦。之所以如此，原因在"便"字。

本文所说的川北主要指四川北部的广元、巴中两市（广元青川县多说"便是"，与本文"便"用法相同）。这一地区的方言属西南官话区川黔片成渝小片（李蓝，2009），但由于地接陕西和历史上移民的影响（崔荣昌，1996：108），而与四川其他地区在语音、词汇及语法上都有差异。本文探讨的副词［pian²¹³］用法特殊，主要与"不"搭档以表示动作、动作的结果或事物的状态未如期出现。在现代汉语普通话中没有与之完全对应的词，其本字为何，尚待考证，为行文方便，姑且记为"便"。

二　带"便"结构的三种组合关系

"便"用在否定句中，一定是句子的重音所在，与之相配的否定词只有"不"。从语法功能上看，川北方言中带"便"的否定结构主要有三种组合关系：

（一）便 + 不 + （动词）

（1）今天晌午便不吃饭 今天中午很久都不开饭。
（2）媳妇子便不养娃儿 儿媳很久都不生孩子。

这些听来不完整的句子，在川北方言中语义完全自足。例（1）不是说中午不吃饭，而是说话人抱怨过了吃饭时间却没开饭；例（2）也不是说儿媳不要孩子，而是父母认为早该生孩子而没生，表达了父母的焦虑与期待。

可见，有"便"与无"便"，语义很不一样。因为有了"便"，上述结构至少有三层意思：

1. "不"不再对其后的动词所表示的动作构成否定。恰恰相反，说话人给听话人传达这样的心理暗示：这些动作早晚一定发生，即中午一定吃饭、儿媳一定会生孩子。

2. 根据原定计划、经验或某种合乎逻辑的推断，这些动作应该更早发生，只是由于某些原因而晚于预期的时间。

3. 含有说话人对客观事实的评价：这些动作没有"准时"出现是反常的、不应该的；同时表达了说话人的心情：焦急与期待。

（二）便 + （动词）+ 不 + （结果补语）

（3）请帖太多了，便写不完 请帖太多，很久都写不完。
（4）冬天的水便烧不开 冬天的水很久都烧不开。

此两例中如果没有"便"，则动作的结果不会出现，这显然与事实或情理不符，如说"冬天的水烧不开"，就有悖常理。这些句子表达的意思主要有两层：一层是隐含的，表示结果定会发生，即请帖会写完、水会烧开；另一层是显性的，表示从动作的开始到结果的出现要经历一个比心理预期更长的时段，传达了说话人不耐烦的心情。

与"便 + 不 + （动词）"结构的不同之处在于："便 + 不 + （动词）"表示动作迟迟不发生；"便 + （动词） + 不 + （结果补语）"中，动作往往已经发生，只是动作的结果迟迟不出现。

在川北方言中，带"便"的句子常用"得"代替表具体结果的词语，同样表示因动作过程漫长而不耐烦。如上两例常说成"便写不得""便烧不得"；作业太多，可以说"便做不得"；小说太长，可以说"便看不得"；客人迟迟不来，可以说"便等不得"。如果没有"便"字，"不得"就与普通话一样，表示"不可"了。

虽然形容词与动词的主要语法功能相似，但似乎只有"好"可以进入这一结构，例如：

（5）他的病便好不清白_{他的病很久都不痊愈。}

另外，"便不行"的使用频率很高，几乎是一个固定说法，意为"太慢"，例如：

（6）爷爷老了，走路便不行_{爷爷老了，走路太慢。}

（三）便 + 不 + （形容词）

（7）今年雨多，麦子便不黄_{今年雨水多，麦子很久都不黄。}

（8）这儿冬天冷得很，洗的衣裳便不干_{这里冬天太冷，洗的衣服很久都不干。}

显然，麦子不可能不黄，衣服不可能不干，句中的"便"表示这些期待的状态出现得太晚。"便"对其后的形容词表现出很强的选择性，这些形容词只能是状态形容词。更重要的是，这种状态必定要经历从另一种状态(往往是相反状态)转化而来的过程。

以上三种结构表示动作、结果或状态的出现晚于心理预期,与事实上是否已经出现没有关系。即到说话人说这些话的时候,动作可能已经产生,也可能没有产生;动作的结果或事物的状态可能已出现,也可能尚未出现。如例(8),若有后续句"明天没有衣服穿了",则衣服未干;若后续句为"现在终于可以穿了",则衣服已干。

三 带"便"结构的反问句式及重音变化

在上节所述的否定陈述句中,句重音只有"便",可以解释为:因为句子所否定的不是动作或动作结果本身,也不是事物状态本身,而是其出现的"准时性";或者说并不是全面的否定,而是选择性的否定,即否定事物一个隐含的特性。这种否定的选择性意义正是"便"带来的,显然是语义重音。不过,在带"便"结构的反问句中,语义重音可能发生转移。

其一,"便+(动词)+不+(结果补语)"和"便+不+(形容词)"有相应的同义反问形式,这时处在"不"位置上的是"得",如下两例中的 a;如果只在原结构上加了反问语气,则表达相反的意思,如下两例中的 b。

(9) a. 请帖太多了,咋块便写得完呢_{请帖太多,怎么能很快写完呢?}

b. 请帖又不多,咋块便写不完呢_{请帖不多,怎么很久也写不完呢?}

(10) a. 今年雨多,麦子咋块便得黄呢_{今年雨水多,麦子怎么能很快黄呢?}

b. 今年雨又不多,麦子咋块便不黄呢_{今年雨水不多,麦子怎么也很久不黄呢?}

肯定形式的反问句中,重音在"得"后的补语或形容词上,如上两例中的 a,重音分别在"完"与"黄"上,这是因为没有了否定词,也就不存在强调否定的选择性,而是注重对结果的期待;否定形式的反问句中,重音在"便"字上,更强调过程的漫长。

其二,"便"即使出现在形式上的肯定句中,听话人也只能当作反问句来理解，这是因为"便"表示"未能如期"这一语义限制成为句法上强制要求否定句的重要前提条件。这类句子语气更强烈，突出否定的原因，重音也随之转移至主语的定语上。如：

（11）冬天的水便烧得开 冬天的水怎么能很快烧开！

从语义上看，也是对水开的准时性的否定，但语义重音从"便"挪到了"冬天"上，强调"便烧不开"的原因。

四　小结

在"便 + 不 +（动词）"结构中，动词所描述的可能是瞬时动作，不一定有延续性，"便"传达的语义仅仅是动作"晚点"；在"便 +（动词）+ 不 +（结果补语）"结构中，动作往往是正在进行中，必须有一个持续的过程，补语都表示结果，"便"表达的是这个结果"晚点"。"便 + 不 +（形容词）"结构用于表达事物由一种状态向另一种状态转化，"便"表示这种转化过程缓慢从而使所期待的状态"晚点"。总之，川北方言中的"便"表示动作、结果或状态未如期发生或出现。

参考文献

崔荣昌：《四川方言与巴蜀文化》，四川大学出版社 1996 年版。
李蓝：《西南官话的分区（稿）》，《方言》2009 年第 1 期。

汝州方言若干程度副词例析

张院利

（西藏民族学院文学院）

提　要　汝州方言里有些程度副词较之普通话有着独特的语法特征和感情表现力，本文对其进行分组描述，以展示其语法特征和在感情色彩表现上所独具的优势。

关键词　汝州方言　程度副词　感情色彩

河南省的汝州市历史悠久，是历代郡州治所。该地方言属于中原官话"南鲁片"，虽然在声韵系统上与普通话差别不太大，但毕竟还有不少自己的特色。该地有一些富于地方特色的程度副词，它们既有程度副词的共性，可以在句中做状语或补语，表示动作或性状的程度；同时又有独特的语法特征和表现力。本文将从语义、语法和语用三个方面分组举例探析汝州方言里的几个程度副词。

汝州方言的声母、韵母和普通话差别不大，调值上普通话阴平调值55在汝州方言中读如24或35、阳平35读如53或42、上声214读如55、去声51读如31。本文若需标调，则按此类标调法，轻声不标调。程度副词短语后如加语气词，如不特别指出则一般读为［le］。

一　可、通

（一）可：很，非常

"可"在汝州话里可以说是个"万能程度副词"，可修饰形容词或动词，起修饰或限制的作用。"可"对于其后的形容词没有明显的选择，几乎可修饰所有的形容词，但它所修饰的动词一般为表示心理活动的动词、能愿动词。"可"修饰形容词和动词表示否定意义时，一般是在"可"和形容词或动词之间加否定词"不"，但若该形容词或动词有适合句意表达的反义词时，就不再用"可＋不＋形/动"形式。例如：

　　　＊可不大/可小；＊可不胖/可瘦；＊可不讨厌/可喜欢。
　　　前种说法一般在表达委婉语气时才用。例句：
　　　（1）孩子在家可乖啦，你并不用操心。
　　　（2）俺村那个水库可大啦，里边儿有可多可多鱼。
　　　（3）他们在操场上玩哩可美。
　　　（4）那人可（真）胖。
　　　（5）我可喜欢奶奶，可讨厌爷爷。
　　　（6）那人可（太）不是东西了。
　　　（7）他家孩子可赖淘气。

　　由以上例句可知，"可"的修饰对象可褒可贬，当修饰褒义词时，多表正面肯定、赞扬，这时"可"一般可重读，也可通过重叠的方式构成"ABAB"式来加强语气，如例（2）。当"可"修饰贬义词或仅用于一般的叙述语气时，"可"一般不重读，也无须重叠，如例（7）。"可"还可以和另一副词连用，共同修饰其后的成分，加强语气，如例（4）、例（6）。"可＋形/动"可以做状语、谓语、定语、补语等多种句子成分。

　　（二）通：很、非常
　　普通话里"通"作为程度副词只出现在"通红"一例里，汝州方言里"通"的使用范围扩大。意义和"可"大致相同，也表示程度上的加强。但在语气表达上要比"可"更强，常常要重读。依据学者对程度副词的分类，"通"可算是一个高量级的程度副词[1]。清人李绿园的《歧路灯》是用带有河南地方色彩的语言写清初河南社会生活的一部长篇白话小说，其中就有"通"，例如：
　　第二十二回："你明日只要看那个王中不在门首，你进来。不是我怕他，他是先父的家人，我通不好意思怎么他。"第四十五回："王中听到这里，心里更加起疑。便提壶酒儿来到桌前，说道：'我看这位老兄，通是豪爽。我敬一盅。'"第八十回："绍闻急在心头，怒生胆边，便劈面一耳刮子，说：你这淫妇养的，通了不成！我就打了你怎的？"又："绍闻道：'您这一起儿，通是反了！'"

"通"字又写作"统"，如第三十三回："绍闻出的馆来，欲待去，却不过是一面之交，既厚扰又要借银，通不好意思……"

例句中的"通"或"统"做副词，用来强调动作行为、事物状况或判断的真实性、确定性，有"实在""真正"的意思。"通（统）不好意思"就是"实在不好意思"，"通了不成"就是"实在了不得"，"通是反了"等于说"真正是反了"[2]。汝州及周边地区"通"的"很、非常"的加强程度义显然是从"实在、真正"的意义演化而来。例如：

（8）俺叔叔家那房子装修得通美（通美）哩。
（9）你看，那儿有一个通大一个菜地。
（10）龙祥餐馆的饭通好吃哩。
（11）他对人通不好哩。
（12）我通想去上海看看，长阵大还没去过哩。
（13）冬天别去北方，那儿通冻得慌哩。

依据上述诸例，"通"既可修饰形容词，也可修饰动词，而且不管是形容词还是动词，"通"对其一般没有严格的限制：既可修饰褒义形容词，也可修饰贬义形容词。但由于"通"一般用于加强程度，所以一般不修饰中性形容词。"通"修饰动词也没有严格的限制，心理动词、能愿动词、一般动词都可以。可以说，在修饰对象的选择上，"通"比"可"更宽泛，只是由于"通"常用于强调和感叹，多不用于一般性叙述语气，所以在实际言语交际中，"通"不如"可"运用范围广。

"通"和其后的形容词、动词一般可重叠成"ABAB"式，表示程度的加强。如：通美通美，通小通小，通坏通坏，通不好通不好；通想通想，通愿意通愿意，通忙通忙。只是在实际使用中这种重叠式一般都要再加上语气词"哩"以共同表达语气。

当要表示否定意义时，否定词"不"一般也要加在"通"和被修饰词之间。"通"和被修饰词一起所构成的程度副词短语也像"可"字短语一样，可做状语、谓语、定语、和补语等多种句子成分。

二　阵、恁

　　这两个词当是与指代词"这""那"有关，一些学者认为是由"这么""那么"合音而成，本文以"阵、恁"作为同音替代词。据吕叔湘《现代汉语八百词》，"这么""那么"作为指代词已有指示程度的作用。汝州方言里"阵""恁"做程度副词使用已是常态。

（一）阵：这么

　　～好　～净　～快　～漂亮　～热闹
　　～坏　～脏　～慢　～难看　～偏僻

（二）恁：那么

　　～热　～长　～远　～高　～胆大
　　～冷　～短　～近　～低　～胆小

　　"阵"和"恁"在使用上有不少共同之处，都能修饰形容词，表示程度加深的意思，在语义上有感叹的意味。大都在口语中运用，书面语中一般不用；既可以用在褒义词之前，也可以用在贬义词之前。

　　但两者的用法也有一些不同，这些不同是与它们本来作指代词使用有关的。比如，从时态上讲，"阵"所修饰的形容词表示的性质、状态是现在时，"恁"则表示过去时或将来时。"阵"一般表示近指事物的性质状态，如眼前的、直观的、亲身经历的，是第一手资料。"恁"所修饰的形容词一般表示远指事物的性质、状态。如过去的、未来的、非直观的、间接的。如"阵冷""阵热"一般是指当时、当地的，是现在时。如果一个人在寒冷的冬天说"阵冷"，那他就是说当时冷，是近指，相当于"这么冷啊！"但他不会说"恁冷"，因为"恁冷"是远指，一般不指当时的。如听了从北方回来的人说道北方的寒冷，他会说"恁冷"，而不会说"阵冷"。因为"冷"是北方冷，不是当地，况且也不是当时[3]。

　　"恁"有时也可表达出一定的讽刺意义，如埋怨某人爱贪小便宜："看你咋恁能哩！"乍看是褒扬，实则是贬斥，反语意味较重。此处也可用"阵"，但只能表达出对他人的责备、不满，却谈不上讽刺，达不到应有的讽刺效果。

三　太、死、老

（一）太：过分，失当

普通话"太"读去声降调，所修饰词语可褒可贬。汝州方言里"太"读曲折调，表示某事物性质或某状态超过了理想的程度，有点儿让人接受不了。常用于不如意的事情。包含着对既成事实的主观评价，而不表示由衷的赞赏。例句：

（14）这把椅子太低了，我坐上都够不着桌子了。
（15）你家收拾得太干净了，我都不敢去了。

"太"后可修饰形容词或动词，而且一般没有限制，几乎适用于所有的形容词或动词。"太"类程度副词短语一般可做谓语和补语，不能做定语。由于"太"本身即已表明比较强烈的不满，所以一般不需利用重叠来表示程度的加深。

（二）死：太、极

"死"作为程度副词使用，已是一个完全语法化的虚词。汝州方言里，"死"如果做形容词或动词的前修饰成分（即做状语）时，一般表示对某事物或某种状况的强烈的厌恶或不满，常透露出一种让人恨得咬牙切齿的意味。而且一般可以重叠。如：

~不要脸，~沉，~狠，~懒，~睡，~拽，~慢，~磨，~笨，~赖，~等
~不要脸~不要脸，~沉~沉，~狠~狠，~懒~懒，~睡~睡，~拽~拽

"死"如果做后修饰成分（即做补语）时，感情色彩上则相对宽泛，既可表达厌恶、不满，又可表达高兴、愉快。一般不可重叠。如：

　　表厌恶、不满：气死了。/恨死他了。/你的臭鞋难刷死了。

　　表高兴、愉快：真的快活死了。/一想到马上要见到你了，我就激动死了。

（三）老：很、非常

　　汝州话里"老"和"死"一样，主要用来加强感情色彩，可适用于褒贬两义。声调随感情色彩的变化而变化。

　　当表示对某人或某人的言行、成绩等不以为然或责备时，一般读降调31。如："你老好。"或者读平调55，同时还可在句末加上语气词"闷"（无本字，用同音替代）。如："你老聪明闷。"

　　当表示对某人的褒扬时，一般要在"老"后加"是"，"老"变读为23调，"是"读轻声。如："你老是聪明。"有时"老是"也可以用来表达不以为然，这些还需要视具体语境而定。

　　"老"前加"不"构成程度上的稍欠以表示委婉否定："那个小姑娘可长得不老好看呀。"

　　王力在《中国现代语法》里，根据有无比较对象，把程度副词分为绝对程度副词和相对程度副词。绝对程度副词只是一般地、独立地表明程度，相对程度副词则是通过比较来表明程度[4]。汝州方言里的这几个程度副词可以说都是一般地、独立地表明程度的绝对程度副词。它们除了具有加强程度的一般功能外，还具有其他一般程度副词所难以体现的感情表现力。

参考文献

丁全：《南阳方言中的程度副词》，《南都学坛》（哲社版）2000 年第5 期。

蔺璜、郭姝慧：《程度副词的特点范围及分类》，《山西大学学报》（哲社版）2003 年第 2 期。

王力：《中国现代语法》，商务印书馆 1985 年版。

张生汉：《〈歧路灯〉词语例释》，《古汉语研究》1995 年第 4 期。

新邵湘语的语气助词"去哩"*

周敏莉

（江西师范大学文学院）

提 要 新邵湘语的句末语气助词"去哩"表达辅助性强调，常位于含高程度修饰成分或补充成分的结构后面，具有篇章关联功能和焦点标记功能。语气助词"去哩"主要是经过趋向动词"去"和句末助词"哩"的连用固化，形成事态助词"去哩"，并在偏离说话人心理预期的语境诱发下形成的，代表了趋向动词语法化的一种模式。湘、赣、西南官话等汉语方言中也有"去"或"去了"作为语气助词的用法，这可能是近代汉语事态助词"去"与句末语气助词连用的现象在方言中的沿用和发展。

关键词 语气助词 去哩 强调 高程度 焦点标记 预期

新邵县位于湖南省中部，新邵方言属于湘语娄邵片。新邵话的动词或趋向动词"去［tɕʰiɛ²¹⁴］"在句末时，可与表事态实现的体貌助词"哩［li］"连用。例如：

（1）去北京<u>去哩</u>。（2）花送倒着<u>去哩</u>。

（3）我俚们去赶场_{赶集}<u>去哩</u>。（4）把书担拿倒着放教室里<u>去哩</u>。

---

　*　本文是江西省 2010 年高校人文社会科学研究规划项目"从类型学看汉语后缀标记的'普一方'比较"（编号：YY1009）的研究成果。

以上句末的"去"和"哩"关系松散，去掉"哩"，句子语义有变化，但句法上仍然成立。本文要讨论的是功能类似于下例句末的"去哩"。例如：

（5）箇条鱼有八斤去哩。

例（5）的"去哩"结合紧密：去掉"哩"句子不成立；去掉"去哩"，句子语义上有变化，但是句法上仍然成立。从语义上看，"去哩"重在表现说话人认为"八斤"是个大数量，"八斤"重读。从语音上看，"去"的语音弱化，与"哩"形成轻声组合。总之，从结构的凝固性和意义的专门化来看，我们认为此例中的"去哩"已经固化，成为专门表示强调的句末语气助词。

一　语气助词"去哩"的基本分布

语气助词"去哩"表达的强调语气只是一种辅助性的强调，因为"去哩"小句还有一种更为主要的强调手段，即线性顺序上位于"去哩"之前并紧邻"去哩"的结构中一定有某个成分带有强调重音，即使"去哩"不出现，这个句子也成立并伴随着强调重音。一般来说，语气助词表达的是整个句子的语气，但鉴于"去哩"与其前的结构还具有这种特殊的联系，我们首先从"去哩"能后附于哪些结构及这些结构的语义特征入手，考察"去哩"的基本句法分布。

（一）数量词/名词 + 去哩

数量较大、或者某方面的性质程度相对较高时，短语中表示较大数量或者较高程度的成分上有强调重音，句末可用"去哩"进行再强调。当然这种程度高既可能是客观程度高，也可能是主观上的程度高。例如：

（6）其他欠我六千块钱去哩，一直冇还。

（7）别个人家是体育特长生去哩，我比其他不赢。

例（6）中"六千"重读，"六千块钱去哩"表明说话人觉得欠的钱数额大，例（7）的"特长"重读，"体育特长生去哩"表明说话人主观上认为体育特长生的水平很高。"去哩"的这一语义功能决定了它不与把事情往小里说的副词如"只、不过"等共现。

(二) 含高程度修饰成分的结构 + 去哩

绝对程度副词"太、好"、程度指示词"箇这、嗯那、箇嘅这么、嗯嘅那么"等,表示程度极高,这些词在句子中重读,它们所在结构能后附"去哩"进一步强调高程度。程度副词"蛮"的程度比"好"等要低,"滴、滴滴、有滴唧有点儿"的程度更低,这些词所在结构一般不后附"去哩"。例如:

(8) 爱姨嘅的头发太剪短哩去哩。
(9) 箇里这儿到新邵好远去哩,有40多里。
(10) 小典嘅的分数嗯那么高去哩,肯定有问题。

例 (8) 至例 (10) 的强调重音分别落在表示高程度的"太""好""嗯"上。如例 (8) 的程度副词"太"重读,强调"剪短哩"的状态,而"去哩"进一步强调"太剪短哩"这一状态。若去掉"去哩",该句在句法上完全成立。

(三) 含高程度补充成分的结构 + 去哩

新邵话的组合式述补结构如"A得咬人、A得有边边、A得下床不得"、粘合式述补结构如"A死哩"等,都含有表示极高程度意义的补语,这种类型的述补结构一般都能后附"去哩"。此外,状态补语、动结式结果补语等表示某方面的程度高时,也可以后附"去哩"。例如:

(11) 其他两个好倒得下床不得去哩。(下床不得:表示极好的意思)
(12) 如今嘅的妹唧女孩懒死哩去哩。
(13) 我箇里这段时间瘦咕了几斤狠嘅去哩。
(14) 我滴些钱多倒得用不完去哩。
(15) 太冷哩,手都冻木僵哩去哩。

例 (11) 至例 (15) 的强调重音分别落在表示主观或客观高程度的"下床不得""死""几斤""用不完""木"等成分上,这些句子的句末若不出现"去哩",句子依然成立,但是"去哩"能起到一个再次强调的作用。

(四) 状态形容词 + 去哩

新邵方言的状态形容词有多种格式,其中:"AA 哩唧、A 哩 A 气、AABB"以及部分 BBA 式表示的程度不够高,很少后附"去哩";其他状态形容词如"BXXA、AB 哩、ABB 哩、好 A 巴 A、箇势巴 A"等,带上强调重音后,还可以后附"去哩"进一步强调高程度。例如:

(16) 大厮大家把滴些土踩倒得铁咕咕紧嘅去哩。
(17) 嗯只那个新妈娘子俊生哩去哩。
(18) 条新裤乞被其他弄倒得灰糊糊哩嘅去哩。
(19) 其俚他们学校好势巴大去哩,几千学生。

值得注意的是,这些句子的重音并不是均衡地落在状态形容词上,也不是落在中心语素上(如"铁咕咕紧——铁紧""俊生哩——俊"),而是落在状态形容词中起到增强程度作用的扩展性成分或修饰性成分上,如例(16)至例(19)承载重音的分别是"咕咕""生""糊糊""好"。

除以上较典型的分布外,其他一些含有程度高义的结构,也可后附"去哩"进行再一次强调,如下例中"有嘅是钱"表示钱多,"会嘅讲哩嘅"是很会说话,"只嘅写哩嘅"表示不停地写。句重音分别落在"有嘅""会嘅""只嘅"。例如:

(20) 阿斌屋里有嘅的是钱去哩,尽其随他用。
(21) 贤宝会嘅讲哩嘅很会说话去哩。
(22) 卷子一发下来,班长就只嘅不停地写哩了嘅的去哩。

二 语气助词"去哩"的篇章关联功能

语气助词"去哩"不仅表达辅助性的强调,还具有一定的篇章关联功能。根据条件 P、Q 之间某方面的语义轻重程度的对比关系及它们与结果事件 X 之间的联系,"去哩" 常位于以下两类典型的复句中。

(一) P 都 X,还 Q 去哩

"P 都 X,还 Q 去哩" 这种句式基本上对应于普通话的反逼句式 "P 尚且 X,何况 Q"。P、Q 相对于具体事件 X 来说具有类同性,又具有深浅对比性。反逼句式表达 "以深证浅" 的推断关系,这种推断关系是通过前分句的让步和后分句的反逼实现的 (张邱林 2009)。例如:

> (23) 其他对自家嘅的娘都不好,你还是后娘去哩。
> (24) 不认得嘅的人其他都帮忙,你两个还箇嘅这么合适要好去哩。

例 (23) "自家嘅娘" 处于 "深" 的句法层级,"后娘" 处于 "浅" 的句法层级,以 "对自家嘅娘不好" 反逼出 "对后娘更加不用说了 (会更加不好)" 的结论。同邢福义 (1985) 对 "尚且" 句的认识一样,"这种句式的作用,在于把因果关系转化成递进复句,从而突出地加强 '不在话下、不值一提' 之类的意味"。在例 (23)、例 (24) 中,分句 Q 中,"后娘" 的 "后","箇嘅合适" 的 "箇嘅" 承载句子的重音,以强调 Q 所处的句法层级的 "浅",而 "去哩" 则进一步强调突出了 Q 所处的句法层级的 "浅"。

(二) (还) Q 去哩,非 X

在 "(还) Q 去哩,非 X" 句式中,说话人的预期是,在蕴含高程度的条件 Q 下,理所应当有结果 X,但实际结果非 X,因此说话人用 "去哩" 对条件 Q 进行强调,意在凸显这个条件的程度之高,从而与非预期的结果形成强烈对比,达到强调的目的。例如:

> (25) 你还是姐姐去哩,跟老弟一样嘅地不懂事。
> (26) 读咕了四年大学去哩,只报告都不晓得写得。

例 (25)、(26) 承载重音的分别是 "姐姐" "四年大学"。比如例 (25),在懂事的程度上,一般是姐姐相对于弟弟来说要懂事,但实际情况是 "姐姐跟弟弟一样不懂事"。因此,这句话中的 "姐姐" 重读,以强调所处的级别高,"去哩"也有进一步的强调作用,从而凸显"不懂事"的结果。

三　语气助词"去哩"的焦点标记功能

焦点在本质上是一个话语功能的概念,是说话人最想让听话人注意的部分(刘丹青、徐烈炯,1998)。焦点表达的手段一般有重音、焦点标记词、语序等。不过,温锁林、贺桂兰(2006)指出,"句子里焦点表达最重要的手段是重音",重音是"任何焦点表达都离不了的手段",而"焦点标记词只是凸显焦点的辅助性手段",这表现在焦点标记词具有"可省略性","它们在句中的作用只体现在语用上,在句法和语义上不是必有成分"。我们再结合方梅(1995)关于焦点标记词的确认原则,认为本文讨论的新邵湘语的语气助词"去哩"也是一个焦点标记。如前文所述,"去哩"自身并不负载实际意义,省略后句子依然成立;另外,作为焦点标记的"去哩"本身不能重读,线性顺序上位于"去哩"之前并且紧邻"去哩"的结构中总有一个成分是语音上凸显的,这个语音上凸显的成分就是说话人最想让听话人注意而强调的部分,也就是句子的焦点。

(一)"去哩"标记自然焦点

一个句子的焦点是句子语义的重心所在,一般把焦点分为自然焦点和对比焦点。自然焦点又叫常规焦点、句尾焦点,袁毓林(2006)假定了这样一条焦点投射原则:自然焦点落在音系学上规定的韵律分量较重的成分上。从该文援引的 Cinque(1993)关于重音指派的零假设理论(null theory,调核重音落在一个语言中递归的分枝方向上内嵌最深的成分上[1])和 Duanmu(1990)的辅重原则(non-head stress,辅助成分,即非核心成分,应该在韵律上比核心成分重[2])可推断,因为上文"一"中"(二)"

---

① Cinque, Guglielmo, 1993, A Null Theory of Phrase and Compound Stress. *Linguistic Inquiry* 24: 239 – 97.

② Duanmu, San, 1990, A Formal Study of Syllable, Tone, Stress and Domain in Chinese Languages, Ph. D. dissertation, Massachusetts Institute of Technology.

小节中心名词的定语"六千"、"一"中"(二)"小节修饰动词或形容词的程度状语"太、嗯"、"一"中"(三)"小节形容词的程度补语等,它们都是内嵌最深的成分,同时也是辅助成分,所以应该获得重音。相应地,在语义上它们是句子的自然焦点。

此外,温锁林、范群(2006)还指出,汉语中的自然焦点也有无标记和有标记两种。仅利用自然重音来表示的是无标记的自然焦点;既利用自然重音,又利用句法或词汇手段表示的就是有标记的自然焦点。而焦点标记词的作用就在于"使自然焦点更突出、更定位"。关于语气助词"去哩"对焦点成分的强调和突出功能,上文已充分论述,语气助词"去哩"对焦点成分的定位功能体现在,"去哩"的句法指向范围是线性顺序上位于它的前面且紧邻它的短语,其语义指向核心①是该短语中表达高程度的修饰或补充成分,这个成分就是句子的焦点②,该焦点采用了双重标记形式:一是带有强调重音;二是用"去哩"来标记。

(二)"去哩"标记对比焦点

如果一个成分不用作引入新信息,是说话人出于对比目的才着意强调的,这个成分就是对比焦点(方梅,1995)。根据徐烈炯(2001),对比焦点在对比性上具有穷尽和排他的特点③。袁毓林(2004)进一步阐明:自然焦点和对比焦点的差别不在于有无对比性上,而在于对比性的强弱上。自然焦点的对比性弱,不具有穷尽性和排他性;对比焦点的对比性强,具有穷尽性和排他性。

在"去哩"关联的两种类型的复句里,"去哩"前面的焦点是对比焦点。

类型一"P 都 X,还 Q 去哩"句式中,P 与 Q 形成语义程度上的明显对比。类型一的完整句式应该是:P 都 X,还 Q 去哩,更加 X。也就是说,从产生结果事件 X 的可能性来看,条件 Q 比条件 P 的可能性更高。

---

① 关于句法指向范围、语义指向核心这两个概念,参看董秀芳(2003)。

② 如果在线性顺序上位于"去哩"前面且紧邻它的不是短语而是词,那么虽然这个词没有修饰或补充成分,但它仍蕴涵着某方面的性质程度高之义,这时这个词也是句子的焦点,如例(25)。

③ 徐烈炯:《焦点的不同概念及在汉语中的表现形式》,《现代中国语研究》2001 年第 3 期,转引自鲁晓昆(2006)。

既然在条件 P 下有结果事件 X，那么在条件 Q 下更加可能有结果事件 X，这是不言而喻的，因此后面的结果事件小句"更加 X"常常省略。徐烈炯、刘丹青（1998）指出，对比焦点与话题焦点的重要区别之一便是，对比焦点一般都可以在语境或背景知识的支持下省去句子的其余部分。因此也可知，条件 Q 中含有对比焦点。如例（24）"不认得"和"箇嘅合适"形成了关系状态的"亲疏"对比，句子的焦点域中"箇嘅合适"对对比项"不认得"加以排斥，这也体现了对比焦点的穷尽性和排他性。对比焦点所在结构末尾的语气助词"去哩"使对比焦点更凸显和强化，"去哩"是对比焦点的标记。

　　类型二"（还）Q 去哩，非 X"的完整句式应该是：P 都 X，（还）Q 去哩，非 X（如例 27）。其中，P 与 Q 具有语义程度上的对比，也就是说，从产生结果事件 X 的可能性来看，条件 Q 相对于条件 P，产生的可能性更高。但是实际情况却是：在条件 P 下，产生了结果事件 X；在条件 Q 下，反而没有产生结果事件 X。句子焦点域中的对比项也是很明确的。例（27）中，"读咕四年大学"与"只读过高中（高中生）"形成对比，"去哩"前面的焦点成分"四年大学"对对比项"高中生"加以排斥，体现了对比焦点的穷尽性和排他性，"去哩"标记对比焦点。此外，"在条件 P 下产生结果事件 X"由于有语境或背景知识的支持，常常可以省略，因此，与含有对比焦点的条件 Q 相对应的条件"P"有时是隐性的（如例26）。例如：

　　（27）高中生都晓得写报告，你还读咕了四年大学去哩，只报告都不晓得写得。

四　语气助词"去哩"的形成

（一）事态助词"去哩"的固化

　　新邵湘语中，实义动词"去"单独做谓语，趋向动词"去"一般用在动词或动词性结构后表趋向，从句法位置来看，事态助词"去"应当是从趋向动词"去"虚化而来。例如：

　　（28）嗯那只个妹唧_{女孩}嫁到北京去哩。

例（28）"V 到 L 去哩"是对一个位移过程的客观描述，"到"和"去"分别从不同的角度对动作进行说明："到"是绝对地转移，着眼于转移的目标。"去"既是绝对地转移，即着眼于转移的目标；又是相对地转移，还表示通过动作使事物离开说话人所在地。趋向动词"去"也可以表示时间、价格、温度等抽象的转移趋向，甚至是关于主体的某些事态的变化趋向等更加抽象的转移趋向，例如：

（29）昨夜头打牌一直打到十二点去哩。

（30）滴些被被子晒倒着在外头不记得收去哩。

（31）其他只晓得哭去哩，饭都有吃。

（32）紧倒一直奢味聊天去哩，连不记得滴些细唧小孩哩。

（33）条裤长哩，乞被我一刀剪起，又短哩去哩。

（34）A：爸爸哪天过生日去哩俺啊？B：明天去哩。

如果说例（29）的"去"还有一定的趋向义的话，从例（30）开始，"去"的趋向义进一步弱化，语义及句法上表现是：当"去"的趋向义较强时，必然涉及有关动作的"起点、终点、续段"，而且动作主体的转移趋向是远离说话人，动词一般是位移动词或具体的动作动词，如上文例（1）至例（4）、例（28）等。本文例（28）还隐含着"从某个地方嫁到北京去"的意思。例（29）虽然不太好说时间的变化趋向是远离说话人，但是也隐含着动作是"从某个时间持续到十二点"这样的变化趋向。而例（30）至例（34）里，"去哩"之前的述语部分出现了状态动词或状态短语，如：例（30）、（31）的"不记得收""只晓得哭"都是状态；例（32）由副词"紧倒"修饰动作形成一种持续的状态；例（33）"短哩"中的"哩"表示"短"这种性质的实现，而性质实现以后就成为一种状态。例（34）值得注意，在问句 A 中，"去"联系的是一种未知的事态，而回答 B 谓语部分是名词，其实是表示"生日"的具体日期是"明天"的意思。总之，这些句子的述语部分表示的事态变化并没有一个明确的起点和终点，事态变化的趋向也谈不上是否远离说话人，"去"的作用仅在于联系一种事象，把这种事象作为某种变化的结果和归宿展示出来（李崇兴，1990）。表示事态变化趋向的"去"经常和表示事态实现的"哩"在句末连用，并逐渐融合、固化，形成新的事态助词"去哩"，其意义是二者的相加，即表示事态的变化趋向及其实现。

（二）关于"A哩去哩"

事态助词"去哩"可直接跟在"性质形容词＋哩"结构后面，表示事态的变化趋向及其实现。但是，根据性质形容词主观上是积极的还是消极的，分为两类。

如果性质形容词主观上是积极的，那么"A哩去哩"表示反语，表面上"去哩"联系、引出一种积极事态，实际上却是对这种事态的反对和否定，如例（35）的言外之意是"你以为我的钱很多啊?"，例（36）的言外之意是"你真不聪明。"

（35）要我借钱把你，我滴_些钱多哩<u>去哩</u>。

（36）考箇滴这么_{点儿}分子_{分数}唧，你硬是聪明哩<u>去哩</u>。

如果性质形容词主观上是消极的，那么"A哩去哩"不是反语，"去哩"只是联系、引出一种消极的事态，如：

（37）嗯时节_{那时候}有读书，屋里穷哩<u>去哩</u>。

（38）成绩不好，人哈傻哩<u>去哩</u>。

需要注意的是，新邵方言中，即使是主观消极义的"A哩去哩"，也与储泽祥（2008）提到的汉语口语里表示"非常A"或"A极了"的"A了去了"是不同的。因为本方言的"A哩去哩"中的"去哩"只是表示一种消极事态的变化趋向及其实现，其主观强调的意思不明朗。

（三）语境诱发与语气助词"去哩"的形成

从趋向动词"去"和事态助词"哩"的连用到事态助词"去哩"的形成过程，也是"去"的语义虚化和功能泛化的过程。从本质上讲，趋向不仅涉及具体的运动转移趋向，也涉及抽象的事态变化趋向。总之，无论"去哩"所涉及的趋向是具体的还是抽象的，当这种变化趋向具有某方面的性质程度高的特点而且超过说话人的心理预期时，这个变化的目标或结果就会成为隐性心理预期的对比焦点，承载强调重音。如例（28），说话人可能主观上认为"北京"是非常好的地方，或者是非常远的地方，而其预期是"嗯只妹唧"不可能嫁到"北京"那么好的地方，或者不应该嫁到"北京"那么远的地方，这时"北京"就会重读，以凸显超过说话人的心理预期义。而超过心理预期意味着事物或事态的发展离开说话人的心理预期而去，这也与"去"的隐喻义暗合，因此在这样的语境中，"去哩"容易发生主观化，在表示事态变化趋向及其实现的基础上，其超过心理预期的强调功能逐渐增强，而句末又是最容易承载语气的地方，因此事态助词"去哩"就逐渐成为专门表示强调的语气助词。伴随着这一功能化的过程，"去哩"的句法地位进一步降低，以至于去掉语气助词"去哩"也不影响句法结构的成立，只是语气上少了一次强调。

综上所述，新邵湘语句末语气助词"去哩"的形成过程见图 1：

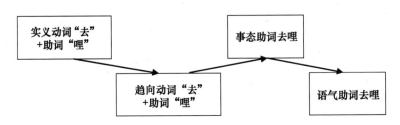

图 1　语气助词"去哩"的形成

五　近代汉语的事态助词"去"和句末语气助词连用的现象

根据曹广顺（1995），近代汉语的事态助词"去"从唐代初露端倪，晚唐五代时已在禅宗语录中广泛使用，并一直持续到宋代，元以后渐趋消亡。事态助词"去"主要是指明事物或状态已经或者将要发生某种变化。例如：

（39）苦哉！苦哉！石头一枝埋没<u>去</u>也。（《祖堂集》，卷二，转引自曹广顺 1995，下同）

（40）庆放身作倒势，师云："这个师僧患疯<u>去</u>也。"（《祖堂集》，卷二）

(41) 如今且要认心达本，但得其本，不愁其末，他时后日自具<u>去在</u>。（《景德传灯录》，卷一〇）

(42) 柏谷长老来访，师曰："太老<u>去也</u>。"谷曰："还我不老底来。"（《景德传灯录》，卷一九）

(43) 各处军官每……将各管省的军人每撒下来了的多有，若有军情紧急勾当呵，耽误了<u>去也</u>（《元典章》，吏三）

(44) 亦思替非文书学的人少有，……咱每后底这文书莫不则那般断绝了<u>去也</u>么？（《通制条格》，卷五）

　　一般认为，近代汉语中的事态助词"去"，是由表示"去往"义的动词直接发展而来的，关于事态助词"去"的形成过程，李崇兴（1990）等已有详细论述，此不赘述。值得注意的是，曹广顺（1995）还指出，"去"字的功能在于指明事态，这就使使用助词"去"的句子多含有认定的意味，在表达认定时，处于句尾的"去"在不少例句中都和表示肯定的语气助词"也""在"等连用，使用这些语气词之后，使句子的肯定语气得到加强。新邵湘语的语气助词"去哩"与近代汉语句末的"去+语气助词"的出现语境相似，它们都联系着一种事态。另外，根据太田辰夫（1958），叙实语气在唐五代用"也"来表达，这种用法的"也"宋以后逐渐被"了"取代。新邵方言句尾"哩"正好相当于普通话的"了"，表示事态的实现，带有叙实语气。总之，新邵湘语的语气助词"去哩"应当是近代汉语事态助词"去"与句末语气助词连用的现象在方言中的沿用和发展。

六　汉语方言中的语气助词"去"或"去了"

　　虽然近代汉语事态助词"去"从明代以后就基本上从资料中消失了，但是在现代汉语某些方言中，助词"去"的用法保留了下来，并得到了发展。不过，事态助词"去"在各方言的发展可能也不一致。在西南官话、湘语、赣语等方言中，我们也发现位于句末的"去"或者"去了"表示强调语气的用法。

　　湖南常德方言（西南官话）句末的"去"可与助动词"会"相呼应，对谓语所表示的可能性起一种加强肯定的作用（郑庆君，2002）。

例如：

> （45）天气会热死<u>去</u>。
>
> （46）他讲话会把人笑坏<u>去</u>。

成都话的"去了"表示强调、确定，兼带有较强的感叹色彩（张一舟等，2001）。例如：

> （47）我们打的走嘛，好远<u>去了</u>。
>
> （48）他要是到南方工作，一个月工资可以拿几千<u>去了</u>。

湖南宁远平话（西南官话）的"去了"可表示加强或夸张的语气（李永新，2006）。例如：

> （49）他对他爹爹都是那个样子，你还是舅舅<u>去了</u>。
>
> （50）给他教起蠢死了<u>去了</u>。

湖南武冈话（湘语娄邵片）的双音语气词"喊哩"（语音上对应于新邵话的"去哩"，李振中，2008），用于往大里说的陈述句或感叹句中，含有"至少"等［＋夸大］义（例51）；在某些条件分句末，"喊哩"对条件起［＋强调］作用（例52）。例如：

> （51）果这个家老鼠有五六斤重<u>喊哩</u>，老鼠洞好宽。
>
> （52）叫她帮忙呃，喉咙喊嘶嘶哑<u>喊哩</u>。

湖南攸县方言（赣语吉茶片）中的"去"用在"大、多、远"等形容词后，"去"的前后都要加"哩"，形容词前往往还要加上程度副词"忒"。这种结构表示程度过高，以致超过了需要或让人难以把握（陈立中，2008）。例如：

> （53）箇只气球忒大哩<u>去哩</u>，我吹不起。

此外,①柳州话中的"去了"也有与新邵湘语类似的用法。例如:

（54）这条狗肥,莫看它小,三十斤<u>去了</u>。

七　余论:语气助词"去哩"的价值

吴福祥（2010）从共时角度讨论了汉语方言趋向动词的语法化,概括出与趋向动词相关的四个语法化模式:1）趋向动词 > 比较标记;2）趋向动词 > 傀偏补语 > 能性助词;3）趋向动词 > 补语标记;4）趋向动词 > 空间/时介词 > 与格介词。并指出,跟其他语言一样,汉语表达空间概念的趋向动词也是很多抽象的语法概念的"结构模板"和演化之源。新邵话趋向动词"去"和助词"哩"的连用固化,并最终形成语气助词,也代表了趋向动词的一种语法化模式。

参考文献

曹广顺:《近代汉语助词》,语文出版社 1995 年版。

陈立中:《攸县方言中的"去"》,《湖南工业大学学报》（社科版）2008 年第 4 期。

储泽祥:《汉语口语里性状程度的后置标记"去了"》,《世界汉语教学》2008 年第 3 期。

董秀芳:《无标记焦点和有标记焦点的确定原则》,《汉语学习》2003 年第 1 期。

方梅:《汉语对比焦点的句法表现手段》,《中国语文》1995 年第 4 期。

李崇兴:《〈祖堂集〉中的助词"去"》,《中国语文》1990 年第 1 期。

李永新:《浅谈宁远话的语气词"去了"》,《湖北经济学院学报》2006 年第 11 期。

李振中:《湖南武冈方言（文坪话）的语气词》,《广西社会科学》2008 年第 7 期。

鲁晓琨:《焦点标记"来"》,《世界汉语教学》2006 年第 2 期。

---

① 刘村汉:《柳州方言词典》,江苏教育出版社 1995 年版,第 140 页。

太田辰夫：《中国语历史文法》，蒋绍愚、徐昌华译，北京大学出版社
　　2003 年版。

温锁林、范群：《现代汉语口语中自然焦点标记词"给"》，《中国语文》
　　2006 年第 1 期。

温锁林、贺桂兰：《有关焦点问题的一些理论思考》，《语文研究》2006
　　年第 2 期。

吴福祥：《汉语方言里与趋向动词相关的几种语法化模式》，《方言》2010
　　年第 2 期。

邢福义：《复句与关系词语》，黑龙江人民出版社 1985 年版。

徐烈炯、刘丹青：《话题的结构与功能》，上海教育出版社 1998 年版。

袁毓林：《试析"连"字句的信息结构特点》，《语言科学》2006 年第
　　2 期。

张一舟、张清源、邓英树：《成都方言语法研究》，巴蜀书社 2001 年版。

张邱林：《'尚且 p，何况 q'反逼句式》，《世界汉语教学》2009 年第
　　3 期。

郑庆君：《湖南常德方言的语气词》，《柳州职业技术学院学报》2002 年
　　第 3 期。

安徽庐江话的反事实传信标记"照讲"

朱华平

（安徽巢湖学院文学与传媒系）

提　要　江淮方言庐江话话语标记"照讲"引导推理的信息，关联语境预设中的"推理依据"和"已然事实"两个命题，"照讲"具有传信和反叙实功能。"以身喻心"的隐喻是"讲"语法化的动因，"讲"从引进言说内容扩大到引进思想内容，使"讲"产生了认知义，随着介词"照"宾语的省略，"照"和"讲"跨层重构，凝固为话语标记"照讲"。

关键词　话语标记　照讲　传信　反叙实　语法化

一　引言

庐江县隶属安徽省合肥市，位于安徽省中部，庐江话属于江淮方言洪巢片，庐江话的"照讲"有两种用法，例如：

（1）甲：你在讲小李坏话，我明天跟他讲。

　　　乙：我不怕，你照讲不误。

（2）嘴巴长在你自己身上，你有什么话照讲。

（3）你是个大学生，照讲干这点小事不在话下吧。

（4）天都黑之了，照讲要收工了。

例（1）、（2）两例的"照"是副词，相当于普通话"表示按原件或某种标准做"的副词"照"（吕叔湘 2005），如"照办、照抄"。但在庐江话里多含有"按行为主体主观意愿做"的意义，因而有"任意、随意"的意味，例（1）"照讲"的意思是"按照甲的原话告诉小李"，例（2）"照讲"表示"听话人按照自己的想法说"，都有"主观任意"的意味。这两例的"讲"是具体的言说动词，充当谓语中心词，"照讲"是自由短语，"照"也可以与其他动词组合，例如：

（5）这东西不稀罕，只要有钱，你照买，市场上多的是。

（6）商场大门开之在，你照进。

（7）这个电话是免费的，你照打，没事的。

与例（1）、（2）两例不同，例（3）、（4）两例"讲"已经虚化产生认知义，不表示具体的言谈动作，"照讲"不是自由短语，结构凝固，不允许语音停顿，已经词汇化为话语标记，引导说话人推理的信息，具有反叙实的功能。相当于普通话的"按说""照说"，本文探讨的是这种用法的"照讲"。

二 "照讲"的语篇框架

"照讲"已经语法化为语用标记，从语法上看，"照讲"是母句（matrix clause）的非必有成分，具有可去除性；从语义上看，"照讲"寄生于母句的命题内容上，引导推理出来的信息，处于命题之外而不具有概念意义，并不影响命题的真值条件。"照讲"在母句的命题上运作而不是它的成分上运作，它的操作辖域超出一个命题，预设说话人对命题的评价以及对所关联的语境预设之间关系的认识。

在言谈语篇中"照讲"通常关涉三个命题：A、推理的依据；B、已然的事实；C、推理的结论。A 项"推理的依据"可以是说话人对当前所掌握的事实情况的主观认识，也可以是普遍的百科知识。C 项"推理的结论"通常出现在"照讲"之后，推理的结论是说话人根据推理的依据做出的推测性的假设，即说话人的预期。B 项"已然事实"是事态发展的客观结果，与推理的结论也就是说话人的预期相反。A 项"推理的依据"和 B 项"已然事实"都可能是听说双方熟知的或无须言明的信息，成为交谈双方的预设，另外也有可能当前事态还没有发展成已然事实，客观上说话时 B 项还未产生，因此实际言谈中 A 项和 B 项均可以不出现于言谈语表，因此"照讲"会出现在以下几种言谈语篇中。

（一） A + B + 照讲 + C

（8）他家女儿学习过劲得很（A），照讲考个一本没问题（C），结果二本都没考上（B）。

（9）今天又不刮风又不下雨（A），到咯晌都看不到影子（B），照讲早就到家之了（C）。

例（8）"他家女儿学习过劲得很"是推理的依据，是说话人对事态的主观认识，"考个一本没问题"是说话人的预期，说话人认为事态发展理应出现的结果，"结果二本都没考上"是已然事实，与说话人的预期相反。如果 B 项与 C 项语义一致，句子则难以接受。如下两例：

（8'）？他家女儿学习过劲得很（A），照讲考个一本没问题（C），结果考上了一本（B）。

（9'）＊今天又不刮风又不下雨（A），照讲他早就到家之了（C），他是早就到家了（B）。

（二） B + 照讲 + C

（10）他家小孩怎么搞没考上（B），照讲中唉（C）。

（11）你照讲要回家看看你妈妈（C），你倒好，一个电话都不打（B）。

上面例（10）中"中唉（考得上大学）""要回家看看你妈妈"是说话人的预期。而 A 项"推理的依据"没有出现于言谈语表，推理的依据可能是听说双方熟知的，说话人无须明示，也可能听话人并不知情，但"照讲"关联相关的语境信息，表明说话人有足够的证据做出的合理预期，引导听话人正确理解话语的含义。

（三）A + 照讲 + C

(12) $\dfrac{\text{他家小孩学习过劲得很}}{A}$，照讲$\dfrac{\text{能考上大学唉}}{C}$。

(13) $\dfrac{\text{今天天气这么好}}{A}$，照讲$\dfrac{\text{明天没雨下}}{C}$。

上面例（12）、（13）的 B 项"已然事实"都没有出现，例（12）有两种可能解释：一是事态已经发展为已然事实，高考已经结束，说话人知道"他家小孩"没考上大学；二是事态还没有发展为已然事实，说话人只是单纯地预测事态发展的结果。在第一种情形中，即使听话人不知道事态发展的结果，即已然事实，听话人也能推测出事实与说话人的推测相反，也就是"他家小孩没有考上大学"。例（13）"明天没雨下"是对未来事件的预测，显然已然事实尚未出现，"照讲"只能关联 A 项。

（四）照讲 + C

(14) 甲：他家儿子今年考大学差不多吧？

　　乙：照讲$\dfrac{\text{能考上大学唉}}{C}$。

上面例（14）也有两种可能解释：一是甲和乙交谈时，B 项"他家的儿子考大学"的结果尚未出现，并没有成为已然事实，或者乙对已然事实还不知情，"照讲"只能关联语境中的 A 项，乙表达的只是一种预测，是根据自己掌握的推理依据做出的合理预期。另一种可能是甲不知道结果，甲认为乙已经知道结果，故而询问乙，乙的表达蕴含"没有考上大学",这里的"照讲"同时关联 A 项和 B 项。乙的表达对已然事实感到意外。例（14）与例（15）相似，只是例（14）的 A 项没有言明。再看下例：

(15) 甲：老王家儿子怎么样？

乙：照讲 $\dfrac{\text{老王家儿子人也不坏}}{\text{C}}$ 。

例（15）A 项和 B 项都没有出现，与例（14）不同，乙的回答是评价性的，是对"老王家儿子"人品的评价，乙的推测关联 A 项（如老王是个好人，老王的儿子当然也不坏），也关联与 C 项相反的 B 项，可以蕴含老王家儿子干了什么坏事，或者有人认为老王家儿子不是好人。

三　"照讲"的语义功能

话语标记具有主观性和程序性（董秀芳，2007）。程序性指话语标记表达的是程序意义（procedural meaning），与概念意义（conceptual meaning）相对。在关联理论（relevance theory）中，语言形式所编码的信息可以区分为两类：概念信息和程序信息。语言中大部分语言形式编码的是概念信息，如名词、动词、形容词等开放性词类，是人类对所感知的具象和抽象事物的命名，或者说是人类对世界事物的概念在语言中的投射，带有概念意义的语言形式结合后就形成有真假值的命题。语言中另有编码程序意义的语言形式，如语言中的话语标记，程序性信息的功能是指引听话者如何处理话语所表达的概念信息即命题内容。所谓处理，就是建立该命题与语境预设之间的关联，语境预设包括话语中已出现的命题内容、客观世界之一般预设，和说话者的心理预期。说话者便是借助程序性编码限制听话者解读话语的方向，引导听话者在语用推理的过程中更省力地重建说话者意欲传达的意义（朱铭，2005）。

庐江话"照讲"引导说话人推理的信息，还关联语境预设中的推理的依据和已然事实，听话人可以借助这些程序信息作出语用推理，正确理解话语。"照讲"主要有以下语义功能。

(一)"照讲"的传信功能

语言的传信也称言据性(evidentiality)是说话人对知识来源及其可靠性的说明,广义的言据性主要是指所传达的信息的来源以及说话人对所传达信息的主观态度(Chafe1986:86-69)。Willett(1988)把信息来源分为直接和间接两类,直接的信息包括说话人视觉、听觉等感官直接感知的信息,间接信息包括推理(inferring)的和报告(reported)的信息。庐江话"照讲"具有传信功能,引导的命题是间接推理的结论,表达说话人心理预期。例如:

    (16)今天路上没车子,照讲他不得来。
    (17)你妈妈生病了,照讲你要回去看一下。

上面例(16)、(17)的"照讲"引导的都是说话人推理出来的信息,推理的依据都出现于言谈语表。信息的来源可以反映信息的可靠程度,说话人直接感知的信息可靠程度最高,而间接推理的信息可靠程度会因推理的证据和线索或高或低。信息的来源也能反映说话人的认识立场,就是说话人通过信息是如何获得的来对它进行的评估(陈颖,2009)。"照讲"降低了说话人评判的主观性,说话人对推理的结果并无承诺,不排除有意外产生,降低了说话人所承担的责任,表明说话人的谨慎态度。

"照讲"作为话语标记能够关联推理的证据,因而与汉语其他推理传信语(如助动词"能、可以"以及副词"大概、也许")不同,作出推理的信息来源更加确定,强调了说话人推理的合理性,暗示了事实情况的意外性,降低了心理预期与事实之间的落差,从而达到心理安慰的效果,体现了说话人的礼貌原则。如下例:

    (18)你家孩子今年怎么没考上大学,照讲能考上大学。
    (19)(正在寻找小孩)我转之一个大箍趟都没看到人,照讲这
        小伢不到别场去。

例(18)说话人认为,有充分的证据证明"能够考上大学"是合理的结果,暗示"没考上大学"是个意外的结果。例(19)是包括说话人

在内的现场的人没有找到小孩，正在焦急和担心之中，说话人虽然没有见到要找的小孩，但认为常理下小孩不会走远，有安慰的意味。

（二）"照讲"的反叙实功能

句子的叙实性（factivity）与谓词密切相关，可以看成谓词的一种语义特征，依据这种语义特征，动词可分为叙实性（factive）、非叙实性（non-factive）、反叙实性（countrafactive）三类（强星娜 2011，李明 2003）。叙实性动词引进的补足语预设的命题为真，非叙实性动词引进的补足语预设的命题可能是真也可能是假，反叙实性动词引进的补足语预设的命题为假。

上文分析了"照讲"的传信功能，但与其他推理传信语不同，"照讲"还关联与推理结论相反的已然事实。从这个角度看，"照讲"与反叙实动词一致，具有反叙实性。例如：

（20）你都三十好几了，照讲儿子都上小学了。
（21）你都三十好几了，儿子都上小学了。
（22）你都三十好几了，肯定/也许/大概儿子都上小学了。

上例（20）与例（21）、（22）不同，例（20）可以隐含"你的儿子还没有上小学，甚至还没有儿子、没有结婚"，而例（21）和例（22）不具有这种隐含义。这从与例（20'）、（21'）、（22'）例的比较中可以看出来，加上相反的已然事实后，例（21'）、（22'）不能成立。

（20'）你都三十好几了，照讲儿子都上小学了，搞到今咯婚都没结。
（21'）＊你都三十好几了，儿子都上小学了，搞到今咯婚都没结。
（22'）＊你都三十好几了，肯定/也许/大概儿子都上小学了，搞到今咯婚都没结。

但在有些语境中，说话人所推测的事件还没有实现，"照讲"只是单纯的推测，不具有反叙实性，如例（13）。

四 "照讲"的语法化过程

"说"类基本动词在高频的使用过程中,很容易发生语法化现象。跨语言的研究表明,"说"类基本动词可能语法化为:引语标记、标句词;表示条件、原因、结果等关系的连接词;言据性标记;拟声词标记;表示比较的标记;反预期标记;列举标记和话题标记等(Saxena,1988)。汉语研究也表明汉语里"说"类基本动词可以不同程度地语法化为:引语标记或标句词;从句连接词;言据性标记;列举标记和话题标记(刘丹青 2004,方梅 2006,林华勇 2007)。身体的体验是心理词汇的源头(sweetser 1990:28-48),促使言说动词语法化的动因是"以身喻心(mind-as-body metaphor)"的隐喻过程。

"讲"是庐江话的常用基本言说动词,使用频率很高,作为言说动词"讲"的及物性很低,句法上经常后加同源宾语引进言说内容。介词"照"引进言说内容的来源构成介词短语。如下例:

(23)照王老师的话讲,你明天别来上学了。
(24)照老古话讲,天上起了鲤鱼斑,明天晒稻不用翻。
(25)照以往规矩讲,只劝人家圆,不劝人家离。

在长期的使用过程中,"讲"引进的范围逐渐扩大,"讲"不仅能引进言说内容,而且能引进思想内容,介词"照"相应引进的范围也逐渐扩大,所谓"言为心声",在"言"与"思"隐喻推理的交互作用下,使"讲"具有了认知义的隐含推理,随着隐含推理的"认知义"不断凸显升级,"言说"的原始义逐渐降级,当这些用法泛化类推后,这些隐含义就归约化了。如下例:

(26)照王老师的性格讲,你明天就别来上学了。
(27)照今天天气讲,明天没雨下。
(28)照你家条件讲,买一套房子闲闲的。

在语境的参照下,介词"照"引进的宾语省略了,原本不相邻的

"照"和"讲"跨层重组,凝结为一个单位。例如:

(26') 照讲,你明天就别来上学了。

(27') 照讲,明天没雨下。

(28') 照讲,你家买一套房子闲闲的。

五　结语

　　"照讲"是江淮方言庐江话的一个常用话语标记,通常关联三个命题:A、推理的依据;B、已然的事实;C、推理的结论。"照讲"具有传信功能和反叙实功能。在"照讲"的语法化历程中,"讲"常引进言说内容,"以身喻心""言为心声"的隐喻促使了"讲"语法化,"讲"从引进言说内容扩大到引进思想内容,使"讲"产生了认知义,随着介词"照"宾语的省略,"照"和"讲"跨层重构,凝固为话语标记"照讲"。

参考文献

董秀芳:《词汇化与话语标记的形成》,《世界汉语教学》2007 年第 1 期。

董秀芳:《"X 说"的词汇化》,《语言科学》2003 年第 2 期。

方梅:《北京话里"说"的语法化——从言说动词到从句标记》,《中国方言学报》2006 年第 1 期。

冯光武:《汉语语用标记语的语义、语用分析》,《现代外语》2004 年第 1 期。

江蓝生:《跨层非短语结构"的话"的词汇化》,《中国语文》2004 年第 5 期。

李明:《试谈言谈动词向认知动词的延伸》,《语法化与语法研究》(一),商务印书馆 2003 年版。

林华勇、马喆:《廉江方言言说义动词"讲"的语法化》,《中国语文》2007 年第 2 期。

刘丹青:《汉语里的一个内容宾语标句词——从"说道"的"道"说起》,《庆祝〈中国语文〉创刊 50 周年学术论文集》,商务印书馆 2004 年版。

吕叔湘:《现代汉语八百词》,商务印书馆 2005 年版。

强星娜:《上海话过去虚拟标记"蛮好"——兼论汉语方言过去虚拟表达的类型》,《中国语文》2011 年第 2 期。

沈家煊:《语言的"主观性"和"主观化"》,《外语教学与研究》2001 年第 4 期。

王世群:《"按说"的话语标记性及语篇功能》,《南京工程学院学报》2011 年第 3 期。

张伯江:《认识观的语法表现》,《国外语言学》1997 年第 2 期。

朱铭:《关联推理中的话语标记语的语用研究》,《安徽工业大学学报》2005 年第 9 期。

Chafe, Wallace and Johanna Nichols, eds. , 1986. *Evidentiality*：*The linguistic coding of epistemology.* Norwood, NJ：Ablex

Hopper Paul J. and Elizabeth Closs Traugott, 2001. *Grammaticalization*,外语教学与研究出版社 & Cambridge University Press

Saxena, Anju. , 1988. *The case of the verb 'say' in Tibeto-Burman.* Proceedings of the Berkeley Linguistics Society 14. pp. 375 – 388.

Sweetser, Eve E. , 1990. *From Etymology to Pragmatics.* Cambridge University Press.

Willett, Thomas, 1988. *A cross-linguistic survey of the grammaticalizations of evidentiality.* Studies in Language 12：pp. 51 – 97.

浙江景宁畲话的语序及其表达功能

胡 方

（中国社会科学院语言研究所）

提　要　本文根据实地调查材料讨论浙江景宁畲族的四种语序，并分析了这此语序的语义表达功能。

关键词　景宁畲话　语序　表达功能

　　浙江景宁是我国唯一的畲族自治县，畲族人口占全县总人口 10% 强。景宁畲族讲的是一种类似于汉语客家方言的畲话（关于畲族的语言情况，参见：罗美珍，1980），同时，畲人一般也会讲当地汉语方言，即景宁吴语。

　　景宁畲话有许多词语的语序与普通话不同，如：鸡公（公鸡）、鸡娘（母鸡）、鸡仔（小鸡）、鸭公（公鸭）、鸭娘（母鸭）、牛牯（公牛）、牛娘（母牛）、牛仔（小牛）、猪牯（公猪）、猪娘（母猪）、猪仔（小猪）、老虎娘（母老虎）、菜干（干菜）、饭干（干饭）、鱼咸（咸鱼）、菜咸（咸菜）、豆腐腌（腐乳）、凳板（板凳）、菜蔬（蔬菜）、貌相（相貌）、紧要（要紧）、闹热（热闹）等。本文主要考察景宁畲话句子中修饰语与被修饰语之间的语序关系，材料系作者 1997 年 4 月间赴景宁近半月的实地调查所得，主要发音人雷延振，男，61 岁，师范毕业，原民族中学党委书记。调查表格参考余蔼芹（1993）。

　　景宁畲话较本土的语序结构是被修饰语在前，修饰语在后，但由于受当地汉语方言、汉语标准语等因素的影响，景宁畲话的语序正在发生变化。从语言共时平面看，有些句类修饰语只能位于被修饰语之后；有些句类修饰语则既可以在被修饰语之后，也可以在被修饰语之前；更有些句类修饰语只能位于被修饰语之前；而最有意思的是在有些句类中，修饰语位置的不同能够区别句子的意义。从使用场合看，意义相同、语序不同的句子，在较正式的语体中，多用修饰语在前的句型；在较随便的语体中，则多用修饰语在后的句型。下文按修饰语种类的不同，具体分析。

1. 数量修饰语

数量修饰语既可位于被修饰语之后，也可以位于被修饰语之前，例如：

你食多点（句型1）（注："点"音 nai^{44}，本字待考，本文统一写作"点"，下文同）

你多吃一点儿（普通话注释，下同）

也可以说："你多食点（句型2）"。但"句型1"是较本土的说法，平常口语中常用，而"句型2"是较后起的，多用于较正式的场合，如对较陌生的人说话等。但当数量较为具体时，"句型1"和"句型2"的含义是不一样的。"句型1"表示客观陈述，而"句型2"则多含有比较的意味。例如：

渠食多一碗（客观陈述）

他多吃了一碗饭

不同于"渠多食一碗"（用于二人比较，其中一人多吃一碗）。再举一些例子：

衫着多一 iaŋ^{31}（客观陈述。指穿得太多了，例如：多了一件，以致太热了）

多穿一件衣服

而"衫多着一件"则多用于祈使句，意思是穿得太少了，应该再多穿一件。

食少杯/盏（客观陈述。指凭酒量可以再喝一杯）

少喝一杯

不同于"少食杯/盏"，多用于祈使句，指已经喝得不少了，应该少喝点儿。

说少两句（客观陈述。指说少了，应该多说两句）

少说两句话

　　不同于"少说两句"，多用于祈使句，指已经说得太多了，应该少说两句。

　　从上述例子中我们可以看到：在数量修饰语这种句类中，后起的"句型2"根据数量的抽象与具体的不同，不同程度地进入该句类的表达功能。当数量较抽象时，两种句型的使用语境不同；当数量较具体时，两者的意义不同，这说明后起的句型是先进入句类的部分表达功能，如比较功能、祈使功能等。这种现象是非常有意思的。

　　2. 程度修饰语

　　浙江畲话表程度的常用修饰语有：忒、过头、吓人、真、m̩²²ʋi⁴⁴kau³¹ 等。

　　2.1 忒、过头

　　这两个词的意思都相当于普通话的程度副词"太"。其中，"忒"只能位于所修饰的动词或形容词之前，而"过头"则只能位于后面。如"这间屋子太大了"，可以说成："个个间忒大"或"个个间大过头"。"忒"是受当地吴语影响下后起的修饰语，而"过头"则是较本土的用法，但现在两者处于相互竞争的状态之中，而且"忒"用得越来越多，而"过头"则用得越来越少。

　　2.2 吓人、真、m̩²²ʋi⁴⁴kau³¹

　　这三个词的用法相当于普通话的"很""非常""相当"等，比较而言，"m̩²²ʋi⁴⁴kau³¹"所指程度最高，"吓人""真"次之。其中，"真"既可位于被修饰语之前，也可以位于被修饰语之后；"嚇人"只能位于被修饰语之后；而"m̩²²ʋi⁴⁴kau³¹"则多位于被修饰语之前，但也可以位于被修饰语之后。例如：

　　那个人好真

　　那个人很好

　　也可以说成"那个人真好"。

　　屎 pʰθ²⁴臭吓人

　　厕所非常臭

　　不可以说成"屎 pʰθ²⁴吓人臭"。

　　你煮个菜 m̩²²ʋi⁴⁴kau³¹好食

你烧的菜非常好吃

也可以说成"你煮个菜好食 m̩²²ʊi⁴⁴kau³¹"。

程度比较：

你画得好真/真好

你画得好吓人

你画得 m̩²²ʊi⁴⁴kau³¹ 好/好 m̩²²ʊi⁴⁴kau³¹

这三句话意思相近，但以第三句程度最高，有"你画得最好了，没有再好的了"之意。这三个修饰语中，"吓人"是受当地吴语的影响而后起的，而其他两者在句子中的位置较为自由，而且位置不同的句子并没有在语义或语用上的区分，这是句型演变的又一种方式。

3. 方式修饰语

修饰语"慢点""好点"等一般均要放在被修饰语的后面，例如：

食慢点

慢点儿吃

行好点

好好儿地走

讲好点

好好儿地说

但是，在这类句式中，也观察到一些修饰语位置开始发生变化的情况，只不过其方式又有所不同。修饰语"快点"在句子中的位置不同，含义也不同。例如：

饭食快点 （饭已经在吃了，但吃得太慢，叫人吃快点儿。）

快点食饭 （饭还没吃，快点儿吃饭。）

快点儿吃饭

来快点 （人已出发，但走得太慢，催他快点儿。）

快点来 （人还未出发，催他快点儿来。）

快来

去快点 （人已走了，但走得太慢，催他快点儿。）

快点去 （人还未走，催他快点儿去。）

快去

lit²快点 （已经在跑了，要求再跑快点儿。）

快点 lit² （还未跑，要求快跑。）

快跑

但也有例外，如"写快点"和"快点写"都是"已经在写了，但写得太慢或写写停停，要求写快点儿"的意思，如果要表示"还未写，快点儿去写"的意思，就要说"快点去写"或"去写快点"。从已有的演变结果来看，本质上也是后起的句型占据了原有句型的部分语义表述功能。

4. 时间修饰语

4.1 相当于普通话"快、快要"，景宁畲客用"好（由上声 24 变为阴平 44，下同）"或者："好快"，其位置一般位于被修饰语之前。如：

病好（快）好了

病快好了

好（快）跑了了

快要跑完了

但少数情况，比如"快三点钟了"，则既可以说："好（快）三点了"，也可以说："三点好（快）了"。

4.2 副词"先"修饰动词时，一般既可位于动词之后，也可位于动词之前。例如：

渠走先 = 渠先走

他先走

你讲先 = 你先讲

你先讲

我给你三块先 = 我先给你三块

我先给你三块钱

水食点先（再去）= 水先食点（再去）

先喝点水（再去）

但当有后续句时，则"先"一般只能放在前面，如"你先走，我就来"一般不说"你走先，我就来"。联系前面的叙述，我们认为在这种句类中，后起的修饰语在前的句型也是先占领句类的部分表述功能，然后才发展为一般情况的。

5. 范围修饰语

5.1 表示"只",景宁畲话用"只点",其位置只能位于被修饰语之前,如:

我只点借你一块

我只借你一块钱

书渠只点换一本

他只买了一本书

5.2 表示"全、都",有以下几种方式:一、V + 齐(到);二、都 + V;三、都 + V + 齐(到)。例如:

渠 nan^{22}都来齐到了

他们全来了

人客都来齐到了

客人都来了

"都"是明显的后起用法,其原因是受当地方言与普通话的影响。

5.3 表示"再"义的修饰语在景宁畲话中也显示出了用法的演变,即,较本土的用法是"VP + 凑",而较新的用法是"再 + VP",但不同于5.2 的是未发展出"再 + VP + 凑"形式。例如:

古老讲个凑

再讲个故事

企下凑

再站一会儿

食碗凑

再吃一碗

字写个凑

再写一个字

书换本凑

再买一本书

拿点凑

再拿一点

以上各句,均可以说成"再 + VP"形式。两者虽已处于相互竞争阶段，但目前"VP＋凑"形式还是占有一定的优势，"再＋VP"形式一般只见于年轻人的语言中。

参考文献

罗美珍：《畲族所说的客家话》，《民族语文》1980 年第 1 期。

余蔼芹，1993，*Comparative Chinese Dialectal Grammar：Handbook For Investigators*，Paris：Collection des Cahiers de linguistique d'Asie Orientale Vol：1.

附录　第一至第五届会议论文集目录

首届国际汉语方言语法学术研讨会

举办单位：黑龙江大学（2002 年 12 月 27 日）

论文集：《汉语方言语法研究和探索》（黑龙江人民出版社 2003 年版）

学术顾问：张振兴、邢福义

主编：戴昭铭　副主编：周　磊

目　录

第二届国际汉语方言语法学术研讨会

举办单位：华中师范大学（2004 年 12 月 3 日）

论文集：《汉语方言语法研究》（第二辑）（华中师范大学出版社，2007）

学术顾问：张振兴、邢福义

主编：汪国胜　副主编：周　磊

目　录

第三届国际汉语方言语法学术研讨会

举办单位：暨南大学（2006 年 12 月 2 日）

论文集：《21 世纪汉语方言语法新探索》（暨南大学出版社 2008 年版）

主编：邵敬敏　副主编：周　磊、张双庆

目　录

第四届汉语方言语法国际研讨会

举办单位：泉州师范学院、香港中文大学吴多泰中国语文研究中心

(2008 年 11 月 29 日)

论文集:《汉语方言语法新探索》(厦门大学出版社 2010 年版)

主编:林华东　副主编:周　磊

目　录

第五届汉语方言语法国际学术研讨会

举办单位：上海语文学会、上海大学文学院（2010 年 11 月 27 日）

论文集：《汉语方言语法研究的新视角》（上海教育出版社 2013 年版）

主编：刘丹青　副主编：周　磊、薛才德

目　录

后　记

　　长期以来，汉语方言学界逐渐形成这样一个共识：方言学科的发展不太平衡，和方言语音相比，方言语法的调查研究稍显滞后。大家在讨论中逐渐认识到，召开方言语法的国际性专题学术研讨会，结集出版其中的优秀论文，可能是改变这种状况的一个有效途径。于是，在张振兴、邢福义、戴昭铭等人的积极倡导下，2002 年 12 月 27 日，全国汉语方言学会与黑龙江大学联合举办了"首届国际汉语方言语法学术研讨会"。接下来，华中师范大学举办了第二届，暨南大学举办了第三届，福建泉州师范学院举办了第四届，上海大学举办了第五届。到这次，西南科技大学举办了第六届。

　　前五次都出版了会议论文集，这些论文集都在学术界产生了积极影响，在一定程度上推动了汉语方言语法的调查与研究。

　　前五辑是在不同地区，由不同的出版社出版的，因而在书名、版式等方面不太统一。经原全国汉语方言学会会长周磊同意，与第六届会议的主办方及到会代表商议，大家都同意从第六届会议开始，把这个系列会议的论文集称为"方言语法论丛（第六辑）"，并与接办下一届会议的代表商定，第七届会议的论文集也沿用"方言语法论丛（第七辑）"这个名目，并在论文集的装帧、版式等方面与第六辑保持一致。

　　本次会议开得比较顺利，在此要向为本次会议付出辛勤劳动的西南科技大学、文学与艺术学院郑剑平院长以及参与会务的全体老师、同学致谢。

　　由于作者修改、定稿、交稿的时间难以统一，论文集的出版时间一再推迟，致使一些在本届会议上宣读的优秀论文已陆续发表在其他学术刊物上。为了保持本论文集的学术质量，这些已正式发表的论文也照例收入本论文集。

　　为了便于大家查询,《方言语法论丛》(第六辑)以"附录"的形式辑录了前五个会议论文集的目录。

编　者

2014 年 10 月 31 日